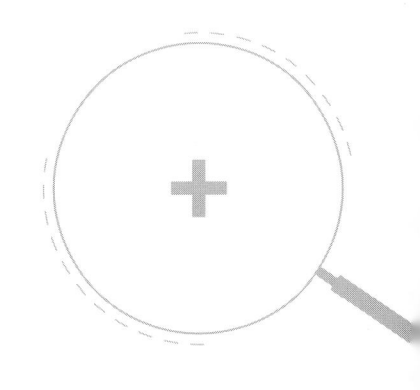

案说食品安全纠纷

以惩罚性赔偿制度为视角

倪凌华 著

知识产权出版社
全国百佳图书出版单位
—北京—

图书在版编目（CIP）数据

案说食品安全纠纷：以惩罚性赔偿制度为视角 / 倪凌华著. —北京：知识产权出版社，2020.5

ISBN 978-7-5130-6804-8

Ⅰ.①案… Ⅱ.①倪… Ⅲ.①食品卫生法—赔偿—案例—中国 Ⅳ.①D922.165

中国版本图书馆 CIP 数据核字（2020）第 037802 号

责任编辑：雷春丽　　　　　　　　　　责任校对：潘凤越
封面设计：博华创意·张　冀　　　　　责任印制：刘译文

案说食品安全纠纷
——以惩罚性赔偿制度为视角
倪凌华　著

出版发行：知识产权出版社有限责任公司	网　　址：http://www.ipph.cn
社　　址：北京市海淀区气象路 50 号院	邮　　编：100081
责编电话：010-82000860 转 8004	责编邮箱：leichunli@cnipr.com
发行电话：010-82000860 转 8101/8102	发行传真：010-82000893/82005070/82000270
印　　刷：天津嘉恒印务有限公司	经　　销：各大网上书店、新华书店及相关专业书店
开　　本：720mm×1000mm　1/16	印　　张：17.5
版　　次：2020 年 5 月第 1 版	印　　次：2020 年 5 月第 1 次印刷
字　　数：276 千字	定　　价：78.00 元

ISBN 978-7-5130-6804-8

出版权专有　侵权必究
如有印装质量问题，本社负责调换。

民以食为天!

我们都是消费者……

涉消费者惩罚性赔偿主要法律条款

1.《消费者权益保护法》

第55条:"经营者提供商品或者服务有欺诈行为的,应当按照消费者的要求增加赔偿其受到的损失,增加赔偿的金额为消费者购买商品的价款或者接受服务的费用的三倍;增加赔偿的金额不足五百元的,为五百元。法律另有规定的,依照其规定。

"经营者明知商品或者服务存在缺陷,仍然向消费者提供,造成消费者或者其他受害人死亡或者健康严重损害的,受害人有权要求经营者依照本法第四十九条、第五十一条等法律规定赔偿损失,并有权要求所受损失二倍以下的惩罚性赔偿。"

2.《食品安全法》

第148条:"消费者因不符合食品安全标准的食品受到损害的,可以向经营者要求赔偿损失,也可以向生产者要求赔偿损失。接到消费者赔偿要求的生产经营者,应当实行首负责任制,先行赔付,不得推诿;属于生产者责任的,经营者赔偿后有权向生产者追偿;属于经营者责任的,生产者赔偿后有权向经营者追偿。

"生产不符合食品安全标准的食品或者经营明知是不符合食品安全标准的食品,消费者除要求赔偿损失外,还可以向生产者或者经营者要求支付价款十倍或者损失三倍的赔偿金;增加赔偿的金额不足一千元的,为一千元。但是,食品的标签、说明书存在不影响食品安全且不会对消费者造成误导的瑕疵的除外。"

序 一

倪凌华同志之著述即将付梓，在此我写几句推荐之语，以示赞许和鼓励。

作为法务人员，倪凌华结合本职工作对零售板块相关业务人员进行食品安全法律知识培训，进而撰写《案说食品安全纠纷——以惩罚性赔偿制度为视角》一书。该书独辟蹊径，运用案例解读方式，有效提升了员工的学习兴趣，其做法值得肯定与赞赏。我相信，系统地研读和理解好书中的案例，对广大商场、超市经营者有较大帮助。该书未对抽象问题进行长篇论述，而是深入浅出地指明审判实践中存在的一个个具体争议问题，并提出了自己的观点。通过一个个鲜活案例，"取之于小，示之于广；取之于例，喻之于实"，便于读者快速、全面地了解食品安全所涉惩罚性赔偿制度，深入领会其中之法律要义。

纵观全书，该书跳出商家的思维局限，未拘泥于商家利益的保护，从更广阔的视角对食品安全纠纷进行了阐述，揭示了商家、消费者、审判机关对同一问题的不同理解。某些观点可能因读者身份不同而引发不同看法，但"智者见智，仁者见仁"，本书能在多大程度上表达各方商事主体的主张、观点，还请读者自行评判。但本书建言统一裁判规则，平衡各方商事主体权益的目标，值得我们肯定。我们乐见在立法、行政、司法机关的共同努力之下，统一裁判规则，消减诉讼过程中的众多分歧，推动商事交易主体有相对稳定的诉讼预期，保障商业交易的良性运行。

确保消费者"舌尖上的安全"，是企业应有之责，亦是企业生存的生命线。绿地全球商品贸易港集团旗下绿地缤纷城、G-Super 绿地优选超市，将一如既往地狠抓食品安全工作，保障消费者身体健康和生命安全，引导供应商、商户遵纪守法、诚信经营。

综上，这本以案说法的普及性读物，为读者们提供了食品安全纠纷全过程细致分析，娓娓道来的 24 个案例具有普遍性和典型性，通读后可从中获得有益的启迪。

绿地全球商品贸易港集团董事长、总经理

薛迎杰

2020 年 3 月

序　二

加入绿地全球商品贸易港集团后,我为集团旗下零售事业部的同事进行了《食品安全法》方面的培训,一是为了应对越来越多的"职业索赔"事件,二是为了探讨如何从内部加强防范,尽量减少打假索赔隐患。之前,我已经接触一些商品质量"投诉"及"职业索赔"案件,但往往忙于应对个案,对其中发现的问题也只是头痛医头、脚痛医脚。

为了讲授好这一堂课,我完整查阅了《食品安全法》及相关的法律法规,专门搜索了中国裁判文书网上的相关案例。真是不学不知道,一学吓一跳,原来自己之前只是在河边散步,根本没有真正在河里游过泳。尽管我为授课做了充足的准备,但一堂课的培训,只能起到警示作用,实际上无法让同事们对工作中涉及的食品安全问题有一个相对全面的了解。也许,培训结束,又一切照旧,回归原点了。

培训后,有同事问我要培训演示文稿和备课材料。我突然想,能不能为同事准备一份全面系统的材料,帮助同事细致了解食品安全方面的法律知识,减少企业因为"职业索赔"而遭受不必要的经济损失,避免企业形象与商誉方面受损。

于是,我萌生了写一本书的想法。近几年来,商场超市是"职业索赔人"光顾的重点场所。引导购买者合理索赔,遏制购买者牟利心态;让商场超市经营者、管理者更多地了解食品安全知识、相关法律法规,从"被索赔"转为"主动防范",将不符合食品安全标准的食品有效杜绝于商场超市之外，确保广大消费者的食品安全。这就是我写作的初衷。

随着写作深入，为使本书内容更加丰盈，我精选了24个案例，提炼"核心观点"，加入"焦点解读"，进行"实务指引"，还在部分案例后提出立法建议。为便于读者更有针对性地阅读，本书划分为三大版块：术语解析、诉讼要点、惩罚性赔偿的适用。同时，本书对食品安全纠纷案件消费者依法维权、商家积极有效应诉、电商平台合法管理、人民法院规范审理、统一裁决标准中存在的争议及应注意的事项进行了相应提示。力争实现一书在手而窥食品安全惩罚性赔偿全豹的目的。

写作期间，我深为自己学识不精、涉猎不广而倍感不安，生怕自己观点或有偏颇、表述或有不当，引发某一方的讨伐。故而，战战兢兢、如履薄冰的感觉始终伴随着我。同时，又有一种信念支持我完成这项艰巨的任务。毕竟，梳理归纳这一领域的典型案例，分析研究此中的热点与难点问题，提供实战指引，并对现有的司法解释提出修改建议，也是法律人的责任所在。

本书所选案例均根据每节内容需要进行节选，因此，节选内容存在不完整、不周延之处，请广大读者谅解。有兴趣的读者可根据所标注的案号，在中国裁判文书网上查询相关案件的完整文书。

食品安全，人人有责！

倪凌华

2019年10月于上海浦东

目录 CONTENTS

第一章　术语解析　　　　　　　　　　　　　　　　1

01　消费者的界定　　　　　　　　　　　　　　　3
袁某与广州市某生物科技有限公司、广州市某食品有限公司买卖合同纠纷案

02　生活消费的辨析　　　　　　　　　　　　　　12
徐某与上海市某副食品销售有限公司网络购物合同纠纷案

03　经营者的"明知"　　　　　　　　　　　　　26
胡某与某超级市场有限公司买卖合同纠纷案

04　经营者的"欺诈"　　　　　　　　　　　　　40
凌某某与上海市某超市有限公司买卖合同纠纷案

05　"牟利"的是与非　　　　　　　　　　　　　53
杨某与李某网络购物合同纠纷案

06　敲诈勒索等刑事犯罪与依法索赔的区分　　　　61
姚某某等敲诈勒索案

第二章　诉讼要点　　　　　　　　　　　　　　　　71

07　管辖的确定　　　　　　　　　　　　　　　　73
周某某与厦门市某电子商务有限公司网络购物合同纠纷案

| 08 | 案由的确定 | 84 |

杨某某与高某某网络购物合同纠纷案

| 09 | 举证责任 | 97 |

洪某某与吉林市船营区某饭店产品销售者责任纠纷案

| 10 | 网购纠纷诉讼当事人的确定 | 108 |

贺某与浙江省某网络有限公司网络购物合同纠纷案

| 11 | 经营者消极诉讼的法律后果 | 117 |

孙某某与安徽省天长市某医药有限责任公司、
某医药有限责任公司某大药房第十六连锁店
网络购物合同纠纷案

| 12 | 经营者单方允诺的法律后果 | 126 |

周某与厦门某电子商务有限公司网络购物合同纠纷案

| 13 | 电商平台打假的法律依据 | 136 |

长沙市某电子商务有限公司与上海市某信息技术有限
公司服务合同纠纷案

| 14 | 电商平台提供者的法律责任 | 147 |

杨某与北京市某电子商务有限公司网络购物合同纠纷案

第三章 惩罚性赔偿的适用　　161

| 15 | 食品责任惩罚性赔偿不以消费者遭受人身损害为前提 | 163 |

张某某与某某（北京）茶业有限公司买卖合同纠纷案

| 16 | 海外现货销售适用惩罚性赔偿 | 174 |

及某某与韩某某网络购物合同纠纷案

| 17 | "知假买假"适用惩罚性赔偿 | 183 |

邵某与徐某某网络购物合同纠纷案

| 18 | "职业打假"可适用惩罚性赔偿 | 191 |

刘某某与北京某展览展示有限公司、大连某海珍品有限
公司、李某产品责任纠纷案

19	消费民事公益诉讼案件适用惩罚性赔偿	199
	广东省消费者委员会诉史某某、洪某某消费民事公益诉讼案	
20	食品标签瑕疵不适用惩罚性赔偿的情形	212
	董某某与中山市某食品有限公司网络购物合同纠纷案	
21	消费者可同时主张精神损害赔偿与惩罚性赔偿	221
	陈某某与刘某某、赵某某、邓某某、刘某产品责任纠纷案	
22	食品消费者因受欺诈且所购商品不符合食品安全标准的，可分别或同时主张"价款三倍"与"价款十倍"的惩罚性赔偿	229
	康某某与某生物科技有限公司网络购物合同纠纷案	
23	重复购买小额商品索赔案件的裁判原则	238
	夏某与上海某超市有限公司买卖合同纠纷案	
24	食品责任惩罚性赔偿案件的审查方式	249
	蔡某与江苏省某食品有限公司网络购物合同纠纷案	

附录 食品安全领域相关规定名称　　262

后记　　263

第一章 术语解析

01 消费者的界定   3
袁某与广州市某生物科技有限公司、广州市某食品有限公司买卖合同纠纷案

02 生活消费的辨析   12
徐某与上海市某副食品销售有限公司网络购物合同纠纷案

03 经营者的"明知"   26
胡某与某超级市场有限公司买卖合同纠纷案

04 经营者的"欺诈"   40
凌某某与上海市某超市有限公司买卖合同纠纷案

05 "牟利"的是与非   53
杨某与李某网络购物合同纠纷案

06 敲诈勒索等刑事犯罪与依法索赔的区分   61
姚某某等敲诈勒索案

01 消费者的界定

袁某与广州市某生物科技有限公司、广州市某食品有限公司买卖合同纠纷案[*]

【核心观点】

为生活消费需要购买、使用商品或者接受服务的购买者是消费者。

｜案情简介｜

上诉人（原审被告）：广州市某生物科技有限公司（以下简称生物科技公司）、广州市某食品有限公司（以下简称食品公司）

被上诉人（原审原告）：袁某

2016年5月12日，袁某在生物科技公司天猫商城旗舰店购买了"非洲芒果酵素"20盒，单价199元，货款总计3980元。该产品由食品公司生产，产品配料中包括精炼植物油（部分氢化），但未标示反式脂肪（酸）的含量。

袁某向一审法院起诉，请求：（1）生物科技公司返还货款3980元，同时应将涉案产品退回。（2）生物科技公司和食品公司作为经营者和生产者，共同支付货款十倍的赔偿金39 800元。

---

[*] 广东省广州市中级人民法院（2017）粤01民终4337号民事判决，载中国裁判文书网，http://wenshu.court.gov.cn/website/wenshu/181107ANFZ0BXSK4/index.html?docId=e9a2bb41aae4425f8b7ea76a00959273，访问日期：2018年7月7日。

一审法院判决

一审法院认为，涉案产品外包装上显示产品配料中含有部分氢化油脂，但外包装上未标示反式脂肪（酸）的含量，明显违反国家标准的强制性规定，涉案产品属于不符合食品安全标准的产品。

一审法院判决：（1）在本判决生效之日起五日内，生物科技公司退还袁某货款3980元，袁某同时退还生物科技公司涉案商品20盒；（2）在本判决生效之日起五日内，生物科技公司、食品公司共同赔偿袁某39 800元。

二审法院判决

一审法院判决后，生物科技公司、食品公司均不服，提起上诉。两上诉人认为，被上诉人并非消费者，不能对其适用《中华人民共和国食品安全法》（以下简称《食品安全法》）"退一赔十"的规定。

二审法院认为，《最高人民法院关于审理食品药品纠纷案件适用法律若干问题的规定》（以下简称《食品药品司法解释》）第3条使用了"购买者"的概念。该条规定："因食品、药品质量问题发生纠纷，购买者向生产者、销售者主张权利，生产者、销售者以购买者明知食品、药品存在质量问题而仍然购买为由进行抗辩的，人民法院不予支持。"本案中，两上诉人以被上诉人的身份抗辩，二审法院没有采纳。二审法院最终判决：驳回上诉，维持原判。

焦点解读

本案中，两上诉人以被上诉人并非消费者为由进行抗辩，而二审法院适用了"购买者"的概念，支持了被上诉人的权利主张。

1. 如何理解"消费者"

保护消费者的合法权益是各国的通行做法。《中华人民共和国消费者权益保护法》（以下简称《消费者权益保护法》）第2条规定："消费者为生活消费需要购买、使用商品或者接受服务，其权益受本法保护；本法未作规定的，受其他有关法律、法规保护。"当前，我国消费者享有的权益包括安全权、知情权、自主选择权、公平交易权、结社权、获得有关知识权、人格尊严和民族风俗习惯受尊重权、监督权以及《食品安全法》规定的"价款十倍、损失三倍"、《消费者权益保护法》规定的"价款三倍、损失两倍"惩罚性赔偿求偿权等权益。但对于什么是"消费者",《食品安全法》《消费者权益保护法》及相关法律、法规、司法解释均未作出明确的规定。因此,在法律没有对消费者的概念作出界定的情况下,有理由认为,生活在现实社会中的每一个自然人都是消费者,而无论其性别、年龄、民族、职业和国籍等的差异。

在审判实践中,有时是否具有消费者的身份决定了索赔案件的胜负。例如,在某网络购物合同纠纷案件中,二审法院认为,被上诉人在明知涉案商品为不符合安全标准食品的情况下购买,其用意在于获取惩罚性赔偿,这就违反了民事活动应遵守的诚实信用原则,与《消费者权益保护法》规定的消费者为生活需要而购买商品的法定范围不符,亦与《食品安全法》的法律价值及立法精神相违背,故对其要求经营者支付十倍惩罚性赔偿的请求不予支持。① 在本案中,两上诉人也以被上诉人明知食品存在质量问题而购买为由,否认被上诉人的消费者身份。

显然,对购买者购买商品或服务行为的主观目的进行探寻,进而否认购买者的"消费者"身份,实质是对消费者的含义进行限缩性解释。但对消费者的认定,离不开消费的本义。根据"辞海之家"解释,消费是人类使用财物以满足欲望的行为。② 消费者是指生物圈中不能直接利用太阳能,而以植物或其他动物为摄食对象的生物,泛指使用、消耗商品的大众。③ 消费者可以为了个人或家庭生活的消费需要,购买、使用商品或接受服务,也可以因社交应酬所需而收藏、赠与所购买的商品或服务。④ 消费者未必是商品或服

---

① 江苏省无锡市中级人民法院(2016)苏02民终4663号民事判决,载中国裁判文书网,http://wenshu.court.gov.cn/website/wenshu/181107ANFZ0BXSK4/index.html?docId=5aa1d1ea59da4f85b220a81000f52691,访问日期:2018年11月25日。

② 辞海之家:"消费",http://www.cihai123.com/cidian/1079862.html,访问日期:2019年4月21日。

③ 辞海之家:"消费者",http://www.cihai123.com/cidian/1079863.html,访问日期:2019年4月21日。

④ 江苏省徐州市中级人民法院(2017)苏03民终3540号民事判决,载中国裁判文书网,http://wenshu.court.gov.cn/website/wenshu/181107ANFZ0BXSK4/index.html?docId=c054da0e5c8046de8bf7a8070100dbf6,访问日期:2018年4月22日。

务最终的使用者或享受者。此外，消费者除了自然人，还包括法人或其他组织。《重庆市保护消费者合法权益条例》第2条就规定："本条例所称消费者，是指将有偿获得的商品和服务用于生活需要的个人和组织；……"最常见的是法人或其他组织为其劳动者提供福利而购买、使用商品或接受服务。当然，自然人、法人或其他组织，如果为了将购买的商品或服务用于生产或经营，则不应属于消费者。从消费者与商品的关系而言，可以依据消费过程的不同阶段将消费者的角色分为受众（购买前）、购买者（购买中）、体验者（使用中）、传播者（使用后）。购买者身份在整个消费过程中起主导、决定性作用，其他环节都依附或从属于购买行为，无购买行为，则其他行为或角色将毫无价值或无法成立。因此，从购买目的等其他角度出发，企图否认购买者的消费者的身份，需慎之又慎。

2. 购买者可依据《食品安全法》保护自身权益

《食品安全法》第148条第2款规定："生产不符合食品安全标准的食品或者经营明知是不符合食品安全标准的食品，消费者除要求赔偿损失外，还可以向生产者或者经营者要求支付价款十倍或者损失三倍的赔偿金……"这意味着，可以享受"退一赔十"权利的主体是消费者。而《食品药品司法解释》第3条规定："因食品、药品质量问题发生纠纷，购买者向生产者、销售者主张权利，生产者、销售者以购买者明知食品、药品存在质量问题而仍然购买为由进行抗辩的，人民法院不予支持。"该条款中将行为主体描述为购买者，而不是消费者。那么，应当如何理解"购买者"，"购买者"是否等同于"消费者"，一时众说纷纭。在审判实践中，是否属于"消费者"决定着购买者的胜诉权，支持者有之，驳回者亦有之。很显然，最高人民法院的司法解释选择使用"购买者"而不直接使用"消费者"是有意为之。使用"购买者"的称谓摆脱了对"消费者"概念的纠结，从而使食品药品领域"知假买假"的"购买者"可以享受消费者的权益保护待遇。且值得注意的是，《食品药品司法解释》除了第3条采用"购买者"的措辞外，其余条款仍然回归了"消费者"一词，保持了与《消费者权益保护法》《食品安全法》的一致表述，这样的表述似乎透露了司法解释制定者的矛盾心态。

就本案而言，事实上，二审法院使用"购买者"的称谓支持了被上诉人对

"退一赔十"的诉讼主张，回避了对被上诉人"消费者"身份的认定问题。不过，从案件事实来看，本案中的"购买者"可以享有法律法规对"消费者"的权益保护。(1) 本案中被上诉人的购买行为在客观表征上与普通消费行为无异。普通消费者要主张其自身的合法权益，需要举证证明其存在购买行为，本案中，被上诉人存在购买行为。(2) 被上诉人购买的产品属于不符合食品安全标准的产品。本案中，被上诉人购买的产品外包装上未标识反式脂肪（酸）的含量，明显违反国家标准的强制性规定。而消费者要主张权益保护，往往也需举证其购买的商品或服务存在质量问题。(3) 《食品安全法》并未规定"知假买假"的购买者不属于消费者。《食品药品司法解释》第3条进一步明确，生产者和销售者不得以购买者明知作为抗辩理由，这意味着购买者可以享有消费者的合法权益，当然，该解释目前只适用于食品领域。本案中，被上诉人购买的是食品，且该食品存在不符合食品安全标准的特征，故符合第3条的适用范围。(4) 被上诉人购买涉案食品并非用于生产、经营等非消费领域。如被上诉人购买涉案产品用于再生产，则显然脱离了消费者的范畴。但本案中，并无证据证实被上诉人购买涉案商品系用于生产、经营，两上诉人也未提出此类抗辩。

▎实务指引▎

1. 审判实践中对"消费者"身份的不同认定

在司法实务中，对消费者的身份进行限缩性解释，进而否认购买者享有消费者索赔权的案例并不少见。与此同时，也有些法院，将购买者视同消费者，充分地保障了购买者的合法权益。

（1）否定说

第一，多次购买否定说。如在某买卖合同纠纷案件中，法院认为购买者多次购买同一商品，依常理可知其不是为了生活消费需要而购买本案产品，不属于《消费者权益保护法》规定的"消费者"范畴，不享有该法所规定的消费者权益。[①] 在审判实践中这一观点的使用率较高。

[①] 广东省广州市中级人民法院（2017）粤01民终13173号民事判决，载中国裁判文书网，http：//wenshu. court. gov. cn/website/wenshu/181107ANFZ0BXSK4/index. html? docId = 73ad38d9e92d4a559f60a80800a596b2，访问日期：2019年4月21日。

第二，知假买假牟利否定说。如在某网络购物合同纠纷案件中，法院认为知假买假者与一般的消费者在购买的目的上是不同的，知假买假者购买商品的目的在于获取一定的经济利益或社会利益，因此，知假买假者不具有消费者的身份，其以消费者的身份主张权利不能获得《消费者权益保护法》及相关司法解释为保护消费者设定的权益。①

（2）肯定说

第一，购买者明知肯定说。如本案中，二审法院认为，《食品药品司法解释》第3条已规定，生产者与销售者不得以"购买者"的"身份"因素对抗权利人权利的行使。因此，购买者明知食品存在质量问题而购买仍然不能被排除在消费者范围之外。

在另一买卖合同纠纷案件中，法院认为，从价值取向看，知假买假在一定程度上遏止了不合格产品及伪劣产品的生产和销售，如果没有充分证据证明购买人在购买时即存在恶意，则应当确认其为《消费者权益保护法》所述的消费者。②

第二，职业打假肯定说。如在某产品责任纠纷案件中，法院认为，经营者主张购买者为职业打假人，购买者具有主观恶意，并非真正的消费者，但不能据此否定购买者的消费者身份，其合法权益应依法予以保护。③

除了上述案例的展示，对消费者身份呈宽松性解释的，还包括各地法院的裁判指引口径。

例如，《深圳市中级人民法院关于消费者权益纠纷案件的裁判指引》规定：公民、法人或者其他组织以"打假"为目的购买、使用商品或者接

---

① 江苏省徐州市中级人民法院（2017）苏03民终3540号民事判决，载中国裁判文书网，http://wenshu.court.gov.cn/website/wenshu/181107ANFZ0BXSK4/index.html?docId=c054da0e5c8046de8bf7a8070100dbf6，访问日期：2018年4月28日。

② 江苏省南通市中级人民法院（2018）苏06民终1404号民事判决，载中国裁判文书网，http://wenshu.court.gov.cn/website/wenshu/181107ANFZ0BXSK4/index.html?docId=0df09adc0eb546d6b8cda98a00d20e1a，访问日期：2019年4月7日。

③ 北京市第三中级人民法院（2018）京03民终13980民事判决，载中国裁判文书网，http://wenshu.court.gov.cn/website/wenshu/181107ANFZ0BXSK4/index.html?docId=ef810fc240a641d3a3cfa9d200a18940，访问日期：2019年4月15日。

受服务的，属于《消费者权益保护法》中所称的"消费者"。《重庆市高级人民法院关于审理消费者权益保护纠纷案件若干问题的解答》也指出：《消费者权益保护法》的立法目的是约束经营者提供商品或服务的行为，商品或服务是否符合质量要求，是经营者应否承担法律责任的事实基础。对于明知商品或服务存在质量问题而仍然购买的人，赋予其消费者地位并享有消费者的基本权利，对于实现《消费者权益保护法》的立法目的有积极意义。

综上，为了应对消费者的索赔行为，经营者往往以购买者并不属于消费者的概念为由进行抗辩。如提供证据向法院证明原告购买行为不合理，原告购买商品的目的不是生活所需而是为了牟利等。鉴于消费者概念模糊，《食品药品司法解释》甚至另辟蹊径，在食品、药品领域提出了购买者的概念，允许购买者享有《食品安全法》规定的消费者权利。从当前立法来看，消费者是相对于生产者和销售者的概念，只要购买者在市场交易中购买商品或服务不是为了生产经营需要，一般情况下应当认定为消费者。如果法律没有对购买者的主观动机作出限制性规定，购买者的合法权益应当受《消费者权益保护法》《食品安全法》的保护。尤其在食品、药品安全领域，由于食品药品的安全问题与使用者的生命健康休戚相关，不应当对消费者的概念作限缩性解释。当然，针对部分购买者过度追求牟利的趋势，司法机关可以质疑购买者购买的数量是否超出个人、家庭生活消费需要，可以根据购买者的购买次数对惩罚性赔偿的数额进行调整，但不能以购买者"牟利"而否定购买者的"消费者"身份。司法机关应切合立法目的，不纠结购买者的主观目的，而要通过肯定购买者的打假行为来遏制经营者的违法行为。简而言之，司法机关可以限制消费者的牟利欲望，但不能轻易否定消费者的身份。

食品安全事关公共利益，每一起消费者就不符合安全标准的食品针对生产者或销售者销售明知是不符合食品安全标准的诉讼，都会或多或少促使经营者更加重视食品安全，警示消费者更加关注食品安全，进而提高大众的健康水平与生活质量。不应因消费者可能存在的获利结果或获利动机，而否认此类行为对于维护食品公共安全的积极意义。因此,正确理解"消费者"的概念对正确审理案件、传递司法观点大有裨益,同时可减少因为预期不明而增加的"投机诉讼",也可有效节约司法资源,降低诉讼当事人的诉累。

2. 农民的特殊"消费者"身份

对生活消费,"辞海之家"解释为人们在生产和生活的过程中消耗物质资料和享受服务的一种经济行为。① 从广义上说,消费分为生产消费和生活消费。《消费者权益保护法》第2条所规定的"生活消费"是判断消费者身份的一个重要指标,也是该法所确定的一个保护范畴,超出该范畴的交易行为将得不到该法的保护。但万事有例外,该法第62条规定:"农民购买、使用直接用于农业生产的生产资料,参照本法执行。"参照就是参考仿照,按此规定,农民因农业生产需要而进行生产资料交易,也纳入了《消费者权益保护法》的保护范围,这体现了法律对农业、农村、农民的特殊保障,极大地维护了农民的合法权益,减少"坑农"事件的发生,更提高了违法者的违法成本。同时,在赋予农民购买、使用直接用于农业生产的生产资料行为"消费者"身份的同时,还要扭转对农民含义的固有理解,不能将"农民"仅理解为个体自然人,应进行扩张解释,以符合当前的实际情况。这里的农民不应仅指农民个人或家庭,还应包括法人或其他组织,如农民专业经济合作组织、农业生产企业。

《食品安全法》第2条第2款规定:"……食用农产品的市场销售、有关质量安全标准的制定、有关安全信息的公布和本法对农业投入品作出规定的,应当遵守本法的规定。"因此,上述农民专业经济合作组织、农业生产企业需对自己所生产销售不符合食品安全标准的食品,承担相应的惩罚性赔偿责任。相比较,按《食品安全法》承担赔偿责任时是完全执行法律规定,而按《消费者权益保护法》享有、主张权利时是参照执行,法律权利、地位存在明显差异,权利、义务不对应。因此,与其参照执行,不如正式赋予农民该

---

① 辞海之家,"生活消费",http://ciyu.cihai123.com/c/1123554.html,访问日期:2019年4月21日。

项权利，使农民能够名正言顺地主张惩罚性赔偿。

【司法解释修改建议】

针对消费者的界定，建议在《食品药品司法解释》中增加一条："消费者是指为生活消费需要而购买、使用商品或接受服务的自然人。

"法人或其他组织为职工福利而购买、使用商品或接受服务的，视同消费者。

"明知食品存在质量问题而购买的自然人，仍可依据《食品安全法》《消费者权益保护法》等法律法规规定主张消费者的相关权利。"

02 生活消费的辨析

徐某与上海市某副食品销售有限公司网络购物合同纠纷案*

【核心观点】

法院可根据日常生活经验，对消费者购买食品的数量是否符合"生活消费"所需加以判断，并相应地确定赔偿数额。购买者是否以牟利为动机不影响法院对"生活消费"的判断。

【案情简介】

上诉人（原审被告）：上海市某副食品销售有限公司（以下简称某食品公司）

被上诉人（原审原告）：徐某

2017年4月23日，徐某向某食品公司在天猫商城经营的店铺购买蜂蜜黄油杏仁45罐（每罐净含量228克），单价25.8元/罐。徐某共支付货款1161元。

徐某购买的该产品外包装配料处标明：杏仁、麦芽糖、白砂糖、蜂蜜黄油味调料—GL、蜂蜜、玉米胚芽油、植物性油脂、植物提取物、大豆磷脂、食品添加剂（二氧化硅、阿斯巴甜、柠檬酸、DL—苹果酸）。然而，《食品安全国家标准 食品添加剂使用标准》（GB2760—2014）表A.1（续）注释b

---

* 北京市第二中级人民法院（2018）京02民终222号民事判决，载中国裁判文书网，http://wenshu.court.gov.cn/website/wenshu/181107ANFZ0BXSK4/index.html?docId=dac83c39549a41a99011a8910010b003，访问日期：2019年3月10日。

规定，添加阿斯巴甜的食品应标明阿斯巴甜（含苯丙氨酸）。

徐某向一审法院起诉，请求：（1）解除徐某与某食品公司之间的买卖合同；（2）某食品公司退还徐某货款1161元；（3）某食品公司给付徐某货款十倍的赔偿金11 610元。

▎一审法院判决▎

一审法院认为，当事人一方迟延履行债务或者有其他违约行为致使不能实现合同目的的，相对方可以解除合同。合同解除后，已经履行的，根据履行情况和合同性质，当事人可以要求恢复原状、采取其他补救措施，并有权要求赔偿损失。本案中，某食品公司提供的涉案食品未按照食品安全国家标准的要求标注阿斯巴甜"（含苯丙氨酸）"字样，违反了上述规定，属于不符合国家食品安全标准的食品，徐某有权要求解除合同并要求某食品公司给付价款十倍的赔偿。因此，对徐某的诉讼请求，一审法院予以支持。

一审法院判决：（1）解除徐某与某食品公司之间的买卖合同。（2）某食品公司于判决生效之日起十日内返还徐某购物款1161元。（3）徐某于判决生效之日起十日内返还某食品公司蜂蜜黄油杏仁共计45罐。（4）某食品公司于判决生效之日起十日内给付徐某赔偿金11 610元。

▎二审法院判决▎

二审法院认为，本案主要存在三个争议焦点。

（1）徐某是否为生活消费而购买涉案产品。二审法院认为，《消费者权益保护法》第2条规定："消费者为生活消费需要购买、使用商品或者接受服务，其权益受本法保护；本法未作规定的，受其他有关法律、法规保护。"该条是对《消费者权益保护法》适用范围的规定。在一审、二审诉讼过程中，某食品公司声称徐某并非为生活消费而购买食品，但没有提供充分的证据证明徐某购买涉案食品不是出于生活消费的目的，也没有充分的证据证明徐某购买涉案食品是用于转售或者生产经营。至于徐某购买动机是否用于牟利，在现有的法律框架下，并不影响对购买者是否属于生活消费的认定。故二审法院确认徐某购买涉案食品的行为属于《消费者权益保护法》《食品安全法》的调整范围。

（2）涉案食品是否符合食品安全标准、是否属于标签瑕疵、是否影响食品安全并对消费者造成误导。本案中，某食品公司提供的食品未按照食品安全国家标准的要求标注阿斯巴甜"（含苯丙氨酸）"字样，属于不符合国家食品安全标准的食品。涉案食品未标注阿斯巴甜"（含苯丙氨酸）"字样，容易让苯丙酮尿症患者误认为涉案食品不含苯丙氨酸，如果误食会造成不良后果，不属于"不影响食品安全且不会对消费者造成误导"的标签瑕疵。某食品公司是涉案食品的生产者也是销售者，应承担支付徐某价款十倍的赔偿责任。

（3）经营者承担"十倍价款赔偿"责任是否以造成消费者人身伤害、财产损失为前提的问题。只要食品经营者"销售明知是不符合食品安全标准的食品"，消费者就可以主张"十倍价款赔偿"，不论这一行为是否给消费者造成了实际损害。

基于上述理由，二审法院判决：驳回上诉，维持原判。

▎焦点解读▎

1. 如何理解"生活消费"

《消费者权益保护法》第 2 条规定："消费者为生活消费需要购买、使用商品或者接受服务，其权益受本法保护……"该条中的"生活消费"一词，并非法律术语，因而可以依照日常生活经验加以解释。

根据"辞海之家"解释，生活是指生存，泛指一切饮食起居等方面的情况、境遇。[①]"生活消费"是指人们在生产和生活的过程中消耗物质资料和享受服务的一种经济行为。通常而言，生活消费除衣食住行外，还包括日常生活行动、学习、工作、休闲、社交、娱乐等，是物质文明与精神文明的结合。故而，《消费者权益保护法》意义上的"生活消费"与日常所指的生活消费并无本质不同。一般来说，在市场交易中购买、使用商品及服务，是人们为满足个人或家庭生活及社会交往需要而对于物质产品、精神产品和劳务的使

---

① 辞海之家，"生活"，http://www.cihai123.com/cidian/1057486.html，访问日期：2019 年 4 月 21 日。

用和消耗，属于生活消费。生活消费与生产经营相对而言，生产经营是制造和生产商品的行为，而消费是使用和消耗商品的行为。

在审判实践中，有些法院将"生活消费"作为评判"消费者"身份是否成立的一个条件，进而决定是否支持购买者的诉讼请求。而如何理解生活消费，如何在审判实践中进行确认，并无明确的口径和规则。裁判者或根据经验法则，或根据购买商品次数、数量加以裁量。例如，在某产品责任纠纷案件中，法院认为购买者一次性大量购买涉案产品，并曾多次提起产品责任诉讼，明显超出生活消费的合理范畴，故对购买者主张惩罚性赔偿的主张不予支持。① 在另一买卖合同纠纷案件中，法院认为，根据二审查明的事实，购买者在短时间内大量提起购物纠纷，特别是在本地区就同一食品、同一被告先后三次提起索赔诉讼，其购买行为显然超出了"为生活消费需要购买商品"的范畴，据此，对其要求获得十倍价款赔偿的主张不予支持。②

2. 非"生活消费"的举证责任

"谁主张，谁举证"是民事审判中的一项举证规则。《最高人民法院关于民事诉讼证据的若干规定》（以下简称《民事诉讼证据规定》）第1条规定："原告向人民法院起诉或者被告提出反诉，应当提供符合起诉条件的相应的证据。"

在众多食品责任惩罚性赔偿案件中，经营者多以购买者的购买行为非为生活所需，而为牟利为由，要求人民法院对消费者的诉讼请求不予支持。而人民法院有时无法从购买行为本身判断购买者的主观目的，故以经营者未提供充分证据予以证明应承担相应不利后果为由，对经营者的抗辩理由不予采信。就本案而言，消费者的"购买动机"是经营者无法掌握的，因为"动机"一词在日常用语中，它和愿望、目的等概念往往在同等意义上被使用，

---

① 浙江省杭州市中级人民法院（2017）浙01民终8886号民事判决，载中国裁判文书网，http：//wenshu.court.gov.cn/website/wenshu/181107ANFZ0BXSK4/index.html? docId = b7e2c39673cc4566953fa93300cb63c5，访问日期：2019年4月6日。
② 浙江省杭州市中级人民法院（2018）浙01民终120号民事判决，载中国裁判文书网，http：//wenshu.court.gov.cn/website/wenshu/181107ANFZ0BXSK4/index.html? docId = e3d8dde6cf6e45418c87a8e800a174ee，访问日期：2019年4月6日。

反映的是消费者购买行为过程的主观方面。消费者的预期目的，经营者往往只可意会而无法证明。若经营者无法证明消费者所购商品另有所图如用于营利，则经营者的抗辩理由胜算不大，多数不会为人民法院所采纳。本案中人民法院"关于购买动机是否用于牟利，无法否认消费者身份"的观点，虽然仍有部分法院不认可，但已在多地法院得到了采纳。毕竟，在《食品药品司法解释》"知假买假"规定下，购买者获得一定经济利益是客观必然的，故经营者从购买动机上否定购买者的消费者身份，不但证明上具有相当的难度，还违反了司法解释的规定。

诉讼中，经营者掌握证据的能力有差异。有些经营者向法院提供了消费者先前的一些消费维权记录，用以证明消费者的购买行为非"生活消费"，并得到了部分法院的支持。例如，某销售者产品责任纠纷案件中，二审法院认为，根据查明的事实，近年来，购买者以产品销售者责任纠纷为由围绕商品广告是否符合要求、标签是否规范、添加剂含量是否符合标准等问题就同种产品、同类问题提起多起诉讼，一审法院认定其不属于《消费者权益保护法》及相关司法解释规定的消费者并对其要求赔偿的诉讼请求不予支持并无不当，遂驳回购买者的上诉。[①] 因此，经营者虽无法从"购买动机"上否定购买者消费者身份的情况，但可以运用经验法则进行抗辩，同时要求法庭从"生活消费"角度对消费者索赔行为进行综合判断。

3. 经验法则对确定"生活消费"的重要作用

《民事诉讼证据规定》第 10 条第 1—4 项规定，自然规律以及定理、定律，众所周知的事实，根据法律规定推定的事实，根据已知的事实和日常生活经验法则推定出的另一事实，当事人无须举证证明。它包括普通人在日常生活中所掌握或总结的经验、教训与常识，也包括某些专门性的知识，如科学、艺术、商业等方面的知识。

依据经验法则推定的结果可以免除当事人的举证责任。经营者若要主张

[①] 江苏省徐州市中级人民法院（2018）苏 03 民终 485 号民事判决，载中国裁判文书网，http：//wenshu. court. gov. cn/website/wenshu/181107ANFZ0BXSK4/index. html？docId = cd5e8af40163473c9052a90d010232c5，访问日期：2019 年 3 月 10 日。

购买行为非为生活消费所需，可以从购买者以往的维权行为、本次购买商品的数量与质量、商品性能等方面进行举证，从而引导法院通过日常生活经验法则来推定消费者行为的不合理性，进而行使自由裁量权，对消费者的索赔行为进行部分限制。在审判实践中，有些法院已在运用经验法则来判断消费者购买行为是否符合"生活消费"的含义。例如，某买卖合同纠纷案件中，二审法院认定因购买者购买涉案商品的数量并没有超出正常的生活消费，目前亦无法认定购买者系以营利为目的的恶意购买，故尚不能否认其消费者的身份。[1]

（1）法官对"生活消费"适用经验法则的可行性。法官不是与社会相隔离的，在日常生活中法官也是消费者，因此法官在行使裁判权时依据日常经验法则，不会出现与普通消费者认识标准差距过大的问题。尤其在食品安全领域，由于食品消费与每个人的生活都很贴近，法官使用经验法则引发错误或偏差的可能性较低。

（2）法官对"生活消费"适用经验法则的顾虑。当然，在裁判过程中，法官对适用日常经验法则还存在顾虑。与其使用经验法则承受一定的裁判非议或额外风险，不如四平八稳地严格按照法律进行裁判。此外，作为消费者的法官在裁决案件时，往往会与自身消费时的一些情形相联系，因此也会带有一定的主观判断，对于一般性的索赔案件往往持肯定态度，但在消费者索赔金额过高或频次过多时则会产生一定的否定评价。具体表现就是在不同时间同一法院同类案例裁决理由与结果有差异乃至发生反转，或者同一时间不同法院同类案例裁决理由存在不同。毕竟，适用经验法则，还有见仁见智的问题。例如，关于是否可以从商品购买数量判断是否属于生活消费的问题，有种观点认为根本不应该从商品数量上来考量。在某产品责任纠纷案件中，法院认为消费是由需要引起的，消费者购买商品的目的是满足自己的各种需要，购买商品本身体现着消费者对一定的经济利益的追求。任何人只要其购买商品和接受服务的目的不是将商品或者服务再次转手，不是专门从事商品

---

[1] 北京市第三中级人民法院（2018）京03民终13187号民事判决，载中国裁判文书网，http://wenshu.court.gov.cn/website/wenshu/181107ANFZ0BXSK4/index.html?docId=55a1436ffedc4013b5c9a9cc00115dc2，访问日期：2019年3月10日。

交易活动，则其购买行为就属于生活消费。仅从购买数量上判断购买人的目的是否为生活消费，有失偏颇。① 该案中，法院支持了消费者诉请，对消费者分两次购买402盒日式芥末味海苔卷行为未加限制。显然，这样的裁决不利于平衡市场各方利益，却给予消费者错误信息，助推消费者过度买假牟利。

（3）法官运用"生活消费"经验法则可有效控制消费者牟利欲望。《食品安全法》惩罚性赔偿的无差别规定以及《食品药品司法解释》关于"知假买假"的规定，体现了立法机关、司法机关力图规范市场经济、建设诚信市场，体现了对消费者的特别保护与鼓励。但是，这些规定也极大地刺激了部分购买者的索赔欲望，甚至出现了职业索赔现象。因此，在赔偿金额上设定一些限制，有助于净化市场环境，减少以追求高额赔偿为目标的诉讼。

法官在裁判中对于超出一般生活需求的索赔请求，不能简单地以所购商品数量超出生活需求而驳回消费者诉讼请求，也不能以消费者不是以消费为目的购买商品而判决消费者败诉，而是要综合购买行为、维权记录等多种因素加以判断。毕竟，单纯从主观目的或客观行为上直接支持或否定消费者索赔都缺乏严谨性。在法律未作修订之前，裁判者还是需要回归法律理性，结合经验法则对"生活消费"进行判断。虽然这不是唯一的判断方法，但显然是最有效和最有说服力的判断方法。消费者往往会认为法官根据日常经验法则认定的购买数量过少，未达到其内心所追求的赔偿数额，但其得到的部分赔偿又使其得到了部分满足，与此同时，经营者在支付赔偿金额后势必会采取措施纠正违规行为，避免再次受到处罚。法院通过经验法则进行的合理数量调整，显然可以达到各方利益的相对平衡。

▎实务指引 ▎

1. 购买数量对"生活消费"认定的影响

一般理解，只要购买者在市场交易中购买、使用商品或接受服务是为了

---

① 江苏省南通市中级人民法院（2018）苏06民终139号民事判决，载中国裁判文书网，http://wenshu.court.gov.cn/website/wenshu/181107ANFZ0BXSK4/index.html?docId=d1d33d4f432a40c5a14ea8d000e49e0c，访问时间：2019年3月10日。

个人、家庭生活需要，而不是为了生产经营需要，就应当认定其为消费者，其合法权益就应当受《消费者权益保护法》的保护。但在审判实践中，有些消费者购买商品的确不是为了经营，但其购买方式和数量与正常消费明显不同，表现为大量、多次购买。如本案中，消费者购买商品数量达45罐，明显超过了正常消费者的购买数量，即使消费者主张走亲访友，所购商品数量仍值得商榷，但法官在此案中未使用日常生活经验法则来确定消费者所购商品是否符合"生活消费"的含义。对消费者超出"生活消费"部分的商品进行保护，适用惩罚性赔偿显然与相关法律的立法宗旨相悖。

在涉食品责任惩罚性赔偿案件中，虽然不能简单地通过所购商品数量来确定购买者是不是消费者，但法官完全可以运用日常生活经验法则对购买商品的数量进行合理调整，以符合大多数消费者的消费习惯、消费认知，并在此基础上确定最终的赔偿数额。如在某买卖合同纠纷案件中，法院认为消费者一次购买22个相同男士手包，却未提供证据证明其生活中确有此客观需要，故按照普通人一般正常生活对涉案产品的需要水平来对消费者行为性质进行界定，酌情认定其中2个为合理消费行为，经营者对此应予以3倍价款的赔偿，其余20个属于一般的商事买卖行为，消费者不具有生活消费的真实意思表示，不享有消费者专属权益，但可享有商事合同中当事人的合法权益。[1] 这一案件的裁决充分运用了日常生活经验法则，所裁判的结果也相对合理，符合普通消费者的消费心理，既保护了消费者维权的积极性，也震慑了违法经营行为，实现了市场各方主体利益的有效平衡。

2. 多次维权对"生活消费"认定的影响

消费者多次购物不应影响消费者的索赔权利，但若在一定时间内针对同一经营者同一类商品的同一问题进行多次购买、索赔的，则需对"三同购买"是否符合"生活消费"进行重点评判。一般而言，消费者购买商品索赔后某一段时间后再次向同一经营者购买同类商品并以相同原因进行索赔的，

---

[1] 广东省广州市中级人民法院（2017）粤01民终10046号民事判决，载中国裁判文书网，http://wenshu.court.gov.cn/website/wenshu/181107ANFZ0BXSK4/index.html?docId=5f11dbd5e68a4a928a35a7da008f9319，访问日期：2018年7月7日。

法院应当区别对待，对其符合"生活消费"部分的索赔主张予以支持。那么，多长时间为合理间隔时间，一般认为，对于食品类商品，时间以一个月为宜。因为正常情况下负责任的商家在接到投诉或被诉讼后，会及时下架商品，一个月时间可供经营者完成相关商品的纠错。如在某买卖合同纠纷案件中，二审法院认为消费者在上诉人购买行为发生（某年8月11日、9月19日）前，其已于7月21日就涉案商品问题在其他法院提起索赔诉讼，故依常理可知其不是为了生活消费需要而购买本案产品，不属于"消费者"范畴，不享有该法所规定的消费者权益，故驳回了消费者的上诉。① 该案中，法院从"生活消费"角度对购买者的消费行为进行评价，说服力较强，但尽量要避免否定购买者的"消费者"身份，若认定其不是消费者而驳回其主张，可能会有一番争论。就购买间隔时间而言，对8月11日的购买行为不应支持，而对于9月19日的购买行为可以酌情根据"生活消费"进行支持，以示对经营者长期销售不符合食品安全标准食品的行为进行再次惩罚。毕竟，如果经营者在消费者对某一商品投诉索赔后仍不改正违法行为，继续销售违规商品，对此类行为，法律不能视而不见。

3. 法院酌定商品数量的积极意义

根据《消费者权益保护法》《食品安全法》的立法目的，法院如根据消费者购物数量、次数确定消费者不属于"生活消费"，进而完全驳回消费者的请求，不符合立法原意。只要所涉食品不符合食品安全标准，就应当要求经营者承担相应的赔偿责任。当然，消费者购买"全部商品"的行为可能不符合"生活消费"，但其中必有"部分商品"符合"生活消费"或某一次购买行为符合"生活消费"，而之后的购买行为不符合"生活消费"。对此，法院应当根据日常生活经验法则酌定购物的合理数量，再确定赔偿金额。否则，经营者经营的食品不符合食品安全标准，法院却不支持消费者的依法索赔请求，如何体现对消费者的保护和奖励与对经营者的约束和制约？

---

① 广东省广州市中级人民法院（2017）粤01民终13173号民事判决，载中国裁判文书网，http://wenshu.court.gov.cn/website/wenshu/181107ANFZ0BXSK4/index.html?docId=73ad38d9e92d4a559f60a80800a596b2，访问日期：2018年7月7日。

在某产品销售者责任纠纷案件中,法院认为消费者在某公司多个不同门店里短时间内有选择性、连续多次、反复、大量购买相同的牛奶、洗衣液、洗洁精、柔顺剂、纸尿裤、二锅头等几类存在价格或产地问题的商品,其购买商品数量较大、采取同类商品分开结算、购买后未见正常使用消耗、较长期限内分批购买、集中维权等特征,均与普通消费者的购买习惯不符,消费者对此并未作出足以令人信服的解释并提供相关证据予以佐证。法院未支持消费者309 556.29元的索赔请求,酌情判处某公司赔偿消费者损失20 000元。① 该法院的裁判,对消费者的索赔进行了酌情处理。但最佳的做法是,应立足于对"生活消费"的合理判断,处罚时不能超出或偏离法律规定的惩罚性赔偿比例。在本案中,宜将消费者合理的生活消费部分进行厘定,然后再计算出一个合理的赔偿金额。当然,这一做法可能会增加法官的工作量,但为了保证司法裁判的权威,防止任意裁判,这一做法是必要的。运用日常生活经验法则酌定商品购买数量,是立法规定不足的补救之策。脱离这一原则,法官任意酌定赔偿金额,就容易偏离法定赔偿的轨道。

4. 合同效力的认定

食品责任惩罚性赔偿案件中,消费者基于《食品安全法》第148条的规定向经营者主张退货、返还价款及惩罚性赔偿时,提及合同效力的较少,法院对此法律关系大多也未予表态、处理,更未适用《中华人民共和国合同法》(以下简称《合同法》)的有关规定作为裁判的法律依据。本案中,法院在审理过程中,既确认了合同双方买卖合同关系的存在,又在判决主文中对合同关系的效力及相互返还财产进行了认定,理顺了双方的法律关系,这一司法表态是难能可贵的。审判实践中,就合同的解除,法院有以下几种处理方式。

(1) 消费者起诉要求解除合同,法院不予支持。例如,在某买卖合同纠纷案件中,消费者起诉要求解除合同,但法院认为虽然消费者要求解除双方买卖合同,但双方合同已经履行完毕,自无解除的必要,其诉请于法无据,

---

① 北京市第三中级人民法院(2018)京03民终初7652号民事判决,载中国裁判文书网,http://wenshu.court.gov.cn/website/wenshu/181107ANFZ0BXSK4/index.html? docId = 78d0c5a943b640c6ad21a9120010a71e,访问日期:2019年3月10日。

该院不予支持。①

（2）消费者起诉要求解除合同，法院予以支持。例如，在某买卖合同纠纷案件中，法院认为由于经营者需退还货款并进行赔偿，其与消费者之间的买卖合同关系自然解除，故根据公平合理的原则，消费者应将所购买的商品返还经营者。②

（3）消费者起诉时未提出解除合同，诉讼中提出解除合同，法院予以确认，并在判决主文中作为一项裁判内容。例如，在某买卖合同纠纷案件中，法院认为因消费者在诉讼前未向经营者提出解除合同的请求，故以消费者当庭提出解除合同之时作为双方合同解除的时间。③

（4）消费者起诉要求解除买卖合同，但因诉讼请求不成立法院不予支持。例如，在某网络购物合同纠纷案件中，法院认为消费者提供的证据尚不足以证明经营者销售案涉产品存在虚假宣传，故其主张解除案涉买卖合同并要求经营者按照货款的三倍予以赔偿无事实和法律依据，法院不予采纳。④

（5）消费者未要求解除合同，法院认为买卖合同违反强制性规定，确认合同无效。例如，在某网络购物合同纠纷案件中，法院裁判认为因经营者未提供证据证明其取得药品经营许可证，因此其经营药品违反法律强制性规定，双方之间的买卖合同关系应确认无效。⑤

（6）消费者起诉时未要求解除买卖合同，法院也未对此进行处理。此类

---

① 北京市第一中级人民法院（2016）京01民终3543号民事判决，载中国裁判文书网，http：//wenshu. court. gov. cn/website/wenshu/181107ANFZ0BXSK4/index. html? docId = cc8d550b010741f4b2722633ba40d9f8，访问日期：2018年7月7日。

② 广东省广州市中级人民法院（2017）粤01民终1472号民事判决，载中国裁判文书网，http：//wenshu. court. gov. cn/website/wenshu/181107ANFZ0BXSK4/index. html? docId = 349db88b02864897ba03a74e00f5ff05，访问日期：2018年7月7日。

③ 北京市第一中级人民法院（2016）京01民终5268号民事判决，载中国裁判文书网，http：//wenshu. court. gov. cn/website/wenshu/181107ANFZ0BXSK4/index. html? docId = 843663553cde4fc896ca70864f973694，访问日期：2018年12月15日。

④ 江苏省宿迁市中级人民法院（2017）苏13民终1362号民事判决，载中国裁判文书网，http：//wenshu. court. gov. cn/website/wenshu/181107ANFZ0BXSK4/index. html? docId = d4dff367107c4afeb6d5a7c001120656，访问日期：2018年12月9日。

⑤ 上海市第三中级人民法院（2018）沪03民终60号民事判决，载中国裁判文书网，http：//wenshu. court. gov. cn/website/wenshu/181107ANFZ0BXSK4/index. html? docId = f7d44dc1b6ce471c8d3ba9620116199d，访问日期：2018年10月20日。

情况是食品责任惩罚性赔偿案件中最为常见的一类，包括法院全部支持返还商品与价款；也包括因买卖合同消费者已食用或使用，而部分返还商品或价款的案件，但大多未对合同效力进行处理。

《合同法》第 54 条规定："下列合同，当事人一方有权请求人民法院或者仲裁机构变更或者撤销：（一）因重大误解订立的；（二）在订立合同时显失公平的。一方以欺诈、胁迫的手段或者乘人之危，使对方在违背真实意思的情况下订立的合同，受损害方有权请求人民法院或者仲裁机构变更或者撤销。当事人请求变更的，人民法院或者仲裁机构不得撤销。"《消费者权益保护法》第 55 条第 1 款规定："经营者提供商品或者服务有欺诈行为的，应当按照消费者的要求增加赔偿其受到的损失，增加赔偿的金额为消费者购买商品的价款或者接受服务的费用的三倍；增加赔偿的金额不足五百元的，为五百元。法律另有规定的，依照其规定。"该条中的"欺诈"与《合同法》第 54 条中关于"欺诈"的规定是一致的，因此消费者依据《消费者权益保护法》要求惩罚性赔偿的，则完全有法律依据要求变更或撤销买卖合同。

然而，根据《食品药品司法解释》第 3 条"因食品、药品质量问题发生纠纷，购买者向生产者、销售者主张权利，生产者、销售者以购买者明知食品、药品存在质量问题而仍然购买为由进行抗辩的，人民法院不予支持"的规定。在食品领域"知假买假"的情况下，显然与《合同法》可变更和可撤销合同的规定是不相符的，大部分情况下不会存在重大误解、显失公平、误解或被欺诈的情形，因此消费者依据《食品安全法》要求撤销合同，并无法律上的依据，但可以根据《合同法》第 94 条要求解除合同。该条规定，"有下列情形之一的，当事人可以解除合同：（一）因不可抗力致使不能实现合同目的；（二）在履行期限届满之前，当事人一方明确表示或者以自己的行为表明不履行主要债务；（三）当事人一方迟延履行主要债务，经催告后在合理期限内仍未履行；（四）当事人一方迟延履行债务或者有其他违约行为致使不能实现合同目的；（五）法律规定的其他情形"。

受限于"不告不理"制度，在民事诉讼中必须有原告提出诉讼请求，法院才得受理，并在审理中受原告提出的诉讼请求范围的约束，不审理诉讼请求范围以外的问题。但是在具体案件中，货款与商品已被裁决返还，却没有对合同效力予以说明，不能不说是有瑕疵的。在无明确规定前，人民法院可以在开庭时加以释明。《民事诉讼证据规定》第2条第1款规定："人民法院应当向当事人说明举证的要求及法律后果，促使当事人在合理期限内积极、全面、正确、诚实地完成举证。"该规定第53条规定："诉讼过程中，当事人主张的法律关系性质或者民事行为效力与人民法院根据案件事实作出的认定不一致的，人民法院应当将法律关系性质或者民事行为效力作为焦点问题进行审理。但法律关系性质对裁判理由及结果没有影响，或者有关问题已经当事人充分辩论的除外。存在前款情形，当事人根据法庭审理情况变更诉讼请求的，人民法院应当准许并可以根据案件的具体情况重新指定举证期限。"在《民事诉讼证据规定》第4条以审判人员"说明"的方式规定了法官行使释明权的情形。经过法庭释明后，消费者仍明确予以放弃的，则可以在释法说理部分直接予以处理，对于裁决退货及返还价款，法官可以解释为解除合同；如果只能退还部分商品而导致退还部分货款的，则可以表述为对部分解除，而不用在判决主文中进行表述。

可喜的是，有部分法院，特别是北京地区法院近年来已经重视对合同效力的表态，许多案件或在裁判说理部分，或在判决主文中对双方合同效力进行了说明，例如，在北京市第一中级人民法院审理的某买卖合同纠纷案件中，法院判决：自判决生效之日起，消费者与经营者之间的买卖合同解除。[①] 在另一起网络购物合同纠纷案件中，北京市第二中级人民法院不但在判决主文中解除了消费者与经营者的网络购物合同，更是清晰地适用了《合同法》第94条和第97条。[②]

总之，法院判决要做到案结、事了、人和，避免因为形式上的正确而增加诉讼双方的诉累，最好在一个判决中将合同效力、货款与商品的返还以及

[①] 北京市第一中级人民法院（2018）京01民终9038号民事判决，载中国裁判文书网，http://wenshu.court.gov.cn/website/wenshu/181107ANFZ0BXSK4/index.html?docId=f8c6f65b3767483f8b92a9cc00116c6c，访问日期：2019年3月10日。

[②] 北京市第二中级人民法院（2019）京02民终1656号民事判决，载中国裁判文书网，http://wenshu.court.gov.cn/website/wenshu/181107ANFZ0BXSK4/index.html?docId=78c3c82e89d547a6a1d8aa090010c84c，访问日期：2019年4月13日。

惩罚性赔偿等问题全部阐述清楚。

【司法解释修改建议】

　　针对生活消费的界定，建议在《食品药品司法解释》中增加一条："消费者购买商品的数量是否符合'生活消费'需要，人民法院可根据日常生活经验法则加以调整，对符合生活消费需要的数量进行认定并据此计算惩罚性赔偿金额。"

03 经营者的"明知"

胡某与某超级市场有限公司买卖合同纠纷案*

【核心观点】

食品销售者履行了进货查验义务,并能如实说明其进货来源,若无证据证明其知道所采购、销售的食品不符合食品安全标准的,应免予惩罚性赔偿,但应返还消费者购物款。

销售者未承担惩罚性赔偿责任的,消费者可向生产者主张权利。

案情简介

上诉人(原审被告):某超级市场有限公司(以下简称某超市)

被上诉人(原审原告):胡某

2016年11月5日,胡某在某超市下属门店购买食品一批,其中含猪骨拉面20包、辣猪骨拉面3包,金额合计411.7元,该两种产品汤包标注含猪油、猪肉粉末、鸡肉粉末、氢化植物油;另含熊本猪骨拉面5包,该产品汤包标注含猪肉粉末、鸡肉粉末,金额合计89.5元。购物款共计501.2元。涉案拉面均标注原产国为日本,营养成分表中均只标注了能量、蛋白质、脂肪、碳水化合物和钠含量。

胡某主张:依照国家质量监督检验检疫总局发布的《禁止从动物疫病流

---

* 北京市第二中级人民法院(2018)京02民终1141号民事判决,载中国裁判文书网,http://wenshu.court.gov.cn/website/wenshu/181107ANFZ0BXSK4/index.html?docId = 634a2779816f43f0b416a8b9001089b0,访问日期:2019年3月10日。

行国家地区输入的动物及其产品一览表》，含猪油及猪肉提取物的日本方便面不能进口，且涉案商品违反了《食品安全国家标准 预包装食品营养标签通则》（GB28050—2011）第4.4条的规定，应标示出反式脂肪（酸）的含量。

胡某向一审法院起诉，请求：（1）某超市退还其购物款501.2元，同时胡某向某超市退还所购商品；（2）某超市赔偿胡某5012元，两项合计5513.2元；（3）由某超市承担本案诉讼费用。

一审法院判决

一审法院认为，胡某与某超市之间存在涉案商品的买卖合同关系，不违反法律法规的强制性规定，应属合法有效。涉案商品已获得相关出入境检验检疫局签发的入境货物检验检疫证明并准予进口，表明某超市已对涉案商品的来源履行了进货核验义务，故胡某所述涉案商品不能进口的说法不成立，一审法院不予支持。胡某在某超市下属门店购买的猪骨拉面、辣猪骨拉面两种食品均含有"氢化植物油"的成分，违反了食品安全国家标准的要求。某超市应当知道上述两种食品不符合食品安全标准，但却予以销售，违反了法律禁止性规定。

一审法院判决：（1）某超市于该判决生效之日起七日内退还胡某购物款411.7元，同时由胡某向某超市退还其购买的商品；如未能退还，按相应单价在某超市应退还的购物款中予以扣除；（2）某超市于该判决生效之日起七日内给付胡某赔偿金4117元；（3）驳回胡某的其他诉讼请求。

二审法院判决

二审法院认为，胡某从某超市购买涉案产品，双方之间成立合法有效的买卖合同关系，且该法律关系不违反相关强制性法律法规，法院予以确认。

根据双方当事人在二审的诉辩意见，二审法院认为本案的争议焦点如下。

第一，涉案商品是否符合我国食品安全标准。本案中涉案猪骨拉面及辣猪骨拉面的汤包中标注含氢化植物油，但涉案拉面未在其营养成分表中标示反式脂肪（酸）的含量，违反标签通则的规定。故涉案拉面确已违反《食品

安全国家标准　预包装食品营养标签通则》（GB28050—2011）的要求。某超市以涉案商品经国家行政机关检验检测、备案并有相关检验检疫证明和凭证即认为符合国家食品安全标准，法律、事实依据不足，法院不予支持。

　　第二，某超市销售涉案商品时是否明知不符合食品安全标准。本案中，涉案商品所涉不符合食品安全标准的情形通过标签形式从外观上即可判断，负有审查义务的某超市对此应当明知。某超市关于其尽到合理注意义务、不存在明知的上诉主张，法院不予支持。

　　第三，涉案商品不符合食品安全标准，所属情形是否属于不影响食品安全且不会对消费者造成误导的瑕疵。涉案食品营养成分的标示问题可能对消费者选购商品造成误导，并影响消费者关于营养成分摄取量的判断，进而影响食品安全，故不属于"不影响食品安全且不会对消费者造成误导"的瑕疵。某超市主张涉案商品未标注含量，系不会对人体造成损害的标签瑕疵的上诉理由，不能成立，法院不予支持。

　　第四，胡某在本案中是否具有消费者身份。《食品安全法》第148条的规定并未对购买人的主观动机作出限制性规定。因此，某超市关于胡某不是消费者的上诉意见，没有事实和法律依据，法院不予采纳。

　　二审法院最终判决：驳回上诉，维持原判。

焦点解读

1. 《侵权责任法》与《食品安全法》中"明知"规定的差异

　　《侵权责任法》第47条规定："明知产品存在缺陷仍然生产、销售，造成他人死亡或人身严重损害的，被侵害人有权请求相应的惩罚性赔偿。"但实践中，消费者凭借该条款获得惩罚性赔偿的极为少见，而《食品安全法》第148条的规定，使得食品责任惩罚性赔偿成为现实，是法律条文走入社会生活频率较高的一个法条，大量增加的涉食品责任惩罚性赔偿案件便是其活跃度的一个证明。同样是支持消费者惩罚性赔偿的条款，"一冷一热"，主要差异在于消费者所需证明的内容不同，后果要求不同，进而影响消费者维权胜负。

（1）《侵权责任法》中，消费者需要证明生产者、消费者"明知产品存在缺陷"，而如何证明这一事实，法律却无明确规定。《中华人民共和国产品质量法》（以下简称《产品质量法》）第46条规定："本法所称缺陷，是指产品存在危及人身、他人财产安全的不合理的危险；产品有保障人体健康和人身、财产安全的国家标准、行业标准的，是指不符合该标准。"因此，消费者除了证明生产者、销售者存在"明知"外，还要证明产品存在缺陷，更要证明缺陷与损害后果有因果关系。每一项证明内容，都会增加消费者的举证难度，非一般消费者所能理解与把控。很多时候，此类惩罚性索赔以一般侵权责任纠纷结案，消费者只得到了补偿性的赔偿，未得到惩罚性的赔偿。

（2）《食品安全法》第148条第2款规定："生产不符合食品安全标准的食品或者经营明知是不符合食品安全标准的食品，消费者除要求赔偿损失外，还可以向生产者或者经营者要求支付价款十倍或者损失三倍的赔偿金；增加赔偿的金额不足一千元的，为一千元。但是，食品的标签、说明书存在不影响食品安全且不会对消费者造成误导的瑕疵的除外。"同时，该法规定食品安全标准是强制执行的标准，并由国务院卫生行政部门会同国务院食品药品监督管理部门制定、公布，国务院标准化行政部门提供国家标准编号。上述规定明晰了食品安全标准的形式，具有可操作性，加之条款中没有《侵权责任法》中要求的"造成他人死亡或人身严重损害"的惩罚性赔偿要件。因此，食品责任惩罚性赔偿案件数量暴增，消费者获得惩罚性赔偿的概率也大为提高。消费者只需证明经营者生产、经营的食品不符合食品安全标准且销售者存在"明知"的情形，需要证明的内容大为减少，提高了消费者维权索赔的积极性。但是，《食品安全法》的上述条款并未就不同具体情形设定赔偿级差，司法机关自由裁量或经验法则使用也不尽相同，有时裁判赔偿金额过高，导致消费者过度牟利，对市场经济正常运行带来一定负面影响。

2.《食品安全法》第148条中"明知"的理解

对于该条款中的"明知"如何理解？审判实践中有不同的认识，从审理结果来看，对于经营者的"明知"，人民法院的裁决往往对经营者较为严苛，多数判决认为只要食品不符合食品安全标准即属于"应当知道"进而推定为

"明知"。还有法院判决认为，在民事法律体系中，"明知"的法律含义包括"知道"和"应当知道"。所谓"知道"即指"知晓""清楚"，而"应当知道"则是指"本应该知晓""本应当清楚"。①

（1）确定知道。该观点认为《食品安全法》第 53 条第 1—2 款规定"食品经营者采购食品，应当查验供货者的许可证和食品出厂检验合格证或者其他合格证明。食品经营企业应当建立食品进货查验记录制度，如实记录食品的名称、规格、数量、生产日期或者生产批号、保质期、进货日期以及供货者名称、地址、联系方式等内容，并保存相关凭证……"在销售者履行约定义务后，就不应承担赔偿责任。如在某网络购物合同纠纷案件中，法院认为生产者、销售者承担多倍赔偿责任的要件不同，生产者只要有生产不符合食品安全的食品的行为即应承担多倍赔偿责任，销售者承担多倍赔偿责任的前提是"明知"该食品不符合食品安全而予以销售，《食品安全法》第 148 条并未将"应知"作为销售者承担多倍赔偿责任的要件。②

从审判实践来看，销售者是否"明知"其销售的食品为不符合安全标准的食品，应从其是否履行了法律规定的进货查验义务等方面进行审查，以确定其主观上是否存在"故意"，如其是否查验供货商营业执照、食品生产或者流通许可，其销售的产品是否经过正规的进口报关和检验检疫程序、是否具有相关职能部门出具的卫生证书、是否超过了保质期。若销售者履行了食品安全管理的责任和义务，落实了进货查验、索证索票和台账记录等食品安全管理制度，进货来源清楚、渠道合法，除有证据证明销售时"知晓""清楚"其所销售的食品不符合食品安全标准，不是故意销售含未经安全性审查食品原料的食品的，不能对销售者适用十倍惩罚。如在某买卖合同纠纷案件中，法院亦认为经营者销售的食品不符合食品安全标准以及经营者存在"明知是不符合食品安全标准的食品"的主观故意时，才应当承担支付十倍

---

① 北京市第二中级人民法院（2018）京 02 民终 133 号民事判决，载中国裁判文书网，http://wenshu.court.gov.cn/website/wenshu/181107ANFZ0BXSK4/index.html? docId = ad239bc0c4924a3b872ea8910010afc6，访问日期：2019 年 3 月 16 日。

② 北京市第二中级人民法院（2017）京 02 民终 10511 号民事判决，载中国裁判文书网，http://wenshu.court.gov.cn/website/wenshu/181107ANFZ0BXSK4/index.html? docId = 0b2bfc051ebc481fa87ca8490010c4b5，访问日期：2019 年 2 月 16 日。

价款的责任。[1]

销售者有以下情况的,属于销售者"明知"不符合食品安全标准的食品:①销售的食品不符合保障人身、财产安全要求;②销售失效、变质的食品;③销售伪造产地、伪造或者冒用他人的厂名、厂址、篡改生产日期的食品;④销售伪造或者冒用认证标志等质量标志的食品;⑤销售的食品或者提供的服务侵犯他人注册商标专用权;⑥销售伪造或者冒用知名食品特有的名称、包装、装潢的食品;⑦同一事实已被投诉或诉讼,违法行为被确认后仍在销售的或在确认前根据经验法则、国家规定可获得明确结论的;⑧媒体上公开披露不符合食品安全标准食品后,仍在销售的;⑨因涉嫌食品安全问题被有关部门责令下柜后,仍擅自销售,且被证明不符合食品安全标准的;⑩采取非正当销售渠道进行销售的;⑪拒绝或无法提供进货渠道的;⑫销售价格明显低于市场正常水平的;⑬在发票、账目等会计凭证上弄虚作假的;⑭诉讼中,拒绝提供或提供虚假证明、虚假情况的。

需要指出的是,销售者的查验是形式的查验,在形式上查验涉案商品是否符合食品安全标准。如果销售者无法按法律规定提供进货单证,就可能被法院认定为未尽到相应售前查验义务,主观上存在过错。如某网络购物合同纠纷案件中,法院认为销售者没有提供进货查验记录台账,其行为属于未履行法定的进货查验义务的行为,构成明知,从而判令其承担惩罚性赔偿责任。[2]

(2)应当知道(推定知道)。即法定义务说,该理论认为《食品安全法》第4条"食品生产经营者对其生产经营食品的安全负责。食品生产经营者应当依照法律、法规和食品安全标准从事生产经营活动,保证食品安全……"已经明确规定食品生产者和销售者都有主动了解法律、法规和食品安全标准的义

---

[1] 浙江省衢州市中级人民法院(2018)浙08民终380号民事判决,载中国裁判文书网,http://wenshu.court.gov.cn/website/wenshu/181107ANFZ0BXSK4/index.html?docId=f0764e819ee545a19765a8eb00bdccde,访问日期:2019年4月6日。

[2] 北京市第二中级人民法院(2018)京02民终5487号民事判决,载中国裁判文书网,http://wenshu.court.gov.cn/website/wenshu/181107ANFZ0BXSK4/index.html?docId=3cd416511068404eae1ba8f80010c4c9,访问日期:2019年3月10日。

务，并保证食品安全。所以只要食品销售者销售了《食品安全法》规定的不符合食品安全标准的食品，就可推定为食品销售者"明知"违反《食品安全法》的有关规定而实施销售。

此外，《食品安全法》第33条要求，食品生产经营应当有专职或者兼职的食品安全专业技术人员、食品安全管理人员和保证食品安全的规章制度。因此，作为食品经营者，具备相应的专业知识、技能，且知晓相关的法律法规、食品安全标准等是其法定义务，不得以"不知道"为由不履行法定义务，逃避法律制裁。上述法律的规定，形成了审判实践中的法定义务说，本案中法院认为销售者"负有审查义务"，正是此类理论在具体案件中的运用。还如某买卖合同纠纷案件中，法院认为经营者未尽到《食品安全法》第34条关于禁止经营超范围、超限量使用添加剂的食品的法定义务，在主观上应认定为其是明知销售不符合食品安全标准的食品。①

最高人民法院审理的孙某山诉南京某超市有限公司江宁店买卖合同纠纷指导性案例确立了"法定义务说"。最高人民法院在裁判要点和说明中特别指出"食品销售者负有保证食品安全的法定义务，销售者应当对不符合安全标准的食品及时清理下架"。在此案的影响下，出现了大量类似的判决，而且审判逻辑为：未履行法定职责即构成经营者的"明知"。这一理由明显加重了销售者的法定义务，一般而言，除了超保质期销售，更改生产日期、保质期销售食品等行为可以推定销售者"明知"外，对于诸如食品配料表、食品添加剂之类不符合食品安全标准的情形，如认定销售者"明知"则可能过于严苛。在某买卖合同纠纷案件中，法院认为，涉案食品添加剂的使用可以通过食品外部包装直观可见，现涉案食品中直接使用的添加剂不符合规定；销售者未对销售的产品尽到高度审慎的注意义务，构成销售明知是不符合食品安全标准的食品。② 显而易见，大多数销售者可以做到对供应商的商品进

---

① 北京市第一中级人民法院（2018）京01民终8551号民事判决，载中国裁判文书网，http://wenshu.court.gov.cn/website/wenshu/181107ANFZ0BXSK4/index.html?docId=e1dab14d175d4d589efcaa0a00117592，访问日期：2019年3月23日。

② 北京市第二中级人民法院（2018）京02民终9113号民事判决，载中国裁判文书网，http://wenshu.court.gov.cn/website/wenshu/181107ANFZ0BXSK4/index.html?docId=4eef0dd68b904e439ec0a9cf0010e916，访问日期：2019年3月10日。

行手续、证照的查验,但食品添加剂的适用范围属于较为专业、精细和繁杂的核查事项,这是生产者在拟定食品配料和添加剂时应尽到的逐项核查的义务,如果让销售者核查所销售的食品配料组成和添加剂的使用是否符合规定,出发点虽好,但在实践中执行并不现实,术业有专攻,不能过于要求销售者具备生产者的注意义务与辨识能力。

一般而言,食品销售者履行了进货查验义务,并能如实说明其进货来源的,除生产日期、保质期、使用禁忌等直观、显而易见、易于理解的标签内容外,若无证据证明其知道所采购、销售的食品不符合食品安全标准,应免予惩罚性赔偿。如某网络购物合同纠纷案件中,法院认为涉案商品因添加剂问题不符合食品安全标准,不能必然得出销售者对此明知。销售者提交了生产商的营业执照和食品经营许可证,已经履行"进货查验义务",从而判决销售者退还货款,但对消费者十倍赔偿的请求不予支持。① 在另一买卖合同纠纷案件中,涉案商品未标注生产日期、保质期等信息,法院认为该商品不具备国家标准和相关法律规定要求预包装食品标签应当标注的内容,为不符合食品安全标准的食品。销售者在采购进货时,未履行检验标签完整性的义务,应认定对其行为已构成"明知",据此二审法院维持销售者需承担十倍赔偿责任的一审判决。② 上述两个截然相反的裁判结果说明,在认定食品销售者"明知"时要慎重,不能过于简单泛化,应区别实际情况加以对待,食品销售者的行为达到"故意"和"重大过失"时才可考虑承担惩罚性赔偿责任。《食品安全法》第136条规定:"食品经营者履行了本法规定的进货查验等义务,有充分证据证明其不知道所采购的食品不符合食品安全标准,并能如实说明其进货来源的,可以免予处罚,但应当依法没收其不符合食品安全标准的食品;造成人身、财产或者其他损害的,依法承担赔偿责任。"既然在行政处罚上,食品销售者履行了法律规定的进货查验义务就可以免予处

---

① 北京市第二中级人民法院(2019)京02民终2481号民事判决,载中国裁判文书网,http://wenshu.court.gov.cn/website/wenshu/181107ANFZ0BXSK4/index.html?docId=bc2ac8df83b54c519132aa2000117a68,访问日期:2019年4月6日。

② 北京市第一中级人民法院(2018)京01民终7229号民事判决,载中国裁判文书网,http://wenshu.court.gov.cn/website/wenshu/181107ANFZ0BXSK4/index.html?docId=814186d39f86490ca1c0a9da00113a47,访问日期:2019年3月16日。

罚，那销售者因同样行为，一样应免予惩罚性赔偿，只有这样才能切合立法本意，体现对守法者的鼓励与对违规者的惩罚，进一步调动销售者合法经营的积极性。而且销售者不承担责任，并不意味着消费者权益无法得到保障，消费者依然可以向生产者主张惩罚性赔偿。

实务指引

1. 中药材添加"明知"的例外

审判实践中，常常遇到消费者主张普通食品中添加的中药材既不在相关行政机关已公布的许可名单中，也不在禁用名单中，从而以食品添加了不在许可添加目录范围内的中药材为由要求惩罚性赔偿。

北京市高级人民法院认为，当前我国食材种类繁多，已经被国务院卫生行政部门确定收录在许可添加和禁止添加名单当中的中药材仅是一小部分，大量的中药材是否可以向食品中添加，目前尚未作出准确界定和区分。食品中添加了许可名单和禁用名单之外的中药材并不意味着该食品一定不符合安全标准。对于该种情形下食品是否符合安全标准需依赖于卫生行政部门和食品药品监督管理部门的专业判断。审判实践中，应待相关行政部门就添加中药材的食品是否属于不符合食品安全标准的食品作出认定后，再依据认定结论进行相应的裁判。

严格来说，在此情形下，由于添加的中药材在许可名单和禁用名单之外，无论卫生行政部门的最终认定结果如何，均难以认定经营者属于"明知"，司法机关更不应认定经营者的添加行为在主观上属于"明知"而作出惩罚性赔偿的判决。诉讼中，若消费者仅向经营者主张惩罚性赔偿的，则人民法院可直接驳回诉讼请求。若消费者同时要求退货和惩罚性赔偿的，则人民法院应向卫生行政部门发函确认相关添加行为是否符合食品安全标准。卫生行政部门确认可以添加的，则人民法院可以驳回消费者的诉讼请求；卫生行政部门回复不可以添加的，则人民法院可以裁决经营者向消费者退还货款，但仍不应以此理由对经营者适用惩罚性赔偿。

此外，食品中添加中药材是否符合安全标准具有较强的专业性，并非通过食品的形式和外观并借助普通食品安全知识即可加以判断,若某一添加中药材或其他原料的行为在某地区有长期的食用习惯,则人民法院亦不应轻易认定经营者"明知",而裁决经营者承担惩罚性赔偿。例如,某网络购物合同纠纷案件中,法院认为,根据国家食品药品监督管理总局批准的内蒙古××有限责任公司食品生产许可证中所注"亚麻籽作为烘炒类食品"及安徽省食品药品监督管理局在对"亚麻籽是否可作为食品销售"所作咨询的回复中明确"亚麻籽可以作为普通食品销售"。从而认定经营者在涉案产品中添加"亚麻籽",并未违反国家有关食品安全标准方面的规定。[1] 还如,某产品销售者责任纠纷案件中,一审法院认为,海蛇无作为普通食品原料使用的依据,经营者也未举证证明在涉案食品中添加海蛇已经获得相关批准,故涉案产品添加海蛇作为原料不符合食品安全国家标准。二审法院认为,涉案海蛇在海南省广泛食用了30年以上,已形成传统食用习惯,并且未收录在《中华人民共和国药典》中,故涉案海蛇不是新食品原料,不需要经过国家卫生和计划生育委员会的安全性评估审查。海蛇在海南省已广泛食用30年以上,海蛇酒的生产亦年代久远,并未发生过食用涉案海蛇的食品安全事件,且经营者的企业标准中明确使用海蛇作为原料,已经连续多年得到备案,故本院认定商品中添加海蛇作为原料并不违反《食品安全法》的规定,一审法院对此认定有误,本院予以纠正。[2]

2. 经营者的法定审查义务不因进口检验检疫机构签发的检验检疫证明而免除

《进出口食品安全管理办法》第16条规定:"海关应当对标签内容是否符合法律法规和食品安全国家标准要求以及与质量有关内容的真实性、准确性进行检验,包括格式版面检验和标签标注内容的符合性检测。"但从与食

---

[1] 上海市第一中级人民法院(2017)沪01民终8864号民事判决,载中国裁判文书网,http://wenshu.court.gov.cn/website/wenshu/181107ANFZ0BXSK4/index.html?docId=8a57623045944c22a516a81f009c3cec,访问日期:2019年4月6日。

[2] 广西壮族自治区南宁市中级人民法院(2018)桂01民终2407号民事判决,载中国裁判文书网,http://wenshu.court.gov.cn/website/wenshu/181107ANFZ0BXSK4/index.html?docId=258de81d025b4394a87ea9c100dfcc6a,访问日期:2019年7月7日。

品安全管理有关的行政机关在《食品安全法》下的权责分工来看，海关并不负责食品安全标准制定或食品流通活动监督管理。国家质量监督检验检疫总局发布的《关于进一步规范进口食品、化妆品检验检疫证单签发工作的公告》规定，自2015年7月28日起，对进口食品、化妆品经检验检疫合格的，或检验检疫不合格但已进行有效处理合格的签发"入境货物检验检疫证明"，不再签发"卫生证书"。[①]

北京市高级人民法院认为，2016年3月1日国家质量监督检验检疫总局进出口食品安全局公布的《关于"进口食品的卫生证书"有关咨询的回复》中对"入境货物检验检疫证明"的性质和效力给予了明确，确认"入境货物检验检疫证明"的效力为"证明该批次食品从正常途径进口，依照我国法律法规规定经检验检疫"。可见，检验检疫机构签发"入境货物检验检疫证明"仅表明进口食品的来源和途径正当，已依我国法律法规规定的检验检疫技术标准、技术规范对进口食品进行了审查和认定，但并非确保进口食品在销售流通环节完全符合食品安全标准。进口食品进入流通环节后食品进口商、食品经营者仍属于食品安全责任主体的范围，食品经营者销售食品时须负担的法定义务不因检验检疫机构签发检验检疫证明的行政许可行为而免除。对于进口食品，食品经营者仍应对其所销售的食品是否符合食品安全标准进行严格审查。只要食品经营者没有尽到进货查验义务和相应的注意义务，所销售的食品存在通过形式和外观即可判断的安全隐患，如食品标签存在影响食品安全或对消费者造成误导的明显瑕疵等情形，即可认定食品经营者构成"明知"，消费者主张食品经营者承担惩罚性赔偿责任的，法院应予支持。食品经营者赔偿后有权向食品的国内进口商、境外出口商、境外生产企业追偿。

上述裁判口径表明，进口食品的产品质量安全责任主体应为境外出口商、境外生产企业和国内进口商。食品进口商取得的检验检疫证明仅表明行政机关按照技术标准、技术规范依法进行检验、检测、检疫后，根据检验、检测、检疫结果核准其进口食品。食品经营者从进口商处购进食品时，仍负有如实记录食品信息和全面审查食品中文标签是否符合食品安全标准的义务，如其

---

① 2018年因国家机构改革，我国出入境检验检疫的管理职责被划入海关。

未完全履行该项义务，导致销售中文标签、食品添加等不符合食品安全标准，也应承担惩罚性赔偿责任。例如，在某产品责任纠纷案件中，二审法院认为涉案产品虽有合格的报关手续及经过检验检疫，但其添加成分不符合食品安全国家标准。进口商与销售者不仅应关注进关报批的行政手续，还应审查进口食品是否符合我国食品安全标准，但两者未尽合理审查义务，在进货和销售环节均有过错，因难以确定各自责任大小，遂改判进口商与销售者平均承担赔偿责任。[①]

3. 进口食品无中文标签属于"明知"

《食品安全法》第 97 条规定："进口的预包装食品、食品添加剂应当有中文标签；依法应当有说明书的，还应当有中文说明书。标签、说明书应当符合本法以及我国其他有关法律、行政法规的规定和食品安全国家标准的要求，并载明食品的原产地以及境内代理商的名称、地址、联系方式。预包装食品没有中文标签、中文说明书或者标签、说明书不符合本条规定的，不得进口。"

进口食品，未标有中文标签，不符合《食品安全法》的规定，消费者有理由推定该食品非由国家许可并经检验检疫的途径正规进口。而未经国家许可进口并经检验检疫的食品，关系到食品的安全，故可推定该食品不符合食品安全标准。在某网络购物合同纠纷案件中，法院认为销售者虽主张涉案产品来源合法，但涉案产品并无中文标签，且从外包装上即可判断，涉案产品明显不符合食品安全标准，销售者未尽到审查义务，应视为明知涉案产品不符合食品安全标准而销售。[②]

当然，通过海外代购形式购入的食品无中文标签的，不能认定该商品不符合食品安全标准，因为其特殊的购买方式与购买渠道，及购销双方的认识，消费者已明知该进口食品不会有中文标签。消费者以此主张惩罚性赔偿的，

[①] 《消费者对不符合食品安全标准的进口食品可向进口商索赔》（2017）渝 01 民终 8314 号民事判决，《人民法院报》2019 年 7 月 11 日第 7 版理论周刊。

[②] 北京市第二中级人民法院（2019）京 02 民终 2254 号民事判决，载中国裁判文书网，http：//wenshu.court.gov.cn/website/wenshu/181107ANFZ0BXSK4/index.html？docId = e51511c4157d4e8cbb7eaa230012786a，访问日期：2019 年 4 月 6 日。

法院不应支持。

4. 生产者承担十倍赔偿责任，无须"明知"要件

根据《食品安全法》第26条有关食品安全标准的规定，就生产者而言，其对所生产的食品所负安全责任远高于销售者。该法第148条第2款规定了销售者的"明知"，但对于生产者却没有用"明知"两字，是因为生产者对所生产食品是否符合食品安全标准，负有更大的注意义务和专业审慎责任，因此就生产者而言无须"明知"要件。

在食品的销售者同时为食品的生产者时，由于生产者需对于涉案食品是否符合食品安全标准具有更加审慎的注意义务，因而对于涉案食品的生产环境、标签标识、添加剂等内容均应当尽到充分的审查义务，若其销售的食品不符合食品安全标准，则可直接认定该销售者主观上构成"明知"。

5. 电商平台经营者的"明知"责任

《消费者权益保护法》第44条规定："消费者通过网络交易平台购买商品或者接受服务，其合法权益受到损害的，可以向销售者或者服务者要求赔偿，……网络交易平台提供者明知或者应知销售者或者服务者利用其平台侵害消费者合法权益，未采取必要措施的，依法与该销售者或者服务者承担连带责任。"《食品安全法》也有类似规定，该法要求网络食品交易第三方平台提供者应当对入网食品经营者进行实名登记，明确其食品安全管理责任；依法应当取得许可证的，还应当审查其许可证。对入网食品经营者违反法律规定的行为，第三方平台提供者应当及时制止并立即报告食品药品监督管理部门；发现有严重违法行为的，应当立即停止提供网络交易平台服务。

由于电商平台并非商品的直接销售者，因而电商平台是否与销售者承担连带责任的关键就是，电商平台是否履行了法定义务，即进入电商平台前的证照查验义务及销售者经营过程中的监管义务。若事先履行了证照查验义务，并在经营中发现隐患后，及时下架所售不符合食品安全标准食品，暂停支付销售者货款的，可认为已履行电商平台提供者的管理职责，从而无须与销售者一并承担连带责任。对于《消费者权益保护法》所要求的明知或应知，电商平台可根据媒体上已发布的"假冒伪劣"或不符合食品安全标准事例及消

费者的投诉，加大管控与监查，避免常见的普通食品广告、价格欺诈、标签标识等风险问题，及时要求销售者整改，并将市场监管部门及消费者协会的警示在电商平台中进行公示，以影响、约束销售者的经营行为。

6. 消费者的"明知"

《食品安全法》第 148 条规定的明知，是指销售者存在明知是不符合食品安全标准的食品而仍然销售的事实，但消费者"明知"的购物行为，并不会影响消费者主张惩罚性赔偿的权利。《食品药品司法解释》第 3 条规定："因食品、药品质量问题发生纠纷，购买者向生产者、销售者主张权利，生产者、销售者以购买者明知食品、药品存在质量问题而仍然购买为由进行抗辩的，人民法院不予支持。"因此，如果经营者主张消费者"明知"，即俗称的"知假买假"而无权主张惩罚性赔偿的抗辩意见，不应得到法院的支持。

消费者出于何种动机购买食品，并不是经营者是否承担涉案食品售价十倍赔偿责任的适用条件；只要销售者向社会不特定对象销售了不符合食品安全标准的食品，就需面对支付惩罚性赔偿款的风险。

【司法解释修改建议】

针对销售者"明知"的界定，建议在《食品药品司法解释》中增加一条："食品销售者履行了进货查验义务，并能如实说明其进货来源的，若无证据证明其知道所采购、销售的食品不符合食品安全标准，应免予惩罚性赔偿，但应返还消费者购物款。"

04 经营者的"欺诈"

凌某某与上海市某超市有限公司买卖合同纠纷案[*]

【核心观点】

消费者的"明知"不影响食品经营者欺诈的成立。

在非食品领域,也应确认该制度。经营者欺诈消费者是经营者的单方行为,消费者是否知悉该欺诈并不影响经营者欺诈行为的构成。

【案情简介】

上诉人(原审被告):上海市某超市有限公司(以下简称某超市)

被上诉人(原审原告):凌某某

2015年2月21日,某超市漕宝店以每罐6.6元的价格对外销售王致和玫瑰腐乳340克。2015年2月下旬,某超市漕宝店的"新春拜大年"海报(海报日期2015年2月19日—3月3日)宣传载明,2月25日—3月3日王致和玫瑰腐乳340克的原价为8.8元,促销价为5.8元。2015年3月1日,凌某某在某超市漕宝店以5.8元的价格购买了王致和玫瑰腐乳340克一罐,其原价为8.8元,优惠金额3元。

凌某某认为某超市存在价格欺诈行为,于是向一审法院起诉,请求:判令某超市赔偿其人民币500元。

---

[*] 上海市第一中级人民法院(2017)沪01民终8164号民事判决,载中国裁判文书网,http://wenshu.court.gov.cn/website/wenshu/181107ANFZ0BXSK4/index.html?docId=727bdef3caf348aab5a2a7c10173efdb,访问日期:2019年3月16日。

▎一审法院判决 ▎

一审法院认为，价格欺诈行为是指经营者利用虚假的或者使人误解的标价形式或者价格手段欺骗、诱导消费者与其交易的行为。虚构原价属于价格欺诈行为。虚构原价是指经营者在促销活动中，标示的原价属于虚假、捏造，并不存在或者从未有过交易记录。原价是指经营者在本次促销活动前七日内在本交易场所成交，有交易票据的最低交易价格，如果前七日内没有交易，以本次促销活动前最后一次交易价格作为原价。凌某某提供的现有证据可以证明，某超市漕宝店曾在促销前以6.6元的原价销售过涉案商品，现某超市在宣传活动中载明涉案商品的原价为8.8元，明显属于虚构原价的行为，故凌某某的主张具有事实和法律依据，一审法院予以支持。

关于赔偿金额，根据法律规定，经营者提供商品或者服务有欺诈行为的，应当按照消费者的要求增加赔偿其受到的损失，增加赔偿的金额为消费者购买商品的价款或者接受服务的费用的三倍；增加赔偿的金额不足500元的，以500元计。因此，某超市应支付凌某某赔偿金500元。

一审法院判决：某超市公司于判决生效之日起十日内赔偿凌某某500元。

▎二审法院判决 ▎

二审法院认为，当事人对自己提出的诉讼请求所依据的事实或者反驳对方诉讼请求所依据的事实，应当提供证据加以证明。本案中，基于诉争双方当事人的举证结果以及庭审陈述，某超市在销售涉案商品时存在虚构原价的欺诈行为，一审法院依据《消费者权益保护法》的相关规定判决某超市承担赔偿责任，合法有据，并无不当。某超市上诉称，凌某某并不能证明其系因广告误导而购买涉案商品，故本案不构成价格欺诈。二审法院认为，某超市对促销海报发放事实没有异议，对于虚构商品原价的事实亦无异议，故其上诉理由，明显与本案事实相悖，法院不予采信。

二审法院最终判决：驳回上诉，维持原判。

> 焦点解读

1. 经营者"欺诈"的认定

《消费者权益保护法》意义上的欺诈，是指经营者故意告知消费者虚假情况或者故意隐瞒真实情况，诱使消费者作出错误意思表示的行为。该法未就经营者的"欺诈"行为进行列举，不少法院在认定经营者是否存在欺诈行为时，往往以国家市场监督管理部门及所在省市的保护消费者的相关规定，作为案件审理时的参考依据。

（1）《侵害消费者权益行为处罚办法》。2015年原国家工商行政管理总局颁布并施行了《侵害消费者权益行为处罚办法》，1996年3月实施的《欺诈消费者行为处罚办法》同时废止。这两个处罚办法都对经营者的欺诈行为进行了规定，其中2015年《侵害消费者权益行为处罚办法》既沿袭了《欺诈消费者行为处罚办法》原有设定的欺诈原则，又结合2013年《消费者权益保护法》的修订，为惩治经营者欺诈行为，保障消费者合法权益，规范执法起到了重要作用。

在《侵害消费者权益行为处罚办法》中，与食品经营者有关的欺诈认定方式体现在第5条和第6条。其中第5条列举了10项，第6条列举了9项。在这19项欺诈认定方法中，第5条第1—6项规定了推定认定方法，即经营者不能证明自己并非欺骗、误导消费者而实施此种行为的，属于欺诈行为。第5条第7—10项和第6条规定了客观认定为原则，即无须认定经营者主观上是否存在故意，只要经营者存在所列举的行为即构成欺诈。该处罚办法对认定经营者欺诈行为的规定十分细致，操作性强，大大提高了行政机关在这一领域行政处罚的规范性与效率性。

（2）各省、直辖市、自治区有关《消费者权益保护法》的实施办法。各省、直辖市、自治区有关消费者保护的条例或实施办法基本上重复了《欺诈消费者行为处罚办法》所列举的内容，并各有所创新。例如，2012年广东省修订的《广东省实施〈中华人民共和国消费者权益保护法〉办法》，列举了12项经营者提供商品或服务的欺诈行为：①销售掺杂、掺假、以假充真、以次充好、以不合格商品冒充合格商品、短尺少秤、过期、失效、受污染的商品的;②以虚假的清仓价、甩卖价、优惠价、最低价等欺骗性价格销售商品的;③销售的商品达不到商品说明、实物样品所明示的性能、质量的;④销售国家明令淘汰的商品的;⑤作虚假的现场演示或者雇人进行欺骗性的销售诱导的;⑥销售标有虚假的产地、质量标志、生产许可证、进出口商品检验等标志的商品的;⑦销售假冒他人注册商标的商品的;⑧以虚假广告欺骗和误导消费者的;⑨以虚假的名称和标记从事经营活动的;⑩以虚假的"有奖销售""还本销售"等方式销售商品的;⑪骗取消费者预付款而不提供商品或服务的;⑫销售应当检验、检疫而未检验、检疫,或者伪造商品检验、检疫结果的商品的。《上海市消费者权益保护条例》第23条规定,经营者提供商品或者服务时,不得用以假充真、以次充好、销售掺杂掺假商品、虚假标价等欺诈方法,损害消费者合法权益。

上述国家部门规章及地方性法规、规范性文件所列举的欺诈认定标准,虽说仍不尽完善,但相较以往,已经有长足进步。尤其是兜底条款的设置,有助于行政机关与司法机关紧扣实际情况,将新型的一些欺诈行为及时纳入规范视野。这不但提高了行政机关的处罚效率,更规范了行政机关自由裁量权的行使。虽然部门规章、地方规范性文件等在裁判文书中无法直接使用,但审判机关仍可根据案件审理的需要进行参考,这不但可极大提高审判效率,亦可实现行政与司法裁决的统一。

2. 欺诈的构成要件

一般而言,构成欺诈需具备四个要件:欺诈故意、欺诈行为、使交易方陷入错误判断、使交易方基于错误认识而作出错误的行为。但在食品消费领域,食品经营者的欺诈行为认定应当与非食品经营者的欺诈行为有所差异,因为食品消费者有"知假买假"的特权。因此,食品经营者构成欺诈的要件只有三个:经营者的欺诈故意、经营者的欺诈行为、消费者已根据经营者的欺诈行为作出购买行为。对于经营者的欺诈故意和欺诈行为,消费者只要举证证明食品经营者存在故意隐瞒真实情况或者故意告知虚假情况的行为即可。譬如,本案中,消费者以之前的收银小票证明所购王致和玫瑰腐乳原价为

6.6元，即足以证明经营者在促销海报中称该腐乳原价8.8元现价5.8元，构成欺诈故意和欺诈行为。至于消费者是否知晓经营者存在欺诈故意而购买，不影响食品经营者欺诈行为的成立。

对食品经营者欺诈的构成认定与《消费者权益保护法》规定的欺诈构成要件不同，也得到了最高人民法院的认可。最高人民法院办公厅对十二届全国人大五次会议第5990号建议的答复意见中称：我们认为不宜将食品药品纠纷的特殊政策推广适用到所有消费者保护领域。

在本案中，消费者在经营者的不同门店购买相同食品，因消费者购买前已知晓经营者故意虚报原价的行为而再次购买，并非基于错误认识，经营者辩称自己不构成欺诈，但法院并未采纳经营者关于消费者明知并重复诉讼的抗辩意见。显然，在食品领域消费者的"明知"，并不影响经营者欺诈的成立。这一方面是因为食品消费者有"知假买假"的特权，另一方面在于经营者欺诈是其单方行为。例如，在某产品责任纠纷案件中，法院认为销售者欺诈购买者是销售者的单方行为，购买者是否知悉该欺诈并不影响销售者欺诈行为的构成。无论销售者销售的是食品药品还是其他商品，均不影响欺诈行为的定性。[1] 该判决与前述最高人民法院答复意见中"在普通消费产品领域，消费者获得惩罚性赔偿的前提是经营者的欺诈行为。而对于知假买假人而言，不存在其主观上受到欺诈的情形"的观点是截然相反的。

由于食品安全关系大众人身安全和财产安全，因而对食品领域经营者欺诈的认定，可以忽略购买者是否被诱使而存在错误判断这一要件。毕竟经营者的欺诈针对不特定多数人，其欺诈故意和欺诈行为的成立是一个客观存在，不因为购买者主观认识的不同而不同。在食品领域，对经营者的欺诈，不深究消费者是否存在错误判断，可以减轻消费者的维权负担，促使经营者诚信经营。

3. 食品安全欺诈的种类

《食品安全欺诈行为查处办法（征求意见稿）》第3条规定："本办法所

---

[1] 广东省高级人民法院（2016）粤民申3796、3797号民事裁定书，载中国裁判文书网，http://wenshu.court.gov.cn/website/wenshu/181107ANFZ0BXSK4/index.html? docId = c51f6f641c8b42d89c4737fa242c1e21，访问日期：2019年3月30日。

称食品安全欺诈是指行为人在食品生产、贮存、运输、销售、餐饮服务等活动中故意提供虚假情况,或者故意隐瞒真实情况的行为。"在食品消费领域,常见的食品经营者欺诈主要包括如下几种形式。

(1)质量欺诈。食品质量是消费者购物时的首要考虑因素。食品经营者以假充真、以次充好、销售掺杂掺假商品将严重影响消费者的生命财产安全。《食品安全法》第 34 条禁止生产经营掺假掺杂的食品、食品添加剂、食品相关产品,第 124 条对生产经营掺假掺杂的食品、食品添加剂行为设定了行政处罚。对于经营者的此类欺诈行为,消费者可根据《食品安全法》第 148 条的规定追究经营者的惩罚性赔偿责任。

(2)价格欺诈。绝大多数消费者属于价格敏感型消费者。价格的高低变化会直接影响消费者的购买行为。电商"双 11""双 12"促销活动时形成的销售井喷便是鲜明的例证。如果经营者通过标价形式或者其他价格手段虚构事实、隐瞒真实情况,欺骗、诱导消费者或者其他经营者与其进行交易,无论是否形成交易结果,均构成价格欺诈行为。本案就属于典型的价格欺诈。经营者在促销活动中,标示的原价属于虚假、捏造,并不存在或者从未有过交易记录,属于"虚构原价"行为;在促销活动中,通过实际成交价及折扣幅度计算出的打折价格高于原价,则属于"虚假优惠折价"的行为。在某产品责任纠纷案件,法院认为,经营者在网页显示商品原价为 1760 元,但该商品开始促销活动前七日内的成交价为 888 元,由此认定经营者的行为构成虚构原价。[①]

当然,价格欺诈也存在一些例外。国家发展和改革委员会发布的《禁止价格欺诈行为的规定》第 6 条规定了九项可被认定为价格欺诈的行为,八项为列举式,一项为兜底条款。其中一项规定,消费者购物中标签价格与结账价格不一致的情况,应当属于价格欺诈,但是经营商品种类、数量较多,采用消费者自选方式,统一收银的超市、商场,个别商品的标示价格与结算价格不一致,能够及时更正,建立了明确的错收价款退赔制度并能够有效实施

[①] 广东省东莞市第三人民法院(2016)粤 1973 民初 7607 号民事判决,载中国裁判文书网,http://wenshu.court.gov.cn/website/wenshu/181107ANFZ0BXSK4/index.html? docId = 966204921fe44471beeca76f0099137e,访问日期:2018 年 12 月 15 日。

的，可以不认定为欺诈。

（3）广告宣传欺诈。《食品安全法》第73条第1款规定："食品广告的内容应当真实合法，不得含有虚假内容，不得涉及疾病预防、治疗功能。食品生产经营者对食品广告内容的真实性、合法性负责。"该法第140条还规定，广告经营者、发布者设计、制作、发布虚假食品广告，使消费者的合法权益受到损害的，应当与食品生产经营者承担连带责任。在某买卖合同纠纷案件中，消费者在某电商平台购买了某品牌酒金樽礼盒500毫升的酒，该商品宣传网页载明，"……参茸劲酒集滋养脾胃、免疫调节之功效，香型类型保健酒"。消费者认为经营者构成欺诈。法院认为，涉案商品属于普通食品，未获得保健品的生产批号，经营者在网页上对其进行保健功能的宣传，不仅违反了《中华人民共和国广告法》（以下简称《广告法》）的相关规定，而且向消费者告知了缺乏依据的虚假情况，此种虚假宣传行为容易令消费者陷入对商品功能的错误认识而作出购买商品的意思表示，经营者的销售行为属于欺诈行为。[①]

（4）日期欺诈。多指食品生产日期、保质期虚假标注与更改。在某买卖合同纠纷案件中，涉案产品外包装上同时标注了两个保质日期，且"有效期2年"字样与生产日期一起标注在封口处。法院认为，两个保质日期，极易对消费者造成误导，导致消费者误认为涉案商品的保质期为两年，会引发消费者食用过期食品的危险，也可能会使得消费者因涉案产品保质期较长而错误地作出购买决定，故认定经营者构成欺诈。[②]

实务指引

1. 食品安全领域消费者"知假买假"，经营者仍构成欺诈

在食品安全领域，经营者生产、销售不符合食品安全标准的食品的，购

[①] 北京第三中级人民法院（2016）京03民终11091号民事判决，载中国裁判文书网，http://wenshu.court.gov.cn/website/wenshu/181107ANFZ0BXSK4/index.html?docId=dbcf6f546c904e1cbe8c67a6dda5a7ea，访问日期：2019年3月30日。

[②] 上海第一中级人民法院（2016）沪01民终字10493号民事判决，载中国裁判文书网，http://wenshu.court.gov.cn/website/wenshu/181107ANFZ0BXSK4/index.html?docId=c9e72921964a48e687dca6f800e600d5，访问日期：2018年2月10日。

买者可直接依据《食品安全法》第148条进行索赔。食品安全领域的欺诈行为，除常见的食品掺杂掺假、以次充好行为外，还包括生产日期或保质日期作假、虚假广告宣传、标签价格与实际支付价格不同等。尤其是通过复杂的促销活动形成的价格欺诈，手段越来越隐蔽，让消费者防不胜防。

在非食品消费领域，消费者明知商品或服务存在质量问题仍购买商品或接受服务，是不符合《消费者权益保护法》欺诈行为界定的。在非食品消费领域，惩罚性赔偿的构成要件是经营者提供商品或者服务有欺诈行为，即经营者故意告知消费者虚假情况或者故意隐瞒真实情况，诱使消费者作出错误的意思表示，故购买者明知，无法主张经营者欺诈。出于对食品安全领域欺诈行为的遏制，《食品药品司法解释》第3条规定："因食品、药品质量问题发生纠纷，购买者向生产者、销售者主张权利。生产者、销售者以购买者明知食品、药品存在质量问题而仍然购买为理由进行抗辩的，人民法院不予支持。"根据此条规定，消费者在"知假买假"情况下仍可主张经营者欺诈，并要求法院判令经营者作出惩罚性赔偿。

不过，值得注意的是，有些法院仍以购买者主观上出于牟利目的实施购买行为或所购买食品超出生活消费所需，进而对消费者的索赔请求部分或全部不予支持。如前所述，对于购买者的购买商品数量超过合理生活消费需要的，法院可以对购买者"生活消费"数量进行调整，从而部分支持购买者的索赔主张。如果以购买者的"知假买假"否定食品经营者的欺诈行为，容易造成倒果为因的逻辑错误，也不利于遏制经营者的欺诈行为，不利于维护人民群众的食品安全。

2. 食品、酒类、化妆品广告用语构成欺诈的认定

在经营者欺诈案件中，消费者往往以经营者提供的商品或服务使用了医疗用语或者易与药品混淆的用语，违反了《广告法》第17条"除医疗、药品、医疗器械广告外，禁止其他任何广告涉及疾病治疗功能，并不得使用医疗用语或者易使推销的商品与药品、医疗器械相混淆的用语"的规定，主张经营者存在欺诈，进而要求惩罚性赔偿。原国家工商行政管理局曾专门就此争议事项作出《关于医疗用语或者易与药品混淆的用语认定问题的答复》。

该答复称：食品、酒类、化妆品广告用语是否属于医疗用语或者易与药品混淆的用语，应视其是否会产生使广告受众认为该种产品具有治疗某种（类）疾病功效的效果而定。可见，在确认经营者是否使用医疗用语或者易与药品混淆的用语时，应从一般公众认知来理解，要结合宣传用语的整体含义和普通消费者的一般心理认知进行判断，防止断章取义。在某网络购物合同纠纷案件中，消费者在电商平台上购买了"海参礼盒装"2盒。该产品网页"商品详情"中有"能提供大脑发育所需的DHA、能阻止血脂在血管壁的沉积、能增加消化液分泌……"的表述内容。工商行政管理机关认为经营者在销售该产品时使用医疗用语进行广告宣传，违反了《广告法》，对经营者进行了处罚。一审法院认为，涉案商品宣传虽违反了《食品安全法》《广告法》的相关规定，食品经营者受到了行政处罚，但经营者对涉案商品的宣传与普通消费者对于海参的认知并不相悖，且上述宣传内容未标示在涉案商品外包装上，不会诱使消费者产生超出常理的错误判断并作出错误的意思表示，故仅判决经营者退还货款。消费者不服，提起上诉，二审法院驳回上诉，维持原判。① 此外，在涉案产品外包装经过行政机关核准备案的情况下，法院也不宜轻易认定涉案产品宣传用语构成欺诈。

《广告法》规定广告不得使用"国家级""最高级""最佳"等用语，而经营者往往喜欢使用这一类用语，彰显所经营商品的独特性，借此吸引消费者目光。经营者使用这些用语，显然违反了《广告法》的规定，但该广告用语是否构成欺诈，在实践中仍有争议。如果此类广告用语所表达的内容普通消费者完全可以理解并加以分辨，不至于达到被误导程度的，不宜认定为欺诈。对于食品经营者的此类违法行为，可以由市场监督管理部门依法处理。

还有些食品经营者在广告宣传时喜欢使用"限时""尊贵""风水""稀缺""独家""极限""级别"之类的用语招徕消费者。这些喜闻乐见的词语，普通消费者往往明白这些词语中隐含夸张成分，不易因此产生错误判断并进行消费。因此，这些广告用语违反法律法规的，也不必然构成

---

① 北京市第一中级人民法院（2018）京01民终6213号民事判决，载中国裁判文书网，http: //wenshu.court.gov.cn/website/wenshu/181107ANFZ0BXSK4/index.html? docId = a04107c8aa7141a0bcb8aa0a00116ce3，访问日期：2019年3月30日。

欺诈。

综上，经营者广告用语违法但不必然构成欺诈。在审查经营者实施的欺诈行为是否足以使消费者作出错误认识与判断时，应当结合常识标准和谨慎义务标准对经营者欺诈的程度进行普遍性审查。

3. 生产、销售假冒绿色食品标志的食品，构成欺诈

农业部 2012 年实行的《绿色食品标志管理办法》是我国对绿色食品标志进行专门管理的规章，该办法第 3 条规定，绿色食品标志依法注册为证明商标，受法律保护。绿色食品标志注册在以食品为主的九大类食品上。绿色食品标志作为一种产品质量证明商标，其商标专用权受《商标法》保护。申请使用绿色食品标志的产品，需具备一定的条件，且经申请才可获批使用绿色食品标志。若食品经营者未经批准擅自使用他人的绿色食品标志，或伪造绿色食品标志和标志使用证书的，系违反《食品安全法》《农产品质量安全法》和《商标法》的行为，构成欺诈，应受到相关法律法规处罚。

同理，经营者为提高销售数量，假冒名牌、虚构奖项等牟取利益的行为亦属于欺诈。在某产品责任纠纷案件中，经营者在电商平台上称某知名品牌白酒获得某国际大奖，消费者认为涉案产品外包装以及网页宣传明显存在虚假宣传行为，经营者没有尽到审查责任和义务，属于欺诈行为。法院认为，经营者未能提供证据证实该商品获得前述奖项，构成欺诈。[①]《进出口食品安全管理办法》也对进口食品的此类信息进行了规定，该办法第 16 条第 2 款规定："进口食品标签、说明书中强调获奖、获证、产区及其他内容的，或者强调含有特殊成分的，应当提供相应证明材料。"

4. 经营者欺诈与合同违约的区分

《合同法》第 107 条规定："当事人一方不履行合同义务或者履行合同义务不符合约定的，应当承担继续履行、采取补救措施或者赔偿损失等违约责

[①] 广东省东莞市第三人民法院（2016）粤 1973 民初 7607 号民事判决，载中国裁判文书网，http://wenshu.court.gov.cn/website/wenshu/181107ANFZ0BXSK4/index.html? docId = 966204921fe44471beeca76f0099137e，访问日期：2018 年 12 月 15 日。

任。"合同违约是指违反合同债务的行为,既包括当事人在合同中约定的义务,又包括法律直接规定的义务,还包括根据法律原则和精神的要求,当事人所必须遵守的义务。在某网络购物合同纠纷案件中,消费者称经营者事前已经知晓北京"双11"活动期间限重,置物架不能发往北京,但经营者隐瞒上述事实真相仍在商品宣传页面承诺72小时内发货,且未将北京排除在外,存在主观故意,构成对消费者欺诈,要求按照三倍货款赔偿。法院认为,在合同履行过程中,经营者发货时间晚于承诺时间,其行为构成送货迟延,属于违约行为,不构成欺诈。① 同理,在另一网络购物合同纠纷案件中,法院认定,经营者在消费者付款后,应及时履行发货义务,经营者拒绝发货行为构成违约,但不构成消费者权益保护法上的欺诈,对消费者要求经营者支付三倍赔偿款的诉讼请求不予支持。②

可见,经营者在销售商品过程中,没有虚构商品情况或者隐瞒商品真实情况,主观上没有欺诈故意的,不构成欺诈。如果经营者具有履行合同的意愿,只是在履行合同的过程中,由于客观原因或主观高估了自己的履约能力,虽经努力仍无法按约履行,或者因工作失误,给消费者造成损失的,宜按合同违约处理,不宜认定为欺诈。

5. 经营者欺诈行为与错误行为的辨别

有时,经营者会作出一些"错误行为"。这些行为导致商品与实际情况有所不符,但经营者并非故意犯错。这些错误行为造成的后果有大有小,有些可能造成商品的瑕疵,有些可能会对消费者的行为造成误导。在某买卖合同纠纷案件中,消费者通过电商平台购买某品牌牛奶巧克力粉,经营者在网上宣传商品"美国原罐原装进口烘焙原料牛奶巧克力粉代餐粉可可粉低糖2.01千克",生产日期2015年9月26日至2015年9月30日等产

---

① 北京市第三中级人民法院(2018)京03民终12588号,载中国裁判文书网,http://wenshu.court.gov.cn/website/wenshu/181107ANFZ0BXSK4/index.html? docId = 3a6a9405468546a09a6ca9a8001275b8,访问日期:2019年3月30日。
② 北京市第二中级人民法院(2017)京02民终5856号民事判决,载中国裁判文书网,http://wenshu.court.gov.cn/website/wenshu/181107ANFZ0BXSK4/index.html? docId = 8a30d52757d24952a5dda7fc0010e744,访问日期:2018年4月15日。

品信息。但实物罐体上标注营养成分表列明：糖60.1克等，保质期：5年，罐底标注生产日期：2013年3月20日。消费者以经营者构成欺诈为由要求三倍货款赔偿。诉讼中经营者称出售商品的低糖表述系信息录入失误，并无欺诈的故意，且产品实物网页本身有明确的产品说明，上诉人可以及时获取所购产品的准确信息，被上诉人提供的产品不存在严重的食品安全问题。涉案产品生产日期为2013年3月，故属于合法销售。涉案商品中文标签上注明的保质期为5年，实际生产商在罐底喷码标注保质期为15年，系因商品检验环节商检人员在不损害消费者利益的前提下为避免引起消费纠纷确定缩短后的保质期。一审法院认为，经营者宣传商品内容虽有不实宣传和消费者容易误解之处，但其提供的实物有明确的产品说明，消费者可以及时获取所购商品的准确信息，且经营者提供的商品不存在严重食品安全问题，故经营者销售涉案商品虽存在错误，但不构成欺诈。故一审法院判决经营者退还货款并承担快递费用。消费者上诉后，二审法院维持了一审判决。①

上述案例显示，经营者的错误行为不构成欺诈的，消费者无权按照欺诈的规定主张惩罚性赔偿。经营者欺诈行为与错误行为存在明显差异。在该案中，涉案产品网上所标注的生产日期及含糖量问题显然是经营者员工马虎、不负责所致。从经营者主观上来分析，因为商品表述错误明显易辨，不存在经营者企图利用错误信息误导消费者的主观故意。对于消费者而言，商品实物已经完整记录商品信息，且该商品不存在不符合食品安全标准的情形，因此无法主张经营者的错误标注行为构成欺诈。一审法院认定经营者所销售商品有不实宣传和消费者容易误解之处，但不满足欺诈构成要件，判决经营者退还货款是正确的。

---

① 上海市第一中级人民法院（2018）沪01民终3347号民事判决，载中国裁判文书网，http://wenshu.court.gov.cn/website/wenshu/181107ANFZ0BXSK4/index.html? docId = ce2839537f5a4843a442a8f200213690，访问日期：2019年3月30日。

【司法解释修改建议】

　　针对经营者欺诈的界定，建议《食品药品司法解释》中增加如下条款："食品生产者、经营者擅自在食品上使用绿色食品标志，或者在核准使用绿色食品标志的产品外使用绿色食品标志的，属于欺诈。

　　"食品、保健品、化妆品生产者、经营者使用的广告语与药品用语有混淆性，且导致消费者误认为该食品、化妆品具有治疗某种（类）疾病功效的，属于欺诈。

　　"食品、保健品、化妆品生产者、经营者使用的广告语虚构该食品、化妆品获得某奖项与证书，且导致消费者误解的虚假宣传，属于欺诈。"

05 "牟利"的是与非

杨某与李某网络购物合同纠纷案[*]

【核心观点】

对购买者"牟利"行为应当理性看待，依法审度。

▍案情简介▍

上诉人（原审原告）：杨某

被上诉人（原审被告）：李某

2016年4月22日，杨某使用其妻淘宝账户在某食品专营店下单购买了"榛仁威化巧克力"礼盒100盒，支付货款5405元。杨某认为，其所购买的涉案产品虽有中文标签，但李某未能提供合格的入境货物检验检疫卫生证书，其中文标签为虚假标签；杨某之妻在食用了涉案商品后，身体产生不适，曾至医疗机构治疗，故认为李某所销售的产品为不安全食品。

杨某向一审法院起诉，请求：判令李某退还购物款5405元，同时支付所购食品价款的十倍赔偿金54050元，合计59455元。

▍一审法院判决▍

一审法院认为，李某销售的产品附有中文标签，载明了食品的相关基本

---

[*] 江苏省苏州市中级人民法院（2017）苏05民终5050号民事判决，载中国裁判文书网，http://wenshu.court.gov.cn/website/wenshu/181107ANFZ0BXSK4/index.html?docId=8d789b31524e4486bfa8a80700a47399，访问日期：2018年4月22日。

信息，但其提供的入境货物检验检疫等证明均系复印件，无法确认该份证据的真实性及其与涉诉食品的关联性，且目前并无其他证据证明李某作为商品经营者已尽到进货查验的法定义务，进而无法证明其所销售的食品是符合食品安全标准的。杨某购买涉案商品并非用于生活消费，其牟利意图较为明显，并非一般善意消费者。

一审法院判决，对杨某要求李某退货的诉讼请求予以支持，对杨某要求李某支付十倍赔偿金的诉请不予支持。

二审法院判决

二审法院审理查明，杨某陈述其通过网络购物平台购买商品另有三起诉讼。

二审法院认为，消费者应当遵守诚实信用原则，自然人、法人或者其他组织以牟利为目的，知假买假，试图通过诉讼来谋取私益的行为，为法律所不允许。杨某通过网络购物平台在不同商家多次购买类似商品，提起诉讼索取十倍赔偿金，其诉请的事实和理由与本案类似，其购买的商品数量已远超消费者一般生活所需，故本案中可以认定杨某并非以生活消费为目的，而是以牟利为目的购买涉案商品。二审法院判决：驳回上诉，维持原判。

焦点解读

1. "营利""牟利"的取舍

2016年8月5日，国家工商总局公布了《消费者权益保护法实施条例（征求意见稿）》。该意见稿第2条规定："消费者为生活消费需要而购买、使用商品或者接受服务的，其权益受本条例保护。但是金融消费者以外的自然人、法人和其他组织以营利为目的而购买、使用商品或者接受服务的行为不适用本条例。"在该版请求意见稿中使用了"营利"的字样。同年11月16日，国务院法制办公室公布了《中华人民共和国消费者权益保护法实施条例（送审稿）》，公开征求意见。该送审稿第2条规定："消费者为生活消费需要而购买、使用商品或者接受服务，其权益受本条例保护。但自然人、法人或其他组织以牟利为目的购买、使用商品或接受服务的，不适用本条例。"在送审稿中"营利"被修改为"牟利"。无论是"营利"还是"牟利"，都反映了行政管理部门立图从行政立法层面回应社会关切，对消费领域谋取不正当利益的行为进行遏制。在实际审判中，裁判文书中也从最早的"营利"表述，到现今"牟利"与"营利"两词混用。司法实务者对购买者谋取不正当利益的行为，尚无统一的表述，也从侧面反映了不同区域法院对购买者谋取不正当利益行为现象的不同认识。

从字义理解，营利是指通过经营获得一定的利益或利润。在日常生活中，有些索赔人已经发展成职业索赔人，甚至组建公司，专司索赔以获取利益。而牟利是指谋取私利，与谋利存在差异。牟利含贬义，一般指通过违法行为追求利益。① 当法院对于购买者明显超出生活消费需要知假买假，因而不予支持当事人索赔请求时，往往采用"牟利"的措辞。而前述送审稿将"营利"改为"牟利"，也反映了行政管理部门对购买者过度追求高额赔偿持反对态度。

2. 牟利与食品安全领域惩罚性赔偿制度

《食品药品司法解释》第3条规定："因食品、药品质量问题发生纠纷，购买者向生产者、销售者主张权利，生产者、销售者以购买者明知食品、药品存在质量问题而仍然购买为由进行抗辩的，人民法院不予支持。"这一规定有效地缓解了管理部门人力、财力不足的窘态，改善了假冒伪劣食品的管理现状。众所周知，诉讼是需要成本的，烦琐的司法程序和繁多的法律规定，导致大多数消费者权衡成本后放弃索赔。法院目前审理的消费者索赔案件数量，对比消费者人口基数而言，不是案件多了而是太少了。现阶段，食品状况只是稍有改观，并且效果仅局限于大中城市，农村的食品安全仍是一个洼地，食品安全风险仍较大。对消费者"牟利"行为进行全面否定，很有可能导致保护消费者、保障食品安全的目标，失去一支重要力量的支撑。

3. 为"牟利"行为系上理性缰绳

虽然我们应当对食品安全领域的知假买假者牟利行为持宽容态度，但职

---

① 《辞海》，上海辞书出版社，2010，第1196页。

业索赔人的过度"牟利"行为，有时也让《消费者权益保护法》《食品安全法》等法律法规的立法目的偏离应有的轨道。如何制约索赔乱象，同时震慑制假卖假的商家，如何平衡市场各方的利益，推动食品安全有效提升，是一个刻不容缓的课题。尤其在裁判口径尚未统一的情形下，更需要理顺食品安全惩罚性赔偿制度中的各项争议与逻辑难题。

为了给购买者的牟利行为系上理性的缰绳，限制惩罚性赔偿的不合理应用，可以借鉴各个省市上一年度职工工资、居民收入、支出等金额，设置赔偿额的上限，即对每一次索赔进行最高额或上限控制的赔偿方式，遏制购买者的非理性牟利冲动，同时也给予经营者改正违法行为的合理时间和空间，改善营商环境。

（1）以受诉法院所在省市上一年度职工月平均工资为标准。在消费者索赔案件众多的一线城市中，北京市 2017 年月平均工资为 8467 元、上海市为 7132 元、广州市为 8218 元、深圳市为 8348 元。如果选择这一标准作为索赔最高限额的基数，可以受诉法院所在省市上一年度职工月平均工资的 3—6 倍或 5—8 倍为标准，其中 3 倍（5 倍）是最低惩罚赔偿额，4—6（6—8）倍作为法官的自由裁量权，同时可以根据经营者所售不符合食品安全标准商品的具体情况，加重经营者的赔偿责任。就北京市 2017 年度职工月平均工资标准而言，消费索赔惩罚性赔偿的限额为 25 410—50 802 元。这一赔偿限额，可随经济水平的增长处于动态调整状态，既能对当地经营者产生一定的威慑作用，也能对消费者合理维权产生预判效应。确定赔偿上限，可以创造一个相对公平、利益各方均可接受的赔偿体系，亦可以促进惩罚性赔偿制度的良性运行。

（2）以受诉法院所在省市上一年度城镇居民人均消费性支出为标准。2017 年居民人均消费支出北京市为 37 425.34 元、上海市为 39 791.85 元、广东省为 24 819.63 元、深圳市为 38 320.12 元。如果选择这一标准作为索赔上限基数，则建议以受诉法院所在省市上一年度城镇居民人均消费性支出作为最高赔偿限额。该标准的缺点是法院不再具有赔偿数额的自由裁量权，较为机械。

（3）以受诉法院所在省市上一年度城镇居民人均可支配收入为标准。在一线城市中，2017年北京市全年居民人均可支配收入57 230元、上海市为58 988元、广州市为55 400元、深圳市为52 938元。如果选择这一标准作为索赔限额，仍建议以受诉法院所在省市上一年度城镇居民人均可支配收入作为最高赔偿限额。这一限额的缺点是金额相对较高，仍有较大的"牟利"空间，可能被商家诟病，亦缺乏灵活性，法院仍不具有赔偿数额的自由裁量权。

综上，根据当地收入、消费支出的平均水平，设置惩罚性赔偿的最高限额，并且每年动态调整，可以在一定程度上遏制超越理性的"牟利"行为，净化市场环境，推动惩罚性赔偿制度合理有序运行。

当然，对于上述观点，可能有人会持反对意见，认为超越了《食品安全法》《食品药品司法解释》的相关规定，设置了封顶式的赔偿方式。但上述方式，若能通过司法实践加以运用，对证明有效的，可以通过立法及司法解释的适时修改，予以落实。

令人可喜的是，2019年5月9日，中共中央、国务院发布《关于深化改革加强食品安全工作的意见》，要求完善法律法规，加快完善食品安全民事纠纷案件的司法解释，依法严肃追究故意违法者的民事赔偿责任。期待相关法律法规、司法解释的修改完善可以解决审判实践中的诸多争议。

实务指引

1. 购买者违规打假、高额索赔的乱象

食品责任惩罚性赔偿案件数量的剧增，畸高的索赔金额有时让经营者对消费者充满敌意。部分职业索赔人用惩罚性赔偿制度为自身牟利，将市场监管部门、法院作为其牟利工具。有些职业索赔人还以投诉举报威胁经营者，在经营者妥协赔款后，职业索赔人则不再关注商品本身存在的违法问题。出于索赔的便利，职业索赔人往往瞄准大型连锁超市与品牌零售企业；为了避免人身受到伤害，同时基于对经营者支付能力的考虑，职业索赔人对于真正对食品安全危害较大的小作坊经营者反而鲜有动作。虽然职业索赔人对于打击假冒伪劣食品、净化食品市场的作用不容小觑，但职业索赔生态圈的乱象仍需引起重视。

于2017年5月发布的《最高人民法院办公厅对十二届全国人大五次会议

第5990号建议的答复意见》指出,《食品药品司法解释》第3条规定的出台,是基于食品药品是直接关系人体健康安全的特殊、重要的消费产品,且该解释产生于地沟油、三聚氰胺、毒胶囊等一系列食品药品安全事件频出的背景之下,是特殊背景下的特殊政策考量。在目前的消费维权司法实践中,越来越多的职业索赔人、索赔公司利用惩罚性赔偿借机对商家进行敲诈勒索,更有甚者购买商品索赔获利后再次购买该产品以图再次获利,上述行为严重违背诚实信用原则,无视司法权威,浪费司法资源,不应支持这种以恶惩恶、饮鸩止渴的治理模式。最高人民法院的上述意见说明,部分职业索赔人的不正当不诚信做法已经引发社会关注,最高人民法院可能随时出台相关司法解释,严格规范索赔的认定条件,扭转现阶段职业索赔人违背诚实信用原则、过度投机取巧获取暴利的状态。在2019年度案例中,上海有些法院对在较短时间内多次重复、大量购买与涉案商品雷同的商品的购买者已不再容忍,认为这些购买者并非以生活消费为目的而购买涉案产品,更多的是为了牟取利益,其行为亦违反了诚实信用原则,与消费者权益保护法的立法目的不符,因此否认这些购物者的"消费者"身份。①

市场经济下商品索赔生态圈的平衡与健康发展需要立法、行政与司法机关的共同努力。一方面,要客观评定知假买假者即使牟利亦对遏制生产经营者制假售假具有威慑力,能够成为市场监督管理部门人力财力有限故索赔不足情形下的有效补充;另一方面,法院应当客观公正地对待多次索赔的消费者,明确相关法律术语,合理规范"职业索赔人"的行为,引导知假买假者理性维权。

2. "牟利"与否不应作为食品安全领域知假买假索赔案件中审查的内容

在本案中,法院认为购买者是以"牟利"为目的购买涉案商品,对消费者诉讼请求未予支持。显然,商品购买者为生活消费需要购买、使用商品或

---

① 上海市第一中级人民法院(2019)沪01民终322号民事判决,载中国裁判文书网,http://wenshu.court.gov.cn/website/wenshu/181107ANFZ0BXSK4/index.html?docId=b0d569c50a5b4a56a8b4aa0e00ff5aa8,访问日期:2019年4月7日。上海市第三中级人民法院(2019)沪03民终38号民事判决,载中国裁判文书网,http://wenshu.court.gov.cn/website/wenshu/181107ANFZ0BXSK4/index.html?docId=78b07280ca4e482187bcaa44009b1524,访问日期:2019年5月25日。

者接受服务的，理应受到《消费者权益保护法》的保护。笔者认为无须以"牟利"与否作为否定消费者身份的理由。正如某网络购物合同纠纷案件中法院指出，"至于购买动机是否用于牟利，在现有法律规定下，无法用来否认购买者的消费者身份"①。实际上，多数法院在判定购买者是否属于生活消费需要时，更多的是通过购买者购买物品数量的多少以及索赔金额的大小来判定，因为这才是客观存在的一个状态。对于主观动机是否牟利，既难以判断，又并非法定需要审查的内容。

经营者是否存在生产或者销售明知是不符合安全标准的食品，经营者提供商品或者服务是否有欺诈行为，这才是消费者主张惩罚性赔偿是否能够成立的前提条件。若不存在这些违规情形，惩罚性赔偿亦不存在。在审判实践中，对消费者因经营者的违规行为受到了实际损失，并不是法院裁判惩罚性赔偿的前提条件，同理又何须去追究消费者是否存在"牟利"的动机？如果在消费者索赔案件中，以消费者存在"牟利"为名否定惩罚性赔偿，将导致经营者无法受到法律处罚，惩罚性赔偿制度将流于形式。

3. 法院对购买者牟利行为裁判口径不同，不利于提升食品安全

在某产品责任纠纷案件中，在消费者所购茅台酒均为假冒产品的事实被认定的情况下，法院认为，无证据证明该批茅台酒对消费者身体健康造成损害，消费者大量购买上述"贵州茅台酒"在很大程度上是出于通过诉讼手段为自身牟利，以获取巨大经济利益为目的，从而未支持消费者索赔 57 万元惩罚性赔偿的诉讼请求。② 在另一产品责任纠纷案件中，因经营者销售假冒厂名、厂址、认证标志的茶叶，属于不符合食品安全标准的食品，法院判决被

---

① 北京市第二中级人民法院（2018）京 02 民终 222 号民事判决，载中国裁判文书网，http：//wenshu. court. gov. cn/website/wenshu/181107ANFZ0BXSK4/index. html? docId = dac83c39549a41a99011a891001b003，访问日期：2019 年 3 月 3 日。

② 北京市第三中级人民法院（2017）京 03 民终 13090 号民事判决，载中国裁判文书网，http：//wenshu. court. gov. cn/website/wenshu/181107ANFZ0BXSK4/index. html? docId = f82288330ce94e7792e5a84a0010ef62，访问日期：2019 年 3 月 30 日。

告按照销售金额十倍支付惩罚性赔偿金 2 004 760 元。① 这是目前能够检索到的最大一笔金额的索赔案件。在此案件中，购买者四个月内分二十余次购买涉案商品，但法院未加区分，也未通过生活消费的日常经验法则对消费者购物数量进行平衡，导致赔偿金额超出了一般大众所能理解的程度。

司法机关对"牟利"问题的不同立场，将直接影响购买者和经营者的行为。如果涉案商品被确认为不符合食品安全标准，而消费者未获得奖励，违法经营者未得到处罚，这将缺少对经营者的约束，导致市场的混乱。反之，对购买者明显不符合生活消费需要的购买行为不加约束，判决经营者承担惩罚性赔偿，也不利于维护民事交易活动中的诚实信用原则，不利于良好营商环境的维护。不同的裁判结果，是法院追求法律效果与社会效果的不同表现。如何达到这两个目标的有机统一，的确是现阶段司法机关审理涉消费者索赔案件需要注意和提升的地方。在不予支持购买者诉求的裁判文书中，常常可见政策性语言及道德性的评价，但对于居中裁判、依法裁判的法院而言，此类表述应尽量避免。司法机关还是应当从购买者索赔是否合法正当的法律角度对案件进行评判。

【司法解释修改建议】

针对牟利及惩罚性赔偿金额上限问题，建议在《食品药品司法解释》中增加如下条款："食品经营者以消费者多次诉讼，有牟利目的进行抗辩的，人民法院不予支持。

"消费者向生产者、销售者主张支付价款十倍赔偿金获得人民法院支持的，其最高赔偿数额以受诉法院所在省市上一年度职工月平均工资标准的 3—6（或 5—8）倍为限，并由人民法院根据案件实际情况确定具体赔偿倍数。群体诉讼、公益诉讼除外。"

---

① 北京市第二中级人民法院（2018）京 02 民终 7321 号民事判决，载中国裁判文书网，http：//wenshu.court.gov.cn/website/wenshu/181107ANFZ0BXSK4/index.html？docId = b627a1660716408cae1da9cd00110861，访问日期：2019 年 6 月 7 日。

06 敲诈勒索等刑事犯罪与依法索赔的区分

姚某某等敲诈勒索案*

【核心观点】

对索赔中出现的轻微违法行为应有一定的忍耐度，不宜直接适用刑罚手段来解决购买者索赔过程中出现的乱象，宜通过修订相关法律法规来引导和促进购买者依法理性索赔。

案情简介

原公诉机关上海市奉贤区人民检察院。

上诉人（原审被告人）：姚某某、毛某某

原审被告人：魏某、孙某

2017年2月15日17时许，姚某某、魏某、孙某、毛某某至上海市奉贤区四团镇四新街45号农工商超市，每人购买火腿等物品，并分别埋单结账。因购买火腿是过期食品，而共同向农工商超市索赔人民币4000元，未获超市同意后又改为索赔2800元。其间，以不赔钱就反复来找麻烦、用刀捅人等言语威胁超市工作人员。后因超市工作人员报警而未能得逞。

上海市奉贤区人民法院审理上海市奉贤区人民检察院指控原审被告人姚某某、魏某、孙某、毛某某犯敲诈勒索罪一案。

---

* 上海市第一中级人民法院（2018）沪01刑终2204号刑事裁定书，载中国裁判文书网，http://wenshu.court.gov.cn/website/wenshu/181107ANFZ0BXSK4/index.html?docId=e4c7a98b851045d0ac3ea89600a5519c，2018年11月11日。

一审法院判决

一审法院认为，被告人姚某某、魏某、孙某、毛某某以非法占有为目的，采用言语威胁的方式敲诈勒索公私财物，数额较大，其行为均已构成敲诈勒索罪，属共同犯罪。姚某某、魏某、孙某、毛某某已着手实施犯罪，但因意志以外的因素而未得逞，系犯罪未遂，依法可以比照既遂犯从轻或者减轻处罚。一审法院判决：被告人姚某某、魏某、孙某、毛某某犯敲诈勒索罪，属犯罪未遂，免于刑事处罚。

一审判决后，姚某某、毛某某提起上诉，认为其行为不构成敲诈勒索罪。姚某某当庭提供调解书一份，以证明其已经与被害单位农工商超市和解及证人周某作了伪证。

二审法院判决

上海市人民检察院第一分院出庭意见认为，原判认定上诉人姚某某、毛某某，原审被告人魏某、孙某犯敲诈勒索罪的事实清楚，证据确实、充分，定性准确，量刑适当，且审判程序合法。对上诉人姚某某提供的调解书的真实性、合法性、关联性均有异议，且调解书中代表农工商超市签字的陈某并非本案的证人。建议二审法院驳回上诉、维持原判。

二审法院经审理查明：原判所列举的认定本案事实的证据均经原审出示、质证等法庭调查程序查证属实，二审法院予以确认。上诉人姚某某提供的调解书的真实性不能确认，且调解书中代表农工商超市签字的陈某并非本案的证人，不能证明证人周某存在作伪证的行为，故法院不予采纳。

二审法院经查，原审被告人孙某的供述证实，2017年2月15日16时30分许，孙某与姚某某、毛某某、魏某等四人开车至奉贤区四团镇的农工商超市故意购买过期食品后，姚某某将收银条给毛某某和魏某，由毛某某和魏某出面向超市索要4000元以了结此事。姚某某等四人来四团镇的目的就是故意购买过期食品并敲诈超市钱财，主意是姚某某出的，毛某某等三人都是同意的。证人施某某的证言和辨认笔录证实，施某某在奉贤区四团镇农工商超市上班，主要负责冷藏、冷冻柜区域货品。2017年2月15日16时许，施某某的同事说有顾客买的火腿肉坏了，施某某便去处理。当时，姚某某、魏某、孙某、毛某某各持一张小票共要求超市赔偿4000元,后来要求赔偿2800元,并称如果把钱赔掉这一年就不再来骚扰超市。超市领班周某看了一下火腿肉说火腿肉也不一定就是超市里的,姚某某就拍打着柜台玻璃说:"小心点,再这样捅死你们。"当时大家都很害怕,下班也是一起回去的。

二审法院认为,上诉人姚某某、毛某某,原审被告人魏某、孙某以非法占有为目的,采用言语威胁的方式敲诈勒索公私财物,数额较大,其行为均已构成敲诈勒索罪,且系共同犯罪。原审法院根据姚某某、魏某、孙某、毛某某犯罪的事实、性质、情节及对社会的危害程度等所作判决并无不当,且审判程序合法。二审检察机关建议驳回上诉、维持原判的出庭意见依法有据,应予采纳。二审法院最终判决:驳回上诉,维持原判。

焦点解读

1. 敲诈勒索罪的构成要件

敲诈勒索罪是食品安全领域购买者最有可能触犯的罪名。一些购买者因为索赔方式不当,或者本身就是借"打假"之名勒索财物,故构成犯罪而被追究刑事责任。

《中华人民共和国刑法》(以下简称《刑法》)第274条规定:"敲诈勒索公私财物,数额较大或者多次敲诈勒索的,处三年以下有期徒刑、拘役或者管制,并处或者单处罚金;数额巨大或者有其他严重情节的,处三年以上十年以下有期徒刑,并处罚金;数额特别巨大或者有其他特别严重情节的,处十年以上有期徒刑,并处罚金。"

根据《刑法》规定,敲诈勒索罪是指以非法占有为目的,对被害人使用威胁或要挟的方法,强行索要公私财物的行为。该罪的构成要件为:(1)主体要件。行为人为一般犯罪主体,凡是达到刑事责任年龄且具有刑事责任能力的自然人均可作为被追责的主体。(2)客体要件。本罪侵犯的客体为复杂客体,行为人侵犯的不仅是公私财物,而且还会危及、触犯他人的人身权益或其他权益。(3)主观要件。在主观上行为人必须是故意,而且是直接故意,必须有非法占有他人财物的目的,并且是积极促使危害目的的达成。(4)客观要件。行为人一般采用威胁、要挟、恫吓等手段,以迫使被害人交出财物的行为。根据已有案例其形式可以是书面的,也可以是口头的,还可以通过第三者转达;可以是明示,也可以是暗示。在取得他人财物的时间上,既可以迫使对方当场交出,也可以限定期限。总之,是通过对公私财物所有人、保管人实行精神上的控制,使其产生恐惧、畏难心理,不得已而交出财物。

2. 依法职业索赔向敲诈勒索的转化

2018年1月23日,中央政法委召开全国扫黑除恶专项斗争电视电话会议,为期三年(2018—2020年)的全国扫黑除恶专项斗争正式开始。随着扫黑除恶斗争的深入进行,在部分地区,职业索赔的乱象被纳入扫黑除恶专项斗争的打击范围。例如,2018年7月10日,深圳市《扫黑除恶专项斗争简报》第53期认为"职业索偿"已超出一般的"打假"范畴而演变为犯罪行为,具有典型"黑势力"行为特征。

从职业索赔转化成敲诈勒索罪的有关案件来看,导致民刑转化的主要原因有两条。

(1)消费者所主张的是非法利益。如果消费者以索赔为名,主张的是非法利益,而不是正当权益,就脱离了《消费者权益保护法》《食品药品司法解释》的适用范围。但需要指出,债权人催讨合法利益,在合法催收无果的情况下,也有可能采取一些过激的言行,但只要在可控范围内,未造成被催讨人伤害的,司法界对此类情况也有一定的容忍。例如,在沈某某敲诈勒索案件中,法院认为:债权人向债务人主张报酬,即使实施了一定的威胁、恐吓等违法行为,但与债务人就报酬数额进行了协商,而且在案证据不能排除行为人行为的初衷是索要合法债权,不足以认定行为人主观上具有非法占有的目的,不应认定行为人构成敲诈勒索罪。[①] 同理,如果购买者在法律规定范围内向经营者索要应得的钱款时,以向行政机关进行举报相威胁的,不构成敲诈勒索。当然,如果购买者逼迫对方就范的举报事项与催讨事项无关,

---

[①] 广东省高级人民法院(2015)粤高法审监刑再字第13号民事裁定,载天眼查,https://www.tianyancha.com/lawsuit/fa0fd5c4d48942a18ca43c54c265ad10?jsid=SEM-NEW360-PP-YR-080001,访问日期:2019年8月26日。

则可能涉嫌敲诈勒索。

（2）消费者的索赔行为超出了必要限度。构成敲诈勒索罪的消费者往往实施了威胁、要挟、恫吓的行为且超出了必要限度。威胁和要挟，是指通过对被害人及其亲属精神上的强制，对其心理上造成恐惧，产生压力。威胁或者要挟的方法多种多样，如以将要实行暴力，揭发隐私、违法犯罪活动，毁坏名誉相威胁等。恫吓，是指扬言灾祸或苦难就要来临，以此进行威胁，与威胁、要挟在表现形式上存在一定的相似性。

《消费者权益保护法》规定了消费者与经营者发生消费权益争议的，可以通过与经营者和解、请求消费者协会进行调解、向行政机关投诉、进行仲裁或向人民法院诉讼等方式解决。因此，消费者向行政机关投诉或诉讼、仲裁，都属于合法的解决争议方式，是受法律保护的。实践中职业索赔向刑事转化的最主要的原因是，购买人除以《消费者权益保护法》规定的方式进行威胁、要挟外，还实施了对经营者人身进行恫吓的行为，检索相关裁判文书后可以发现，打假索赔向犯罪转化的特殊行为表现包括虚构事实、无中生有、吵闹、讲狠话、露文身、聚众扰乱经营场所、声称砸店，多次上门纠缠，以社会诨号进行恫吓，收取保护费、检查费、顾问费，意欲殴打，夹带、调包、隐匿等方式，甚至有一些购买者与黑势力团伙勾结进行勒索。2019年5月，上海市金山区人民法院就审理了一起有意藏匿商品，过期后进行索赔的敲诈勒索案件。[①]

除了涉嫌敲诈勒索罪，职业索赔还可能触犯的罪名有诈骗罪，如夹带过期商品进入超市、调包后进行勒索。对于捏造事实、公开散布虚假信息，严重损害经营者合法权益并造成重大损失的，还可能触犯《刑法》中损害商业声誉、商品声誉的罪名。

实务指引

1. 虚假诉讼罪的认定

除了上述罪名，职业索赔还有可能触犯虚假诉讼罪。民法意义上的虚假

[①] 王川：《金山检察院办理首起"职业索赔"恶势力案件》，《上海法治报》2019年5月13日A4版。

诉讼一般包含以下要素：（1）以规避法律、法规或国家政策谋取非法利益为目的；（2）双方当事人存在恶意串通；（3）虚构事实；（4）借用合法的民事程序；（5）侵害国家利益、社会公共利益或者案外人的合法权益。

《最高人民法院关于防范和制裁虚假诉讼的指导意见》规定："对虚假诉讼参与人，要适度加大罚款、拘留等妨碍民事诉讼强制措施的法律适用力度；虚假诉讼侵害他人民事权益的，虚假诉讼参与人应当承担赔偿责任；虚假诉讼违法行为涉嫌虚假诉讼罪、诈骗罪、合同诈骗罪等刑事犯罪的，民事审判部门应当依法将相关线索和有关案件材料移送侦查机关。"2015年《刑法修正案九》增设了虚假诉讼罪："以捏造的事实提起民事诉讼，妨害司法秩序或者严重侵害他人合法权益的，处三年以下有期徒刑、拘役或者管制，并处或者单处罚金；情节严重的，处三年以上七年以下有期徒刑，并处罚金。"

根据上述法律规定，虚假诉讼罪包括如下要件。

（1）以捏造的事实提起民事诉讼。如前文所述的夹带过期或临期食品调包就是捏造事实。因这些行为是购买者为了达到追究经营者惩罚性赔偿的目的，而虚构、臆造的非经营者的违规行为。捏造事实可能全部捏造，也可能存有部分真实成分，部分捏造事实。

（2）妨害司法秩序。购买者捏造经营者违规事实提起民事诉讼，可能导致法院多次调查、多次开庭，浪费了司法资源，扰乱了司法机关正常的民事诉讼活动秩序。若法院错误认可购买者提供的虚假证据，判决经营者承担法律责任，还会损害司法权威。

（3）侵害他人合法权益。购买者捏造事实提起民事诉讼，经营者势必投入精力、财力进行应诉，有时甚至造成经营者生产困难、歇业等。

综上，捏造经营者违规事实提起职业索赔的购买者，应对自己的造假行为承担相应的法律责任，后果严重的可能构成虚假诉讼罪，将承担刑事责任。

2. 自媒体时代打假索赔民刑转化的特殊情况

在自媒体时代，"公民媒体"或"个人媒体"众多，借助现代化、电子化的传播手段，信息处于极度爆炸状态，各种不同的声音来自四面八方，"主流媒体"的声音逐渐变弱，人们不再接受被一个"统一的声音"告知对或错，每一个人都在从独立获得的信息中，对事物做出判断，但这些信息有真有假，虚实难辨，经过一轮一轮的转发，每个个体根据自己的好恶，或断章取义，或玩文字游戏，对一些"虚假信息"的扩散起到了推波助澜的作用，在食品安全领域，部分购买者亦充分知晓并利用了这一工具。某些购买者向经营者索要惩罚性赔偿，除了威胁向相关管理机关举报、诉讼外，还以向外界、媒体进行曝光作为威胁手段之一。一些品牌经营者和规模较大的食品生产经营者，为了品牌美誉度不受影响或不希望自己商品的某些不足或隐患被披露，避免社会评价降低，往往予以屈服，接受购买者的索赔要求。但也有些经营者向警方报案称受到敲诈勒索。

在黄某敲诈勒索华硕电脑案中，黄某代理人周某某向华硕公司提出，要求按照其年营业额0.05%进行惩罚性赔偿，数额为500万美元。华硕公司向警方报案称其受到敲诈勒索。2006年3月7日，黄某和周某某被刑事拘留并被批准逮捕。之后，检察院对黄某涉嫌敲诈勒索华硕案作出"存疑不起诉"的认定，并对黄某进行了国家赔偿。[①] 此案说明，在经营者商品与服务确实存在问题与瑕疵的情形下，购买者向公众进行曝光并索要高额赔偿不构成犯罪。购买者在自己的权益遭到侵犯后以曝光的方式索赔，并不是一种侵权行为，反而是一种维权行为。天价索赔涉及"维权过度"的问题，媒体曝光也不等于"威胁或要挟"，本质上都属于消费维权方式之一，一定程度上可以让更多的消费者免受经营者欺诈，因此并不违反刑事法律。在李某某敲诈勒索今麦郎案中，河北省隆尧县人民法院于2018年12月18日作出一审判决，认定被告人李某某犯敲诈勒索罪，判处有期徒刑八年六个月，并处罚金人民币2万元。后李某某提起上诉，河北省邢台市中级人民法院进行了改判。一审法院判决认为：被告人在无证据证明其损失与今麦郎公司有因果关系的情况下，直接向今麦郎公司索要300万元进而上升到450万元的巨额赔偿，明显超出了其正当利益实现后可能确定的债权范围，被告人的行为显然不具有社会相当性，故应认定被告人具有非法占有今麦郎公司财物的主观故意。被

---

① 360百科："勒索华硕案"，https://baike.so.com/doc/7907375-8181470.html，访问日期：2018年10月27日。

告人明知今麦郎公司辟谣要付出巨大成本，其声称将向媒体公布其自行获得的、虽不具有法律效力但明显不利于今麦郎公司产品声誉的检测结果势必对今麦郎公司产生精神强制，目的就是使今麦郎公司产生恐惧心理后为避免其商业信誉受损而选择向其交付财物，被告人显然是利用威胁方法向公司强索财物。① 该判决所引发的警示是，打假索赔应当客观、理性，对于遇到的经营者商品服务存在的问题与瑕疵要实事求是，不能无端夸大，追求"眼球效应"，虽然向媒体曝光是一种合法权利，但所有曝光的内容均应完整如实的阐述。对于协商不成的，购买者应及时通过法律手段进行索赔，而不能有理不饶人，甚至走向犯罪的不归路。

3. 严格执行罪刑法定原则

考虑到现阶段我国食品监管水平和食品安全现状，职业索赔抑或专业索赔的存在具有一定的现实意义，总体来说利大于弊。目前的乱象，部分是法律法规存在漏洞或不足所致，部分是购买者利益调节紊乱心态失衡所致。

作为受到侵扰的商家，必然对"职业索赔人"深恶痛绝。但从无暇维权的消费者角度以及部分行政执法者、审判者的角度看，往往对职业索赔行为持肯定态度，认为职业索赔对维护广大消费者权益、净化商品市场有着积极的作用，更有甚者，无意识地单纯从消费者角度进行执法与裁判。

在《消费者权益保护法》《食品安全法》及《食品药品司法解释》等相关规定修改之前，"职业索赔人"采用合法手段依法维权，并在法律范围内利用行政与司法资源进行索赔，与现阶段立法目的是相一致的，应当予以鼓励。但对于职业索赔中的一些害群之马，尤其是以索赔为名行敲诈勒索之实，甚至捏造事实的"假索赔"行为，还是应当依法给予行政处罚或追究刑事责任。对于追究刑事责任的，要严格区分罪与非罪，严格遵守"罪刑法定原则"，依法按照"敲诈勒索罪""诈骗罪"等罪名的界定、种类、构成要件和刑事处罚的种类、幅度进行制裁，对于《刑法》无明文规定的行为，不得定罪处罚。重刑未必能解决并减少索赔领域犯罪高发的态势，治水的关键不在

---

① 搜狐新闻："男子向今麦郎索赔450万获刑 法院认定其敲诈勒索"，2016年1月13日，http://news.sohu.com/20160113/n434335777.shtml，访问日期：2018年10月27日。

于"堵与塞",而在于"疏"。需要调整完善食品安全领域有关惩罚性赔偿的法律和司法解释,根据新形势的发展,理顺各部法律和司法解释之间的逻辑关系、明确有争议的概念,统一裁判口径,既鼓励消费者积极维权,又避免其产生无度的牟利欲望,实现职业索赔的良性循环。

4. 消费者自证清白的方法

实践中,部分经营者由于不胜其扰,遇到职业索赔时,往往借向警方报案来阻吓消费者,并且确有部分效果。有些案件在警方参与后根据不同情况或调解结案,或根据经营者的举报及消费者的不法行为进行了立案调查。

但对于合法索赔的消费者来说,如遇经营者报警,应积极应对,向警方如实陈述维权索赔情况,并证明自己的索赔是法律规定的权益。具体而言,需证实如下内容。

(1)借以索赔的事件是真实的。即消费者有购买商品的事实;经营者商品或服务存在不符合食品安全标准的情形或存在瑕疵;消费者据以索赔的情形是真实的,不存在夹带、调包、隐匿、栽赃陷害等不法行为。

(2)索赔的目的是合法的。即索赔商品或服务存在问题、瑕疵或经营者有欺诈行为,索赔金额也在法律规定的范围内。当然,索赔金额并不完全影响民刑转化,但合理合法范围内的索赔金额更具有说服力、正当性,更容易被接受。

(3)索赔的手段是合法的。消费者未使用威胁、要挟、恫吓的方法或者使经营者在精神上受到限制的行为。与经营者进行协商,在公安人员及市场监督管理部门主持下进行调解,向市场监督管理部门投诉维权均是正确的。但经营者拒绝赔偿方案后,若购买者为逼迫经营者接受方案,声称要用举报的方式让经营者不能再正常经营的且发送带有威胁语气的信息,则有可能触犯法律。

(4)索赔行为对社会没有危害性。消费者依法索赔当然不会存在触犯法律的可能,对于清洁市场确有一定的促进作用,但当消费者存在不当言行并且达到一定程度,则有可能触犯法律。

5. 借索赔之名行敲诈之实的特殊案例

实践中,借索赔之名行敲诈之实的行为,除了消费者实际购买商品,然后借商品存在问题,根据《消费者权益保护法》《食品安全法》向经营者索要惩罚性赔偿外,还有一类人员,以自行成立的行业协会为名进行一些行业打假,再借打假之名向违规企业索要"保证金""回收处置费""咨询服务费"等费用进行非法牟利。一些以举报为要挟,获取索赔的案件已明显背离社会监督的初心,完全以牟利为目的,甚至与黑恶势力勾结,恶化营商环境,伤害社会诚信。其中,董某某等敲诈勒索案是比较特殊的一例,该案件中法院认定董某某等人对违法生产的被害企业形成精神控制,迫使被害企业按照其要求缴纳"咨询服务费""保证金",非法占有被害企业财物。二审法院驳回了董某某等人的上诉,并以敲诈勒索判处董某某等人有期徒刑14年不等的刑期。① 根据此案裁定书所列案情,董某某等人的行为完全与"消费者"这个身份无关,是一种有组织的犯罪行为,他们以各种吸引眼球的身份或名义,以冠冕堂皇之名行敲诈揽财之实,对这一类行为更应得到相关管理部门的重视。

此外,一些经营者在抗辩时,指出某些原告的职业性,即这些原告是某些咨询类公司的员工,这些员工大量涉及职业索赔,并非一般意义上的为了"生活所需"的"消费者",在相关证据链完整,索赔人身份得以证明的情况下,现阶段对于此类人员提起诉讼的打假索赔案件,其索赔请求不应获得法院的支持。当然,对于此类索赔群体与索赔行为,易疏不易堵,应发挥他们的积极性,或可参照律师、会计师行业管理方式,建章立制加以规范,建立一个新的行业,发挥他们的专业能力,公开进行打假索赔。

---

① 江苏省常州市中级人民法院(2016)苏04刑终字第133号刑事裁定书,载中国裁判文书网,http://wenshu.court.gov.cn/website/wenshu/181107ANFZ0BXSK4/index.html?docId=18edbda9d5314722940ca746009e9fd0,访问日期:2018年10月27日。

第二章 诉讼要点

07 **管辖的规定** 73
   周某某与厦门市某电子商务有限公司网络购物合同纠纷案

08 **案由的确定** 84
   杨某某与高某某网络购物合同纠纷案

09 **举证责任** 97
   洪某某与吉林市船营区某饭店产品销售者责任纠纷案

10 **网购纠纷诉讼当事人的确定** 108
   贺某与浙江省某网络有限公司网络购物合同纠纷案

11 **经营者消极诉讼的法律后果** 117
   孙某某与安徽省天长市某医药有限责任公司、某医药有限责任公司某大药房第十六连锁店网络购物合同纠纷案

12 **经营者单方允诺的法律后果** 126
   周某与厦门某电子商务有限公司网络购物合同纠纷案

13 **电商平台打假的法律依据** 136
   长沙市某电子商务有限公司与上海市某信息技术有限公司服务合同纠纷案

14 **电商平台提供者的法律责任** 147
   杨某与北京市某电子商务有限公司网络购物合同纠纷案

07 管辖的确定

周某某与厦门市某电子商务有限公司网络购物合同纠纷案[*]

【核心观点】

买卖合同纠纷与产品责任纠纷的不同案由将影响管辖法院的选择。格式合同中的协议管辖条款常常限制了消费者选择管辖法院的权益，若简单以此确定管辖法院，会不合理增加消费者的诉讼负担。法院应对电商平台格式合同中的协议管辖条款的效力进行合法性与合理性审查，切实保障消费者的合法权利。

【案情简介】

上诉人（原审被告）：厦门市某电子商务有限公司（以下简称某电商公司）

被上诉人（原审原告）：周某某

周某某于2015年11月12日购买了涉案茶叶，某电商公司于11月18日发货。2015年11月20日，涉案茶叶通过顺丰快递送达周某某指定的江苏省淮安市新新家园。在周某某诉至江苏省淮安市中级人民法院后，某电商公司提出，周某某登录其"某某网"进行了注册，在注册以后网页就会自动弹出注册新用户交易条款，在交易条款中约定了双方发生争议由"某某网"所在

---

[*] 江苏省高级人民法院（2016）苏民辖终192裁定书，载中国裁判文书网，http://wenshu.court.gov.cn/website/wenshu/181107ANFZ0BXSK4/index.html?docId=c7fa1e3216c04c2c8533feb8fb6c3f0c，访问日期：2018年12月15日。

地人民法院管辖,因此本案根据约定应由福建省厦门市中级人民法院管辖。并且,本案被告住所地在福建省厦门市某区;同时,本案合同的履行地点并不能当然认定为合同标的物的交付地点,江苏省淮安市不能认为是合同履行地;即使法庭最终认定合同履行地在淮安市,由于本案在江苏省甚至国内影响较大,本案应当由江苏省高级人民法院审理。

一审法院裁定

一审法院认为,无论是通过电话还是通过互联网在线购物,均属于以信息网络方式交易。在本案中,周某某以信息网络方式订购涉案茶叶,某电商公司根据约定将货物通过顺丰快递送到江苏省淮安市新新家园,因此江苏省淮安市是合同履行地。一审法院根据级别管辖的规定对本案有管辖权。

关于某电商公司提出的双方对管辖权在注册新用户交易条款中已经约定由"某某网"所在地法院管辖的主张,一审法院认为,该约定其实属于约定不明。退一步讲,即使周某某在某电商公司的"某某网"上进行了注册,该交易条款明显加重了消费者维护权利的成本。根据《最高人民法院关于适用〈中华人民共和国民事诉讼法〉的解释》(以下简称《民事诉讼法解释》)第31条的规定,经营者使用格式条款与消费者订立管辖协议,未采取合理方式提醒消费者注意,消费者主张管辖协议无效的,人民法院应予支持。从某电商公司提供的截图来看,某电商公司提供的"某某网"注册新用户交易条款中,消费者对交易条款内容无权选择同意或不同意,并且协议管辖条款内容夹杂在大量烦琐的条款之中,而《民事诉讼法解释》第31条规定的"合理方式提醒消费者注意"应当指的是在通常情况下以明确且显而易见的方式使一般民事主体可以正常获得与其权利密切相关的信息。就本案而言,某电商公司以上述方式提供管辖协议显然未能达到上述标准。根据《合同法》第40条,提供格式条款一方免除其责任、加重对方责任、排除对方主要权利的,该条款无效。就网站购物而言,周某某及大多数消费者的住所或合同履行地与某电商公司住所地相距甚远,如该条款有效,消费者维权将负担额外的差旅费用,并增加时间成本,甚至可能阻却部分消费者合理的权利诉求。因此,某电商公司提供的管辖协议无效。至于某电商公司提出该案在全省乃至全国有较大影响,本案应由江苏省高级人民法院一审管辖的意见,因无确切事实依据,对该主张不予采纳。

综上,一审法院认为,某电商公司提出的管辖权异议不成立,故裁定驳回某电商公司的管辖权异议。

┃二审法院裁定┃

二审法院认为,《民事诉讼法解释》第20条规定:"以信息网络方式订立的买卖合同,通过信息网络交付标的的,以买受人住所地为合同履行地;通过其他方式交付标的的,收货地为合同履行地。合同对履行地有约定的,从其约定。"《最高人民法院关于审理侵害信息网络传播权民事纠纷案件适用法律若干问题的规定》第2条规定:"本规定所称信息网络,包括以计算机、电视机、固定电话机、移动电话机等电子设备为终端的计算机互联网、广播电视网、固定通信网、移动通信网等信息网络,以及向公众开放的局域网络。"本案中无论是通过电话还是互联网方式订购涉案茶叶,均应认定是以信息网络方式订立的买卖合同。因某电商公司通过顺丰快递将涉案茶叶送达江苏省淮安市的新新家园,故根据上述规定,收货地淮安市应为合同履行地。根据《中华人民共和国民事诉讼法》(以下简称《民事诉讼法》)第23条关于"因合同纠纷提起的诉讼,由被告住所地或者合同履行地人民法院管辖"的规定,一审法院作为合同履行地法院对本案具有管辖权。

某电商公司目前提供的其电信运营商的证词不足以证明周某某是通过登录"某某网"注册新用户,知晓有关交易条款中关于双方发生争议由"某某网"所在地人民法院管辖的内容。况且,该条款并没有以合理的方式提醒消费者注意。故根据《民事诉讼法解释》第31条的规定,一审法院认定某电商公司提供的管辖协议无效并无不当。

二审法院最终裁定:驳回上诉,维持原裁定。

┃焦点解读┃

食品责任惩罚性赔偿案件,案由通常分为买卖合同纠纷与产品质量纠纷,案情大多表现为:消费者购买商品后,以经营者提供商品或者服务有欺诈行为为由索赔；经营者明知商品或者服务存在缺陷，仍然向消费者提供，造成消费者或者其他受害人死亡或者健康严重损害，受害者进行索赔；生产不符合食品安全标准的食品或者经营明知是不符合食品安全标准的食品，购买者进行索赔。

在消费者维权索赔案件中，根据消费者到实体店购买与网络购物的区别，法院在一般地域管辖的基础上，增加了一些特殊规定，如集中管辖与对网络购物的特殊管辖。消费者对此类规定有时并不熟悉，导致管辖异议案件时有发生，索赔案件审理期限冗长，严重浪费司法资源。

1. 一般地域管辖的规定

一般地域管辖又称普通管辖，是指以被告住所地为标准来确定受诉法院。《民事诉讼法》对消费者维权案件的一般地域管辖作出了以下规定。

《民事诉讼法》第23条规定：因合同纠纷提起的诉讼，由被告住所地或者合同履行地人民法院管辖。

《民事诉讼法》第28条规定：因侵权行为提起的诉讼，由侵权行为地或者被告住所地人民法院管辖。

《民事诉讼法》第34条规定：合同或者其他财产权益纠纷的当事人可以书面协议选择被告住所地、合同履行地、合同签订地、原告住所地、标的物所在地等与争议有实际联系的地点的人民法院管辖，但不得违反本法对级别管辖和专属管辖的规定。

上述规定是确定管辖法院的最基本依据，根据消费者购买商品或接受服务的方式、请求内容的不同，以及不同地区法院对涉食品药品安全案件管辖的特殊规定，管辖法院的最终确定还有不同的变化。

2. 集中管辖的规定

集中管辖，是指将以往分散由各基层人民法院、中级人民法院管辖的民商事案件集中交由少数受案较多、审判力量较强的中级人民法院和基层人民法院管辖。最初集中管辖主要是针对涉外民商事案件，但近年来人民法院开展了对知识产权案件、金融案件、海事海商案件、生态环境保护案件进行集中管辖或专门管辖制度的尝试。

2016年2月3日，最高人民法院印发《关于为京津冀协同发展提供司法服务和保障的意见》，该意见提出了积极探索特定类型案件集中管辖或专门管辖。《上海市高级人民法院关于开展跨行政区划民商事案件集中管辖改革试点的公告》决定上海铁路运输法院自2017年5月1日起，集中管辖原属于闵行、徐汇、黄浦、杨浦四区法院管辖的一审涉食品药品安全民商事案件。[①]《浙江省高级人民法院关于杭州铁路运输法院集中管辖杭州地区部分涉网案件的通知》，规定杭州地区涉及网络购物合同纠纷的一审民事案件由杭州铁路运输法院集中管辖。之后，随着杭州互联网法院的成立，通过电子商务平台签订或者履行网络购物合同而产生的纠纷由杭州互联网法院统一审理。[②]

3. 指定管辖的规定

指定管辖，是指上级法院以裁定方式，指定下级法院对某一案件行使管辖权。指定管辖的实质，是法律赋予上级法院在特殊情况下有权变更和确定案件管辖法院，以适应审判实践的需要，保证案件及时正确的裁判。例如，江苏省徐州市中级人民法院从2015年起，鉴于全市法院相继出现同一当事人起诉多家超市、商场消费者权益保护纠纷类案件，为了统一司法尺度、便于诉讼和案件审理，该院依法决定对相关消费者权益保护纠纷类（含侵权责任、买卖合同）案件指定由徐州市鼓楼区法院集中审理。[③]

4. 级别管辖的规定

级别管辖，是指各级审判机构对第一审案件管辖范围的划分，主要根据案件性质、情节轻重和影响范围大小来确定。

2015年4月30日，最高人民法院为适应经济社会发展和民事诉讼需要，准确适用修改后的民事诉讼法关于级别管辖的相关规定，合理定位四级法院

[①] 上海铁路运输法院（2018）沪7101民初117号民事裁定，载中国裁判文书网，http://wenshu.court.gov.cn/website/wenshu/181107ANFZ0BXSK4/index.html?docId=760c7824020f4489879aa8940122f546，访问日期：2018年12月15日。

[②] 《最高人民法院关于互联网法院审理案件若干问题的规定》第2条。

[③] 江苏省徐州市中级人民法院（2016）苏03民辖终400号民事裁定，载中国裁判文书网，http://wenshu.court.gov.cn/website/wenshu/181107ANFZ0BXSK4/index.html?docId=7cf162505c414bb682a24535084f5eb4，访问时间：2018年2月3日。

民商事审判职能,对高级人民法院和中级人民法院管辖第一审民商事案件标准进行了调整,并下发了《关于调整高级人民法院和中级人民法院管辖第一审民商事案件标准的通知》,该通知对当事人双方住所地均在受理法院所处省级行政辖区及当事人一方住所地不在受理法院所处省级行政辖区的第一审民商事案件分别进行了规定。该通知第2条规定,北京、上海、江苏、浙江、广东高级人民法院,管辖诉讼标的额3亿元以上一审民商事案件,所辖中级人民法院管辖诉讼标的额5000万元以上一审民商事案件。本案中,原告起诉金额高达8000万元,因此该案由淮安市中级人民法院审理并无不当。

实务指引

1. 互联网法院的管辖范围

2018年9月出台的《最高人民法院关于互联网法院审理案件若干问题的规定》明确,北京、广州、杭州互联网法院集中管辖所在市的辖区内应当由基层人民法院受理的第一审案件。其中包括通过电子商务平台签订或者履行网络购物合同而产生的纠纷;通过电子商务平台购买的产品,因存在产品缺陷,侵害他人人身、财产权益而产生的产品责任纠纷。由此,上述城市通过电子商务平台进行购物的涉消费者维权案件将由互联网法院专属管辖。

2. 消费民事公益诉讼案件由中级人民法院管辖的例外

《民事诉讼法解释》第285条规定,公益诉讼案件由侵权行为地或者被告住所地中级人民法院管辖,但法律、司法解释另有规定的除外。对同一侵权行为分别向两个以上人民法院提起公益诉讼的,由最先立案的人民法院管辖,必要时由它们的共同上级人民法院指定管辖。2016年4月出台的《最高人民法院关于审理消费民事公益诉讼案件适用法律若干问题的解释》(以下简称《消费民事公益诉讼解释》)第3条规定,消费民事公益诉讼案件管辖适用《民事诉讼法解释》第285条的有关规定。经最高人民法院批准,高级人民法院可以根据本辖区实际情况,在辖区内确定部分中级人民法院受理第一审消费民事公益诉讼案件。从上述解释规定来看,消费民事公益诉讼案件将由中级人民法院进行审理。但互联网法院有关审理检察机关提起的互联网公益诉讼案件的规定,对《民事诉讼法解释》第285条及《消费民事公益诉讼解释》公益诉讼案件由中级人法院审理的规定又有了重大突破,为公益诉讼案件由基层法院审理开创了法律依据。因此,在实践中应将有关互联网公益诉讼案件的操作细节进一步厘清,尽力避免同类案件仅因消费方式的不同而出现人为审级差异。在审判实践中,除作为基层法院的互联网法院被法律授权审理民事公益诉讼案件外,其他一些基层法院也在作一些有益的尝试。例如,2019年年初,重庆市江津区人民法院就曾审理重庆市首例涉食品安全领域刑事附带民事公益诉讼案,除追究被告人刑事责任外,还根据江津区人民检察院以公益诉讼起诉人的身份提起的附带民事公益诉讼,判令要求被告人在重庆市级媒体上公开道歉并支付其生产、销售有毒有害食品价款十倍的赔偿金。①

3. 网络购物合同纠纷案件(电视购物合同纠纷案件)的管辖规定

《民事诉讼法解释》第20条规定:"以信息网络方式订立的买卖合同,通过信息网络交付标的的,以买受人住所地为合同履行地;通过其他方式交付标的的,收货地为合同履行地。合同对履行地有约定的,从其约定。"《江苏省高级人民法院关于审理消费者权益保护纠纷案件若干问题的讨论纪要》第12条规定,网络销售平台使用格式条款与消费者订立管辖协议、免责条款,仅以字体加黑或加粗方式突出显示该条款的,不属于合理提示方式。消费者主张此类管辖格式条款、免责条款无效的,法院应予支持。网络平台通过单独跳框的形式对管辖条款、免责条款进行单独的特别提示的,消费者通过点击同意该条款的,该管辖条款、免责条款成为双方合同的组成部分,消费者主张该条款无效的,人民法院不予支持,但免责条款存在《合同法》第40条规定情形的除外。

通过信息网络方式订立的买卖合同,由于往往采用格式合同,在发生纠纷时首先会对管辖法院产生争议,消费者认为格式合同无效,而经营者要求按照协议确定的管辖法院进行诉讼。本案中,法院认为管辖条款并没有以合

---

① 刘洋、路芳:《重庆首例涉食品安全领域刑事附带民事公益诉讼案一审宣判》,《人民法院报》2019年4月18日第3版。

理的方式提醒消费者注意，被认定为无效。因此，作为经营者，在格式合同中约定违约责任或管辖条款时，应在网站页面除以粗体加黑方式进行提示外，还应考虑以更多、更有效的提醒方式（如单独条款提示、弹出式页面、划钩确认等方式）供消费者选择，避免因违反《合同法》第39条和《民事诉讼法解释》第31条的规定而被认定为无效。如在某网络购物合同纠纷案件中，法院认为电商平台提供者在"用户服务协议"中载明的管辖权条款未能采取合理方式提请消费者注意，对该案当事人不具有法律约束力。[1]

（1）消费者诉电商平台入驻商户案件的管辖争议。如果消费者与入驻商户产生涉食品责任索赔纠纷，双方之间管辖法院的确定，应按《民事诉讼法解释》第20条的规定来执行。

在审判实践中，有些法院将入驻商户与电商平台签署的合作协议中的管辖条款作为消费者与入驻商户争议中选择管辖法院的依据。例如，在某案件中，"淘宝平台服务协议"第10条有关管辖内容为"因使用淘宝平台服务所产生及与淘宝平台服务有关的争议，协商解决，协商不成时，任何一方均可向被告所在地法院提起诉讼"。据此，法院认为原告、被告阅读后选择同意并分别注册了淘宝账户，故对该管辖约定应认定为有效，对已经注册的原告、被告均有约束力，根据该管辖协议约定，该案应由被告所在地法院管辖。[2]这一判决混淆了消费者与入驻商户以及入驻商户与电商平台之间的关系，将两种法律关系混为一谈。

（2）消费者诉电商平台入驻商户、电商平台案件的管辖争议。如果消费者同时起诉入驻商户与电商平台，而电商平台提出管辖异议的，则仍要审查各方之间是网络购物合同纠纷还是网络服务合同纠纷关系。若是网络购物合同纠纷，则不应适用电商平台协议中约定的法院管辖，因为消费者与入驻商户才是网络购物合同纠纷的相对方，电商平台是网络购物合同关系之外的第

---

[1] 福建省莆田市中级人民法院（2018）闽03民辖终128号民事裁定，载中国裁判文书网，http：//wenshu.court.gov.cn/website/wenshu/181107ANFZ0BXSK4/index.html?docId=979e5695b43b44ca98ada93d00eb241，访问日期：2019年7月6日。

[2] 湖北大冶市人民法院（2017）鄂0281民初2851号民事裁定，载中国裁判文书网，http：//wenshu.court.gov.cn/website/wenshu/181107ANFZ0BXSK4/index.html?docId=bbba696697a049c7a05da8190132d123，访问日期：2018年12月23日。

三方，故仍应按《民事诉讼法解释》第 20 条确定管辖法院。例如，在某消费者诉经营者、电商平台提供者网络购物合同纠纷一案中，法院认为经营者与消费者系通过信息网络订立买卖合同，相关的合同履行地应当按照《民事诉讼法解释》第 20 条的规定确定。故消费者可以收货地为合同履行地提起诉讼，现收货地为上海市闵行区，属于原审法院管辖范围，故消费者就相关争议向该院提起诉讼并无不当。[①]

（3）电商平台入驻商户与电商平台的管辖争议。在此法律关系中，双方是网络服务合同纠纷关系，若入驻商户对电商平台格式条款中的协议管辖条款有异议，法院应按法律规定，审查电商平台是否尽到了合理的提示义务。在电商平台以合理方式就管辖约定进行提示且不违反法律规定的情况下，应当以电商平台提供的合作协议中确定的管辖法院作为受诉法院。

（4）电商平台作为销售者的管辖争议。当电商平台作为自营者销售商品时，其身份为销售者，等同于入驻商户的法律地位，是网络购物合同纠纷的相对方。当其以自营者身份与消费者因网络购物发生纠纷时，消费者注册电商平台时签署的相关协议中的管辖约定并不能直接适用。消费者提出管辖异议的，法院应对网站格式合同中的协议管辖条款的效力进行合法性与合理性审查，协议管辖条款违反法律规定被确认无效的，则仍应按《民事诉讼法解释》第 20 条确定管辖法院。如在某买卖合同纠纷案件中，法院认为，该案是基于消费者与经营者之间网购商品引起的纠纷，双方之间形成了网购买卖合同关系，经营者"用户服务协议"中关于协议管辖的约定并不能适用于本案。[②]

综上，用户对网络购物格式合同中的协议管辖条款有异议的，法院应按《合同法》第 40 条和《消费者权益保护法》第 26 条的规定进行审查。审判实践中，有判决表明，虽然格式条款提供方以合理方式向消费者进行了必要

[①] 上海市第三中级人民法院（2017）沪 03 民辖终 8 号民事裁定书，载中国裁判文书网，http：//wenshu. court. gov. cn/website/wenshu/181107ANFZ0BXSK4/index. html? docId = 9fb42f1582e74db78c4ea83900ea19e0，访问日期：2018 年 12 月 16 日。

[②] 北京市第一中级人民法院（2018）京 01 民辖终 759 号民事裁定，载中国裁判文书网，http：//wenshu. court. gov. cn/website/wenshu/181107ANFZ0BXSK4/index. html? docId = 780f5008e1344a51a86ca96a0015602d，访问日期：2018 年 12 月 16 日。

提示，但法院仍然认为格式条款加重了消费者的诉讼负担而认定协议约定管辖的格式条款无效。目前，对于如何遵循公平原则，最大限度地保证格式条款内容的公平性，落实《消费者权益保护法》"经营者不得以格式条款、通知、声明、店堂告示等方式，作出排除或者限制消费者权利、减轻或者免除经营者责任、加重消费者责任等对消费者不公平、不合理的规定"，亟须理论界与审判实务界加快论证，统一裁判尺度。

4. 产品责任纠纷案件管辖争议的确定

消费者基于网络购物合同提起产品责任诉讼或者被法院确定为产品责任纠纷案件时，管辖法院的规定即与网络购物合同纠纷有了较大的区别。除《民事诉讼法》第28条确定的侵权纠纷案件由侵权行为地或者被告住所地法院管辖外，《民事诉讼法解释》第26条又细化规定为，"因产品、服务质量不合格造成他人财产、人身损害提起的诉讼，产品制造地、产品销售地、服务提供地、侵权行为地和被告住所地法院都有管辖权"。由此可见，案由确定的不同，将直接影响管辖法院的确定，在产品责任纠纷案件中合同履行地未列入可管辖法院的范围。

5. 提出管辖权异议的时间

管辖权异议，是指诉讼当事人向受诉法院提出的该院对案件无管辖权的主张。《民事诉讼法》第127条规定："……当事人对管辖权有异议的，应当在提交答辩状期间提出。……当事人未提出管辖异议，并应诉答辩的，视为受诉法院有管辖权，但违反级别管辖和专属管辖规定的除外。"因此，诉讼当事人在一审提交答辩状期间未提出管辖异议，则视为当事人已接受受诉法院的管辖，案件管辖权已经确定。对于超出此期限提出的管辖异议，法院可不予审查。

除此之外，法律还规定案件受理后，受诉法院的管辖权不受当事人住所地、经常居住地变更的影响。法院对管辖异议审查后确定有管辖权的，不因当事人提起反诉、增加或者变更诉讼请求等改变管辖，但违反级别管辖、专属管辖规定的除外。法院发回重审或者按第一审程序再审的案件，当事人提出管辖异议的，法院不予审查。

法院应该严格管控管辖权异议的提出时间，超出期限提出异议的，法院不应支持。而且法院应对当事人的管辖权异议尽快审理确定，防止当事人借此拖延案件的审理、转移财产或进行其他妨害诉讼正常进行的行为。严格管辖权异议申请期限，是为了保证已开始的诉讼程序处于相对稳定状态，保证诉讼程序的有序、高效进行，避免诉讼长期拖延不决，从而减轻各方诉讼当事人的损失，保证纠纷顺利解决。

08 案由的确定

杨某某与高某某网络购物合同纠纷案*

【核心观点】

案由的不同将决定案件管辖法院、举证责任分配甚至法律适用的不同。为充分保护消费者的合法权益，宜单独设立"食品、化妆品、保健品责任纠纷"案由。

案情简介

上诉人（原审原告）：杨某某

被上诉人（原审被告）：高某某

2017年3月9日，杨某某通过淘宝网分两次向高某某购买2盒、10盒"美体丸"，分别以720元、3600元付款并成交。杨某某认为，高某某销售明知不符合安全标准的食品，应当予以十倍赔偿，遂诉至法院，请求法院判决高某某按支付购物款十倍金额赔偿43 200元并承担本案诉讼费。

一审法院判决

一审法院认为，高某某在销售涉案商品时，并未标明"适应证或者功能主治"，产品名称也与药品名称相去甚远，不符合《中华人民共和国药品管

---

* 江苏省盐城市中级人民法院（2017）苏09民终4495号民事判决，载中国裁判文书网，http://wenshu.court.gov.cn/website/wenshu/181107ANFZ0BXSK4/index.html？docId＝347efe4b7eab49e68595a8580130fbca，访问日期：2019年1月19日。

理法》(以下简称《药品管理法》)中关于药品的定义,故涉案产品应为食品。高某某作为销售者,应当对所售产品符合质量标准承担举证责任,而高某某不能证明涉案产品符合质量标准,故应认定高某某所售产品不符合食品安全标准。

杨某某同一天购买12盒涉案产品,可使用120天,数量超过正常使用范围,且金额较大。结合杨某某购物、发律师函、申请退款及提起诉讼等一系列连续行为,应认定杨某某知假买假要求十倍赔偿的请求具有牟利目的。《食品安全法》的立法目的是保证食品安全,保障公众身体健康和生命安全,禁止制假售假行为,但不鼓励通过知假买假而牟利。鉴于高某某已退还杨某某货款,杨某某主张十倍赔偿,违背诚实信用、公序良俗等民事行为的基本原则,故不予支持。

一审法院判决:驳回杨某某的诉讼请求。案件受理费880元,减半收取440元,由杨某某负担。

二审法院判决

杨某某不服一审判决,提起上诉。杨某某提出的上诉理由是,本案案由应为"产品销售者责任纠纷"。案由错误则意味着审理方向的错误。一审法院没有把"被告销售不符合国家食品安全标准的产品是否应当承担十倍赔偿"作为主要查明的事实,反而着重审查上诉人的购买目的。一审法院审理方向错误,导致审判结果错误,应当予以纠正。同时,一审判决认定上诉人购买涉案产品是出于"牟利"目的,违背了诚实信用原则,没有事实依据。故请求撤销一审判决,依法改判或发回重审。

二审法院经审理后认为,本案系因杨某某通过网络向高某某购物引发的纠纷,一审法院据此将案由定为网络购物合同纠纷并无不妥。根据本案查明的事实,杨某某在收到涉案产品后,仅拆开了装有2盒产品的包裹,即认为是假货,在未食用的情况下并且在很短的时间内即向高某某发出律师函,明显属于"知假买假";并在没有受到任何损害且在高某某已将货款退还的情况下,仍然诉至法院要求高某某对其予以十倍赔偿,其牟利的目的已非常明显,该行为应为法律所禁止。二审法院最终判决:驳回上诉,维持原判。

> **焦点解读**

1. 民事案由的重要作用

本案中，上诉人在上诉时就案由确定提出异议，二审法院以消费者的购物方式来解释并确定案由，虽有一定道理，但不足以消除消费者的疑虑，无法充分说服消费者。有观点认为，由食品安全问题产生的民事责任本质上属于产品责任，而《中华人民共和国侵权责任法》（以下简称《侵权责任法》）明确将产品责任作为一种特殊侵权类型纳入其调整范围。因此，根据最高人民法院颁布的《民事案件案由规定》，消费者依据《食品安全法》第148条第2款规定主张十倍赔偿案件的案由应被确定为产品责任纠纷。在审判实践中，受限于法律知识的缺乏，以及尽早使案件进入诉讼程序的心态，原告或原告代理律师在立案时往往听从法院的决定，即案由大多数还是由法院来确定。这也导致原告在诉讼利益受阻后，会以案由确定错误为由提起上诉。

2011年2月，最高人民法院在《关于印发修改后的〈民事案件案由规定〉的通知》（以下简称《案由通知》）中指出：民事案件案由是民事案件名称的重要组成部分，反映案件所涉及的民事法律关系的性质，是将诉讼争议所包含的法律关系进行的概括，是人民法院进行民事案件管理的重要手段。因此，民事案由在归纳争议事项、分配举证、确定管辖法院、选择适用的法律、确定诉讼当事人诉权成立与否的过程中起着提纲挈领、高度概括的功能。同时，民事案由还对诉讼当事人诉权行使、诉的合并与变更、避免一事二诉及规范法官释明权、自由裁量权限等方面发挥着不可忽视的重要作用。对诉讼案由异议不给予合理释明，必然会使诉讼当事人对法院产生误解，进而影响法院的司法公信力。

《合同法》第122条规定："因当事人一方的违约行为，侵害对方人身、财产权益的，受损害方有权选择依照本法要求其承担违约责任或者依照其他法律要求其承担侵权责任。"《案由通知》也指出："在请求权竞合的情形下，法院应当按照当事人自主选择行使的请求权，根据当事人诉争的法律关系的性质，确定相应的案由。"对于消费者因《食品安全法》第148条第2款主张十赔赔偿的案件，司法实践中案由表现得较为混乱。有的确定为买卖合同纠纷，有的确定为产品质量纠纷，还有一些法院确定为消费者权益纠纷（侵害消费者权益纠纷）。总之，理解各异，争论不断。一般认为，在产品买卖关系中，如果卖方提供的产品不符合合同的约定或者违反法定的标准，其行为构成违约，应当承担违约等民事责任，这是一种合同责任；如果卖方提供的产品存在缺陷，导致买方或者他人人身、财产损害的，卖方（销售者）、生产者要承担赔偿的民事责任，这是一种产品责任，即侵权责任。还有观点认为，产品缺陷造成的责任既包括违约责任，也包括侵权责任。产品瑕疵责任仅指合同上的违约责任，不包括侵权责任。[1] 正是这些理解上的差异，导致消费者惩罚性赔偿案件中案由的不同，不但涉及管辖法院的确定，各项法律权利与法律关系的变化，甚至影响案件的最终审判结果。

2. 现行食品责任惩罚性赔偿案件案由的规定

2011年修改后的《民事案件案由规定》对各类案由进行梳理与补充，经检索涉食品责任惩罚性赔偿案件中，案由大多确定为买卖合同纠纷与产品责任纠纷，其中定为买卖合同的占绝大多数。消费者与经营者之间的纠纷源于买卖合同，发生损害时应当就侵权和违约择一主张权利，但现实中消费者往往无法明确加以区别，常常笼统表述，一并主张。立案时大多定为合同之诉的案由，而审理时却依侵权之诉进行裁判，势必自相矛盾。此外，《消费者权益保护法》《食品安全法》实质追究的是经营者的侵权责任，归责上却采取无过错的违约责任。此类纠纷，按照合同审理，归责原则为严格的无过错责任；按照侵权审理，追究的是过错责任，必然造成执法尺度不统一，审理结果存在差异或反转。

（1）买卖合同纠纷。《合同法》第130条规定："买卖合同是出卖人转移标的物的所有权于买受人，买受人支付价款的合同。"《民事案件案由规定》第四部分"合同、不当得利、无因管理纠纷"在第三级案由中规定了买卖合同纠纷，并结合消费者购物方式的不同，对第四级案由进行了不同的确定。消费者到实体店进行消费产生纠纷的，案由一般确定为买卖合同纠纷；用特

---

[1] 沈志先主编《侵权案件审判精要》，法律出版社，2013，第322页。

定方式进行交易的买卖合同，如通过信息网络方式进行购物产生纠纷的，案由确定为网络购物合同纠纷；通过电视台专门的购物频道进行购物而产生纠纷的，案由确定为电视购物合同纠纷。

网络购物合同纠纷多指销售者将商品通过电商平台进行展示并发出要约，消费者通过电商平台进行购买并支付，双方形成合意而订立的买卖合同。电视购物合同是指销售者以电视台的专门购物频道或节目为平台发出要约，消费者获取商品信息后，通过电话等方式做出购物承诺，双方形成合意而订立的买卖合同。

（2）产品责任纠纷。产品责任也称产品侵权责任，是指产品生产者、销售者因生产、销售缺陷产品致他人人身伤害、财产损失，或者有使他人遭受人身伤害和财产损失的危险的，应当承担的侵权责任。《侵权责任法》第41条规定："因产品存在缺陷造成他人损害的，生产者应当承担侵权责任。"《侵权责任法》第42条第1款规定："因销售者的过错使产品存在缺陷，造成他人损害的，销售者应当承担侵权责任。"

《民事案件案由规定》第九部分"侵权责任纠纷"下设第三级案由中，根据实施主体的不同，分为产品生产者责任纠纷与产品销售者责任纠纷。产品生产者责任纠纷是指产品存在缺陷造成他人损失时所引发的纠纷。产品销售者责任纠纷是指以营利为目的销售者，对于其所销售的产品因缺陷致人损害应承担民事责任时所引发的纠纷。

（3）消费者权益纠纷。由于民事法律关系的复杂性及法律规定的滞后性，在2011年修改后的《民事案件案由规定》中并无消费者权益纠纷案由的规定。百度词条显示，消费者权益争议是指在消费领域中，消费者与经营者之间因权利义务关系产生的纠纷，主要表现为消费者在购买、使用商品或接受服务的过程中，由于经营者不依法履行义务或不适当履行义务使消费者的合法权益受到损害或消费者对经营者提供的商品或服务不满意，双方因此而产生的纠纷。这一定义可以将所有消费者与经营者出现的纠纷全部纳入该案由下，但在审判实践中，使用该案由的情况不多，特别是以此案由审理的食品责任惩罚性赔偿案件更少。

3. 案由差异导致的诉讼参与人相关权益的变化

一般认为，产品责任属于侵权之诉，合同纠纷属于违约之诉。但实践中，食品责任惩罚性赔偿案件案由有时确定为买卖合同纠纷，有时又确定为产品责任纠纷，均不外是要求经营者退还货款，并支付惩罚性赔偿，情节上也基本类似，即消费者指控经营者所售食品违反《食品安全法》的规定，不符合食品安全标准，此外并无其他特殊之处。区别仅在于，消费者所购商品违反的国家各类标准的不同。

（1）案由不同对管辖的影响。在何某某诉某公司管辖争议一案中，一审法院经审查认为，起诉人要求产品的销售者返还货款、产品，给予十倍的赔偿，根据起诉人的起诉要求，该案属于产品责任纠纷，应由侵权行为地或者被告住所地人民法院管辖，一审法院对该案无管辖权。二审法院经审查认为，该案系因网络购物引发的合同纠纷，案件管辖适用《民事诉讼法》第23条"因合同纠纷提起的诉讼，由被告住所地或者合同履行地人民法院管辖"。该案买卖合同属于"线上订立，线下交货"，收货地点为合同履行地，一审法院不予受理不当，应予纠正。

该案中，二审法院的最终裁决将大为便利消费者诉讼索赔，从而提高消费者维权的积极性，若按侵权之诉来确定管辖法院，则可能导致消费者因路途过远、成本过高、无暇分身而放弃诉讼，最终致使经营者的违法行为无法得到及时纠正。①

（2）案由不同对裁判结果的影响。同样是消费者在实体店购买假冒名酒，在北京市某法院案由被确定为产品责任纠纷，在上海市被确定为买卖合同纠纷。例如，在刘某某诉某公司产品责任纠纷一案中，北京市某法院认为该案是侵权案件，未造成消费者人身损害，对消费者惩罚性赔偿请求不予支持[2]；而上海

---

① 河南省洛阳市中级人民法院（2016）豫03民终2956号民事判决，载中国裁判文书网，http：//wenshu.court.gov.cn/website/wenshu/181107ANFZ0BXSK4/index.html?docId=3f15227b51ce4795805c05847d436f0e，访问日期：2019年1月19日。

② 北京市第三中级人民法院（2017）京03民终字13090号民事判决，载中国裁判文书网，http：//wenshu.court.gov.cn/website/wenshu/181107ANFZ0BXSK4/index.html?docId=f82288330ce94e7792e5a84a0010ef62，2019年3月30日。

市法院2017年发布的消费者诉讼维权十大典型案例之"郑某诉某食品店买卖合同纠纷案"中,法院认为经营者构成欺诈,判决退一赔三。此外,广东省东莞市法院针对同类案件在确定案由时,亦出现过变化。例如,舒某某诉某酒业(北京)有限公司产品责任纠纷一案中,立案时案由为买卖合同纠纷,结案案由为产品责任纠纷。法院认为,原告主张被告对茅台酒进行虚假宣传,对部分茅台酒虚构原价,构成欺诈,应承担退一赔三的民事责任,而非根据合同要求被告承担违约责任,故本案案由应为产品责任纠纷。①

按一般逻辑,案由不同裁判结果存在差异是大概率事件。但在情节一致,案由不一致的情况下,审理思路却一致,的确值得我们反思,上述案例中上海与广东东莞案由不同,裁决结果却相同,这显然说明审判人员裁决此类案件的思路与口径是无差异的。裁判结果上的"殊途同归"必然引发当事人理解的混乱。

4. 如何区分食品责任买卖合同纠纷与产品责任纠纷

审判实践中,人民法院对食品责任惩罚性赔偿案件进行立案审查时,对案由确定为产品责任纠纷或买卖合同纠纷,但如何进行区分却无明确的规定。法院往往根据消费者在诉状上的表述,如诉状突出表述侵权赔偿,则列为产品责任纠纷;若突出表述买卖合同关系,则列为买卖合同纠纷。也有的是法院立案人员根据所在法院的立案口径将此类案件列为买卖合同纠纷或产品责任纠纷。

由于食品责任惩罚性赔偿诉讼与《侵权责任法》所调整的法律关系类同,食品责任惩罚性赔偿案件宜归入《侵权责任法》进行规范。

(1)从请求范围看,产品责任纠纷中,原告主要主张消费者、第三人的人身或财产损失,还可主张精神损害抚慰金或惩罚性赔偿金。《侵权责任法》第47条规定:"明知产品存在缺陷仍然生产、销售,造成他人死亡或者健康严重损害的,被侵权人有权请求相应的惩罚性赔偿。"《食品安全法》第148

---

① 广东省东莞市第三人民法院(2016)粤1973民初7607号民事判决,载中国裁判文书网,http://wenshu.court.gov.cn/website/wenshu/181107ANFZ0BXSK4/index.html? docId = 966204921fe44471beeca76f0099137e,2018年12月15日。

条更是对惩罚性赔偿的标准进行了严格规定，具有明显的惩罚性质。买卖合同纠纷多依据买卖合同的约定及《合同法》的规定追究相对方的违约责任，违约金过高或过低，当事人可以向人民法院要求调整，具有补偿性的特点。

（2）从构成要件看，产品责任纠纷包括有缺陷产品、损害事实存在、存在缺陷具有过错、违法行为与损害事实之间有因果关系。在一般侵权责任中适用无过错责任原则；在特殊侵权责任中适用过错推定原则和无过错责任原则。买卖合同产品质量纠纷依买卖合同约定、法律法规规定、标的物质量国家标准和行业标准来确定违约责任。例如，在陕西华润万家生活超市有限公司咸阳福园分公司与李某产品销售者责任纠纷应为买卖合同纠纷上诉案中，二审法院认为该案是消费者因购买商品与经营者产生的纠纷，该商品并不存在缺陷，故案由应确定为买卖合同纠纷，原审确定为产品销售者责任纠纷不当，应予纠正。①

（3）从合同相对性看，《产品质量法》第43条规定："因产品存在缺陷造成人身、他人财产损害的，受害人可以向产品的生产者要求赔偿，也可以向产品的销售者要求赔偿。……"《食品安全法》第148条也有相同规定"消费者因不符合食品安全标准的食品受到损害的，可以向经营者要求赔偿损失，也可以向生产者要求赔偿损失"。在一般情况下，合同关系是仅在特定人之间发生的法律关系，只有合同关系当事人之间才能相互提出请求，非合同关系当事人，没有发生合同上的权利义务关系的第三人不能依据合同向合同当事人提出请求或提出诉讼。若将食品责任惩罚性赔偿案件定性为合同纠纷，则消费者只能向销售者提出合同上的请求和提起诉讼，而不能向与其无合同关系的生产者提出合同上的请求和提起诉讼，这明显与《食品安全法》规定不符。

（4）从裁判依据看，产品责任纠纷主要依据《侵权责任法》《产品质量法》《消费者权益保护法》《食品安全法》等法律进行审理。而买卖合同纠纷案往往依据当事人签订买卖合同对标的物的质量、标准所作的约定以及《合

---

① 陕西省咸阳市中级人民法院（2018）陕04民终398号，载中国裁判文书网，http://wenshu.court.gov.cn/website/wenshu/181107ANFZ0BXSK4/index.html?docId = c359451ef1104b52bd77a8b1008b454f，2018年12月15日。

同法》的规定进行裁决。

《产品质量法》第46条规定："本法所称缺陷，是指产品存在危及人身、他人财产安全的不合理的危险；产品有保障人体健康和人身、财产安全的国家标准、行业标准的，是指不符合该标准。"该法还规定，销售者违背下列产品质量责任和义务，给消费者或他人造成损害的，就应当承担侵权责任：①销售者应当建立并执行进货检查验收制度，验明产品合格证明和其他标识。②销售者应当采取措施，保持销售产品的质量。③销售者不得销售国家明令淘汰并停止销售的产品和失效、变质的产品。④销售者销售的产品的标识不符合《产品质量法》规定。⑤销售者不得伪造产地，不得伪造或者冒用他人的厂名、厂址。⑥销售者不得伪造或者冒用认证标志等质量标志。⑦销售者销售产品，不得掺杂、掺假，不得以假充真、以次充好，不得以不合格产品冒充合格产品。其中第③⑤⑥⑦项亦是生产者所应遵守的义务。这些有关销售者、生产者的责任与义务的表现形式与食品责任惩罚性赔偿案件的构成要件中过错责任完全一致，因此该类惩罚性赔偿案件应归类于侵权纠纷。

5. 设立食品安全标准责任纠纷案由

消费者权益保护案件涉及面广，法律关系复杂，涉及多种案由，如买卖合同纠纷，产品责任纠纷，生命权、健康权、身体权纠纷，以及委托合同、服务合同、商品房销售合同纠纷等多种案由，长期以来消费者权益保护案件并无统一的案由。2011年修改的《民事案件案由规定》中亦未规定消费者权益纠纷案由。2015年11月，全国人大常委会王明雯委员在审议全国人大常委会执法检查组关于检查《消费者权益保护法》实施情况的报告时，就曾建议最高人民法院尽快修改《民事案件案由规定》，增加消费者权益保护纠纷案由。但令人遗憾的是，最高人民法院至今仍未见行动。而实际上消费者权益纠纷案由各地法院一直在使用，经检索江苏、广东、江西、河北、陕西等法院均有使用该案由来确定侵犯消费者权益的案件，当然也包括涉食品责任惩罚性赔偿的案件。但是侵犯消费者权益纠纷案由涉及法律关系众多，若将其列为单一案由，必将打乱《民事案件案由规定》的体系，如何将分散于各案由的涉消费者权益子案由进行集中、归纳，是必须事先考虑解决的一大难题，若调整过大，则有可能引发更多的理论争议与无法预料的诉讼混乱。

《案由通知》指出，地方各级人民法院对审判实践中出现的可以作为新的第三级民事案由或者应当规定为第四级民事案由的纠纷类型，可以及时报告最高人民法院。最高人民法院将定期收集、整理、筛选，及时细化、补充相关案由。鉴于在审判过程中，涉食品责任惩罚性赔偿案件案由确定各地做法不一，并多次被当事人质疑的现状，有必要对此加以明确，或二选一确定一个适用的案由，或新创一个更符合实际情况的案由，突显对涉食品消费者权益的保护，并将其补充至《民事案件案由规定》中。

当然，最好的做法是就食品责任惩罚性赔偿案件新设一个案由，以满足实际需要。

（1）新案由的设定。鉴于食品责任惩罚性赔偿案件案由的混乱情况，对《民事案件案由规定》进行补充刻不容缓。结合《食品安全法》第148条第2款"生产不符合食品安全标准的食品或者经营明知是不符合食品安全标准的食品"的规定，在第九部分侵权责任纠纷案由下宜设第三级案由：食品安全标准责任纠纷。之所以设在侵权责任纠纷案由下，是考虑此食品安全标准责任纠纷本质上就是侵权责任的一种类型，与惩罚性赔偿的原则相吻合，以有别于合同纠纷的补偿责任。食品安全标准责任纠纷的侵权属性在上文中也已做过部分阐述，而且与《合同法》第122条"因当事人一方的违约行为，侵害对方人身、财产权益的，受损害方有权选择依照本法要求其承担违约责任或者依照其他法律要求其承担侵权责任"的规定相匹配，消费者因食品安全标准提起侵权之诉无法律与理论上的障碍与困扰。

同时，《食品药品司法解释》第17条规定："消费者与化妆品、保健品等产品的生产者、销售者、广告经营者、广告发布者、推荐者、检验机构等主体之间的纠纷，参照适用本规定……"因此，食品安全标准责任纠纷可扩展为食品、化妆品、保健品安全标准责任纠纷，并根据具体情况选择适用某一案由。

（2）新案由的归类。将食品安全标准责任纠纷案由列为第三级案由或第四级案由在现阶段均可行，并无大碍。但作为第三级案由除可体现对食品消费者权益的保护外，更有助于日后该类案由的进一步扩充，否则这一案由列入某类第三级案由名下，又需一番思量、斟酌与论证。若列入产品责任纠纷案由之下，与消费者购买食品惩罚性赔偿案件仍有些许差异，而且无法突出立法者对"食品"安全的高度关切。更鉴于《产品质量法》没有惩罚性赔偿的相关规定，与食品消费者主张依据《食品安全法》享有惩罚性赔偿权的规定差别明显，因此单独作为第三级案由为宜。今后，药品惩罚性赔偿制度，亦可按此方法归类设立新案由。

（3）新案由的扩充。至于是否应当按照买卖合同纠纷的模式，根据交易方式不同将案由区分为网络购物、电视购物，则并非急需。因食品安全标准责任纠纷这一案由可理解为已包含不同购物方式，在法院查明事实中对实际购买方式进行说明即可，在新的案由下购物方式只可影响管辖法院，不再影响举证责任与法律适用。当然，为进一步明晰购物方式，或在第四级案由中分别表述为网络购物食品安全标准责任纠纷、电视购物食品安全标准责任纠纷，购买化妆品与保健品的，只需分情况替换"食品"两字即可。在实体店购买商品的则直接适用第三级食品、化妆品、保健品安全标准责任纠纷案由，并根据购买商品情况确定最终案由。

（4）新案由的再确定。食品安全标准责任纠纷的新案由虽然在《民事案件案由规定》中不属于最冗长的案由，但若加上购物方式则案由就过于累赘了。在不影响案由本意的前提下，删去"安全标准"字样，简化为"食品、化妆品、保健品责任纠纷"，并根据所购商品情况最终确定"网络购物食品责任纠纷""电视购物食品责任纠纷"等更为简练的案由。食品、化妆品、保健品责任纠纷案由仅是针对《食品安全法》《食品药品司法解释》所规范的惩罚性赔偿案件，若对于食品之外的其他产品违反国家标准引发的"欺诈"案件如何确定案由，法院亦可按已有审判经验确定，可在侵权责任纠纷项下再单独设立第三级案由加以明确。

| 实务指引 |

1. 法院关于案由确定的说明

2011年最高人民法院《案由通知》对适用修改后的《民事案件案由规

定》时应注意的几个问题进行了说明。

（1）各级人民法院要正确认识民事案件案由的性质与功能，不得将修改后的《民事案件案由规定》等同于《民事诉讼法》第108条（注：现为2017年《民事诉讼法》第119条）规定的受理条件，不得以当事人的诉请在修改后的《民事案件案由规定》中没有相应案由可以适用为由，裁定不予受理或者驳回起诉，影响当事人行使诉权。

（2）同一诉讼中涉及两个以上的法律关系的，应当依当事人诉争的法律关系的性质确定案由，均为诉争法律关系的，则按诉争的两个以上法律关系确定并列的两个案由。

（3）在请求权竞合的情形下，人民法院应当按照当事人自主选择行使的请求权，根据当事人诉争的法律关系的性质，确定相应的案由。

（4）当事人起诉的法律关系与实际诉争的法律关系不一致的，人民法院结案时应当根据法庭查明的当事人之间实际存在的法律关系的性质，相应变更案件的案由。

（5）当事人在诉讼过程中增加或者变更诉讼请求导致当事人诉争的法律关系发生变更的，人民法院应当相应变更案件案由。

2. 案由变更的法院释明

审判实践中，当事人常常以案由错误对审判结果提出异议，而法院在审理时往往以诉讼请求事项作为确定案由的判断依据，各方理解不在同一个语境中。无论法院是否说理，或说理是否详尽，当事人往往固守对己方有利的情形进行申辩，造成第三方对法院的误解。因此，审判人员拟变更案件案由的，一定要按法律规定进行释明。本案中，仅见上诉人在上诉中对案由提出异议，二审又以极少的词语予以说明，无法了解当事人在一审诉讼中是否对案件案由问题提出过异议，法院是否在审理时进行过相应的释明。

《民事诉讼证据规定》第53条第1款规定："诉讼过程中，当事人主张的法律关系性质或者民事行为效力与人民法院根据案件事实作出的认定不一致的，人民法院应当将法律关系性质或者民事行为效力作为焦点问题进行审理。……当事人根据法庭审理情况变更诉讼请求的，人民法院应当准许并可以根据案件的具体情况重新指定举证期限。"但这一规定似乎对食品责任惩罚性赔偿案件无实际意义,因为审判实践中,无论案由确定为买卖合同纠纷还是产品责任纠纷,原告的诉讼请求是一致的,即请求返还货款,请求价款十倍赔偿,并不会因为案由变更而出现诉讼请求上的变化,这一现象进一步反映了此类案件在案由确定上的不合理之处。

就食品责任惩罚性赔偿案件来说,案由变更的释明,唯一可起到效用的是管辖法院的确定,因为违约之诉与侵权之诉在管辖法院上的法律规定存在差异。因此,对于此类案件因案由变更导致管辖法院发生变化的,经营者可以对管辖法院提出异议,受理法院也应及时按规定移送有管辖权的法院审理。

【司法解释修改建议】

建议在《食品药品司法解释》中增加一条:"人民法院对食品责任惩罚性赔偿案件以食品责任纠纷案由立案审理。"

09 举证责任

洪某某与吉林市船营区某饭店产品销售者责任纠纷案[*]

【核心观点】

食品的生产者与销售者应当对食品是否符合质量标准承担举证责任。

┃案情简介┃

上诉人（原审原告）：洪某某

被上诉人（原审被告）：吉林市船营区某饭店（以下简称某饭店）

2017年7月20日，洪某某在某饭店购买了两瓶1.8升久保田万寿清酒。其中一瓶生产日期系2014年3月4日，保质期限为24个月；另一瓶没有中文标签。两瓶酒包装盒上标注生产地为日本新潟县。洪某某共花费5600元。国家质量监督检验检疫总局曾于2011年发布《关于进一步加强从日本进口食品农产品检验检疫监管的公告》，禁止从日本新潟县进口食品。洪某某认为其从某饭店购买的清酒不符合食品安全标准而诉至法院。

洪某某提起诉讼，请求：（1）判令某饭店退还洪某某购货款5600元；（2）判令某饭店依法按购货款十倍赔偿洪某某56 000元；（3）案件受理费等由某饭店承担。

---

[*] 吉林省吉林市中级人民法院（2017）吉02民终3737号民事裁定书，载中国裁判文书网，http://wenshu.court.gov.cn/website/wenshu/181107ANFZ0BXSK4/index.html?docId=cdca1114705f42c0bd2fa8560100654e，访问日期：2019年2月16日。

一审法院判决

一审法院认为，某饭店销售给洪某某的两瓶清酒属国家禁止进口食品，更无相应进口商品检验合格证明，违反了我国关于食品安全的规定，故洪某某诉请退还购物款合理正当，予以支持。某饭店存在违反《食品安全法》的行为，但由于主张惩罚性赔偿的前提是因缺陷产品造成严重损害，鉴于洪某某购买涉案食品后未食用、未造成损害的后果，因此本案不适用十倍赔偿金。同时，根据《消费者权益保护法》第55条的规定，在普通消费产品领域，消费者获得惩罚性赔偿的前提是经营者的欺诈行为，本案亦不存在欺诈的情形，故亦不应适用惩罚性赔偿。故对洪某某要求支付购物款十倍赔偿金56 000元的主张不予支持。对于某饭店提出的无法确认涉诉食品系洪某某在其处购买的抗辩意见，因为洪某某已履行举证义务，向法院提交了购物发票及消费凭证，而某饭店未能提供充足的证明涉诉产品非其出售的证据，所以洪某某有权向某饭店主张权利，故对某饭店此抗辩意见不予采纳。

一审法院判决：（1）某饭店于判决生效之日起五日内退还洪某某购物款5600元；（2）驳回洪某某其他诉讼请求。

二审法院裁定

二审法院另查明：2017年7月20日，洪某某在某饭店以刷卡（银行卡尾号为8765）付款方式购买了两瓶1.8升久保田万寿清酒，共花费5600元。该洪某某身份证尾号为0228。本案一审原告洪某某身份证尾号为5864。

二审法院认为，本案中作为原告提起诉讼的洪某某并非2017年7月20日在某饭店以刷卡（银行卡尾号为8765）付款方式购买涉案清酒的消费者洪某某，故本案提起诉讼的洪某某并非涉案清酒的购买者，与本案没有直接利害关系，不具备提起诉讼的主体资格，其起诉应予驳回。

二审法院最终裁定：撤销吉林市船营区人民法院（2017）吉0204民初2577号民事判决，驳回洪某某（身份证尾号为5864）的起诉。

焦点解读

1. 食品责任惩罚性赔偿案件的举证责任

举证责任，是指民事案件当事人，对自己提出的主张有收集或提供证据的义务。《民事诉讼法》第64条规定，当事人对自己提出的主张，有责任提供证据。人民法院应当按照法定程序，全面、客观地审查核实证据。《消费者权益保护法》第23条对特殊商品的举证责任进行了规定，实行举证责任倒置，消费者自接受商品或者服务之日起六个月内发现瑕疵，发生争议的，由经营者承担有关瑕疵的举证责任。就食品责任的诉讼而言，《食品药品司法解释》第6条规定，食品的生产者与销售者应当对于食品符合质量标准承担举证责任。虽然不能由此确认食品责任采取举证责任倒置，但法律对消费者在举证分配方面的倾斜是明确的。根据该解释，法院认定食品是否符合标准时的顺序是：没有国家标准的，以地方标准为依据；没有国家标准、地方标准的，以企业标准为依据。在上述三个标准中，食品的生产者采用的标准高于国家标准、地方标准的，应当以企业标准为依据。没有前述标准的，则应当以《食品安全法》的相关规定为依据，按该法要求所制定食品安全标准，应当以保障公众身体健康为宗旨，做到科学合理、安全可靠。例如，在某买卖合同纠纷案件中，法院认为，涉案食品的执行标准已经过期，该产品不符合食品安全标准，判决经营者承担惩罚性赔偿责任。[1] 在涉食品责任惩罚性赔偿案件中实行举证责任倾斜，在一定程度上可以约束经营者违规行为，提高其产品质量意识及注意义务。因此，经营者必须证明自己所销售的食品符合相关食品安全标准，必要时人民法院可以向监管机关进行咨询并参考回复意见对案件进行最终裁决。

本案中，一审法院以主张惩罚性赔偿需有消费者因缺陷产品造成严重损害为前提，没有支持消费者十倍赔偿的诉讼请求。但从中国裁判文书网近期

---

[1] 北京市第一中级人民法院（2018）京01民终830号民事判决，载中国裁判文书网，http：//wenshu. court. gov. cn/website/wenshu/181107ANFZ0BXSK4/index. html？docId＝727120bc53034b5bbe7ea8790010c714，访问日期：2019年4月6日。

检索的案例来看，消费者身体是否受到损害已不作为惩罚性赔偿的前提，消费者无须再为身体受到损害进行举证。就此争议，本书将在案例15中进行阐述。

2. 食品责任惩罚性赔偿案件的举证内容

本案中，二审法院审查了消费者提供的购物发票与消费凭证后，以提起诉讼者与案件无利害关系为由迳行裁定驳回起诉。这既体现了对经营者的保护，更表明了法院对投机取巧、违背诚实信用原则的购买者的否定。本案的裁决结果，一是经营者的坚持，经营者坚持认为提起诉讼者与实际购物者非同一人；二是法院的细致审查，从而查清事实，并从根本上驳回起诉者的诉权。但这一判决，亦给了双方当事人一条新的思路，即对消费者而言，除现金支付价款外，必须由付款人亲自出面提起诉讼，否则可能因主体不适格而被驳回起诉。反之，作为经营者在诉讼中除审查消费者提供的消费小票、发票外，还应核实通过电子、网络支付方式进行支付的消费者与提起诉讼者身份是否吻合，若不吻合则可以主体身份无利害关系为由进行抗辩。例如，在某网络购物合同纠纷案件中，法院在庭审中发现原告与其子（委托代理人）主体身份高度混同，原告本人根本无网络购物能力。故法院裁决认为，原告根本不具备网络购物的能力，却在法院诉讼中虚构网络购物的事实，其虚假陈述无法得到认可，更遑论借此获取诉讼利益。[①]

总体而言，现阶段，食品责任惩罚性赔偿案件中消费者的举证责任低于一般因产品缺陷造成人身损害案件的举证责任，购买者无须证明人身受到损害，即可以主张惩罚性赔偿。在消费者和经营者之间就争议事项分配举证责任，通常需要考虑交易方式、交易习惯以及双方之间举证能力的强弱，努力做到公平分配。

（1）消费者的证据提供。消费者在食品责任惩罚性赔偿案件中的举证责任并不烦琐，《食品药品司法解释》要求消费者的举证内容为：证明所购买

[①] 上海市第三中级人民法院（2019）沪03民终15号民事判决，载中国裁判文书网，http://wenshu.court.gov.cn/website/wenshu/181107ANFZ0BXSK4/index.html?docId=4ce0d3c4cdbd48c8a986aa0e00ff7104，访问日期：2019年4月6日。

食品的事实以及所购食品不符合合同的约定或国家规定。就消费者而言，只要其提供了购物凭证（发票、购物小票）、所购商品的实物，且实物商品与购物凭证所标名称、条码一致，就可以认为其完成了初步的证明责任。例如，在某买卖合同纠纷一案中，销售者认为购物小票以及发票仅能证明消费者从销售者处购买了涉案十瓶陈酿，尚不足以证实该酒水是从销售者处购买。二审法院认为，消费者提交了小票、发票、酒水实物以及照片、视频，就双方存在买卖合同关系完成了其举证责任。销售者否认曾销售涉案过期酒水，但未就此提交充分证据予以证明，亦未能提交酒水附随单证明其所销售酒水的货源和质量，应承担举证不能的不利后果。[1] 但若消费者无法提供购买涉案商品的证明，则其请求将无法得到法院的支持。例如，在某产品责任纠纷案件中，因购买者不能举证证明其向经营者购买过涉案商品，故二审法院认为其上诉主张经营者承担产品侵权责任缺乏事实依据，对其惩罚性赔偿请求不予支持。[2]

在网络购物或电视购物领域，消费者可能还需要进一步提供网络卖家信息、平台实名认证信息、销售页面、物流信息及交易记录等能够证明双方当事人之间网络购物合同关系成立的证据材料。在网络购物中，存在购买者用家庭成员或他人会员号登录，但用自己的支付宝、微信、银行卡进行支付的情况，在此类情形下，付款人即为购买人，可直接向经营者提起诉讼主张。但若起诉者既不是会员号的拥有者也不是付款人，则无权以原告身份提起诉讼。例如，在某网络购物合同案件中，原告确认涉案交易的 ID 号的买家并非原告，付款人也是该 ID 号买家。法院认为，原告虽为收货人，但未提供证据证明 ID 买家授权其提起该案诉讼，未提供证据证明 ID 买家在涉案买卖合同关系的权利义务由原告承担，故一审法院认定原告无权以买家身份主张权利。

---

[1] 北京市第三中级人民法院 （2019）京 03 民终 2126 号民事判决，载中国裁判文书网，http://wenshu.court.gov.cn/website/wenshu/181107ANFZ0BXSK4/index.html?docId=a5e22171dc6646da807ea9fd0011f929，访问日期：2019 年 3 月 16 日。

[2] 广东省佛山市中级人民法院（2018）粤 06 民终 3229 号民事判决，载中国裁判文书网，http://wenshu.court.gov.cn/website/wenshu/181107ANFZ0BXSK4/index.html?docId=1da9557f66034e77b1b1a9c600e0cc59，访问日期：2019 年 6 月 29 日。

二审法院予以维持。①

消费者提供了与经营者之间交易的初步证据后，主张惩罚性赔偿的，还应当证明经营者的食品不符合食品安全标准的事实，例如，对名称、成分或者配料表、生产者的名称、保质期、贮存条件、所使用的食品添加剂在国家标准中的通用名称等全部或部分存在违规情形承担举证责任，即证明其所购买的食品不符合有关质量标准，如不能就所购商品是否符合食品安全标准提出事实与理由，则将承担败诉责任。例如，在某网络购物合同纠纷案件中，一审法院认为消费者诉称涉案产品的能量超出其标示值，但未能提供确实有效的证据予以证明，遂驳回其诉讼请求。二审法院亦予以维持。②

在提供交易证据与食品不符合安全标准的证据后，消费者就完成了举证任务。至此，举证、抗辩的责任就此转移到经营者。但在实践中某些法院对标签、标示不符合食品安全标准进行实质审查，要求消费者提供相关检验报告。例如，在某网络购物合同纠纷案中，二审法院认为，购买者虽主张涉案产品不符合食品安全标准，但未提供专业检验机构的鉴定结论或国家食品安全监管部门的认定结论予以佐证，亦未提交证据证明涉案产品存在损害人体健康的情形，购买者证据不足，法院不予采纳。③ 该案中，法院的这一要求显然加重了消费者的举证责任，不利于消费者索赔。法院对标签、标示争议索赔应确立以形式审查为主，有条件实质审查的原则。

（2）经营者的证据提供。在消费者提供购物票证的情况下，就已初步证明双方买卖合同关系成立，若销售者否认消费行为存在就必须举证证明，仅口头辩解而无其他证据印证的，法院不可能加以采信。例如，在某买卖合同纠纷案件中，二审法院认为，购物凭证是对消费者主张权利至关重要的指向

---

① 广东省东莞市中级人民法院（2017）粤 19 民终 919 号民事判决，载中国裁判文书网，http：//wenshu.court.gov.cn/website/wenshu/181107ANFZ0BXSK4/index.html? docId = 8e76e89a2c954763b7c7a7dd009e9957，访问日期：2018 年 3 月 10 日。
② 江苏省盐城市中级人民法院（2018）苏 09 民终 5226 号民事判决，载中国裁判文书网，http：//wenshu.court.gov.cn/website/wenshu/181107ANFZ0BXSK4/index.html? docId = d579352f2c4b44049604a9c6001a368b，访问日期：2019 年 4 月 7 日。
③ 广东省广州市中级人民法院（2017）粤 01 民终 9124 号民事判决，载中国裁判文书网，http：//wenshu.court.gov.cn/website/wenshu/181107ANFZ0BXSK4/index.html? docId = f8774b31b46e44bdbdfba89d00a6b484，访问日期：2018 年 12 月 9 日。

性证据，从消费者权益保护和举证责任分配的公平性出发，对消费者的举证要求不宜过苛。消费者一审中提交了实物、购物发票、POS 单及购物小票证明其从销售者处购买了涉诉商品；销售者虽主张涉诉商品存在"调包"可能，但未提供相反证据予以证明，法院对其该项上诉理由不予采纳。①

此外，就消费者主张的食品不符合食品安全标准而言，只要消费者提出了相应理由，不论理由是否正确、合理，举证责任已转移至经营者。因此，经营者在确认消费者身份无误后，需回应消费者关于食品不符合食品安全标准的指控，且必须证明其所经营的食品符合食品安全标准、未将该食品投入流通领域，或造成问题食品的原因是在销售后产生的，以及食品投入流通时关于食品的配料、添加剂尚未被发现不适于加入食品。例如，在某买卖合同纠纷案件中，法院认为销售者提供的证据不仅可以证明涉案食品的标签符合通则规定，亦可证明涉案食品本身符合其标注的产品标准，并且可以证明该食品所使用的配料中的调味料符合相应的食品安全标准。消费者无有效证据证明上诉主张，法院不予采信。②

根据《消费者权益保护法》第 55 条经营者"欺诈"和《食品安全法》第 148 条销售者"明知"的规定，消费者难以对经营者的主观故意进行直接证明，因此可以参考市场监督部门有关经营者欺诈的一些规定，从而判断经营者主观上、客观上的一些行为是否违反了法律、法规的规定。经营者若要证明自身不存在欺诈或明知情形，就需要向法庭提供无消费者指控的行为，已履行法律规定义务，主观上无故意或重大过失的证据。如向法庭提供供货者的营业执照、许可证和食品出厂检验合格证或者其他合格证明。建立食品进货查验记录制度，如实记录食品的名称、规格、数量、生产日期或者生产批号、保质期、进货日期以及供货者名称、地址、联系方式等内容，并保存相关凭证，以及对食品和食品添加剂的标签、说明书进行过形式审查。涉及

---

① 北京市第三中级人民法院（2019）京 03 民终 874 号民事判决，载中国裁判文书网，http：//wenshu.court.gov.cn/website/wenshu/181107ANFZ0BXSK4/index.html? docId = 52eece2af4434e35b724aa1f0010fb1c，访问日期：2019 年 4 月 6 日。

② 北京市第一中级人民法院（2019）京 01 民终 1819 号民事判决，载中国裁判文书网，http：//wenshu.court.gov.cn/website/wenshu/181107ANFZ0BXSK4/index.html? docId = a827f93ae9d2435f8db2aa110010e62c，访问日期：2019 年 4 月 6 日。

进口食品的，还需要提供进口食品标签咨询报告、进口货物报关单、资质表和入境货物检验检疫证明等相关文件和证明。例如，在某产品责任纠纷案件中，法院认为在产品并无出入境检验检疫机构检验合格的情况下，销售者依法应当举证证明其销售的涉案产品符合质量标准。销售者提交的生产商授权文件、认证文件等均无原件，足以认定其在提供产品时主观上存在明知，依法应当向消费者支付价款十倍的赔偿金。①

实务指引

1. 民事诉讼证据的"三性"

民事诉讼证据的"三性"主要是指真实性、关联性、合法性，法院在诉讼过程中认定事实应该从证据的这三个特性入手进行分析，从形式和实质两方面判断、厘清，以保证正确适用法律。民事诉讼证据的"三性"环环相扣，某一项证据必须要同时满足这"三性"的规定，才可作为法院定案的有效的证据。在食品责任惩罚性赔偿案件中，诉讼双方应当围绕对方所提交证据的"三性"进行质证，以此说服法官，确保己方的观点能够为法庭所采纳。

（1）真实性。也表述为客观性，与主观性相对，即客观实在性。它是指诉讼参与一方提供的证据是真实存在的，不是虚构、捏造或无法印证的，并可通过当事人的陈述、书证、物证、视听资料、电子数据、证人证言、鉴定意见、勘验笔录等形式重新展现、还原案件事实情况。证据只有符合真实性，才能真实证明案件情况，否则会误导案件走向，导致冤假错案。在某些案件中，诉讼参与人提供的证据虽不符合法律规定的形式，但并非不能作为定案的依据，法院可结合案件实际情况确定是否采信。例如，在某网络购物合同纠纷案件中，消费者以经营者未提供证据原件为由，不认可证据的真实性、合法性。但法院却认可了销售者提交的涉案产品出入境检验检疫卫生证书及

---

① 广东省深圳市中级人民法院（2018）粤03民终20693号民事判决，载中国裁判文书网，http：//wenshu.court.gov.cn/website/wenshu/181107ANFZ0BXSK4/index.html? docId = 213222cd964646 a8b591aa2100c24d64，2019年4月6日。

海关进出口货物报关单的真实性。理由为销售者不是直接的货物进口方，不持有该证据原件，且销售者所提交的该文件内容格式特点与常见的相关文件格式相同、编号完整、内容翔实、印章清楚，消费者虽不认可，但未能提供相反证据证明其内容不真实，故对该证据真实性法院予以认可。① 但也有一些案件，由于当事人提交的证据并非原件，且无其他证据印证其真实性，故法院不予认可其真实性。例如，在某买卖合同纠纷案件中，经营者提供的产品测试报告因无原件，消费者不认可该证据的真实性，法院审查后亦不予确认。②

（2）关联性。是指诉讼当事一方提供的证据，需与案件审理的事实或争议存在内在联系，可以证明诉争案件某一部分或某一方面的情况，帮助法官理顺、固定案件来龙去脉、前因后果。证据仅有真实性、客观性，还无法成为法院能够采信的证据，必须与案件事实有一定内在联系才能归属于该案件的证明材料。例如，在某网络购物合同纠纷案件中，消费者提供了某市食品药品监督管理局关于某产品投诉举报的回复。法院认为该复函中的产品并非该案同一产品，与该案缺乏关联性，故未被法院采纳。③

（3）合法性。是指提供证据的诉讼当事人、证据的外在形式、证据的收集程序与方法须符合法律的有关规定。《民事诉讼法解释》第106条规定："对以严重侵害他人合法权益、违反法律禁止性规定或者严重违背公序良俗的方法形成或获取的证据，不得作为认定案件事实的根据。""严重侵害他人合法权益"的情形与"违反法律禁止性规定"有相通之处，如诉讼一方采取非法限制他人的人身自由、威胁、恐吓等方法所收集的证据；或者是通过侵犯他人人格权、隐私权、商业秘密等重要民事权益的方式所收集的证据。例

---

① 广东省广州市中级人民法院（2017）粤01民终13288号民事判决，载中国裁判文书网，http://wenshu.court.gov.cn/website/wenshu/181107ANFZ0BXSK4/index.html? docId = 873f8e6ba3a345638f6ba80800a5cf2f，访问日期：2019年4月6日。

② 北京市第一中级人民法院（2018）京01民终5773号民事判决，载中国裁判文书网，http://wenshu.court.gov.cn/website/wenshu/181107ANFZ0BXSK4/index.html? docId = c24de75d69744fdfa5a0aa0b0010bbee，访问日期：2019年4月6日。

③ 广东省广州市中级人民法院（2017）粤01民终9283号民事判决，载中国裁判文书网，http://wenshu.court.gov.cn/website/wenshu/181107ANFZ0BXSK4/index.html? docId = ae729ef3c8d3496cb23fa7c500960a48，访问日期：2018年2月25日。

如，窃听、偷拍、暗中摄像、偷窥、擅自开拆他人信函或其他邮寄物品等收集证据的行为。至于"严重违背公序良俗的方法",该条是一个兜底条款,要求民事诉讼参与各方应当遵守公共秩序,符合善良风俗,不得违反国家的公共秩序和社会的一般道德,这一规定有助于法院对特殊情况进行综合评价。例如,在某买卖合同纠纷案件中,经营者认为过期产品系消费者恶意调包,二审法院认为消费者提供了购物小票和商品实物以证明涉案商品是从经营者处购买,审判中经营者未提供相反的证据证明涉案商品系被调包的商品,在民事优势证据标准下,认定一审裁决经营者承担销售过期食品的惩罚性赔偿责任并无不当。但法院对此还进行了保留,在裁决中特别提示经营者如将来有证据证明消费者涉嫌刑事犯罪,可依法向公安机关举报。[①]

《民事诉讼证据规定》第85条规定:"人民法院应当以证据能够证明的案件事实为根据依法作出裁判。审判人员应当依照法定程序,全面、客观地审核证据,依据法律的规定,遵循法官职业道德,适用逻辑推理和日常生活经验,对证据有无证明力和证明力大小独立进行判断,并公开判断的理由和结果。"在实践中,经常存在一方诉讼当事人对相对方证据的真实性、合法性和关联性的某一方面或全部不予确认。而作为被告的电商平台、经营者,又常常相互认可对方提交证据的"三性",在此种情况下就需要法庭分清是非,依据证据规则最终确定所采信的证据,并结合诉讼当事人的自认,以证据所能够证明的案件事实为依据作出最终裁决。

2. 举证期限

《民事诉讼法解释》第99条规定:"人民法院应当在审理前的准备阶段确定当事人的举证期限。举证期限可以由当事人协商,并经人民法院准许。人民法院确定举证期限,第一审普通程序案件不得少于十五日,当事人提供新的证据的第二审案件不得少于十日。举证期限届满后,当事人对已经提供的证据,申请提供反驳证据或者对证据来源、形式等方面的瑕疵进行补正的,

---

[①] 北京市第二中级人民法院(2018)京02民终9080号民事判决,载中国裁判文书网,http://wenshu.court.gov.cn/website/wenshu/181107ANFZ0BXSK4/index.html?docId=908946b53e2344b39131a95100118746,访问日期:2019年4月6日。

人民法院可以酌情再次确定举证期限，该期限不受前款规定的限制。"《民事诉讼证据规定》第 50 条规定："人民法院应当在审理前的准备阶段向当事人送达举证通知书。举证通知书应当载明举证责任的分配原则和要求、可以向人民法院申请调查收集证据的情形、人民法院根据案件情况指定的举证期限以及逾期提供证据的法律后果等内容。"

因此，各方诉讼当事人都应注意在法律规定的举证期限内完成举证责任，提交支持己方观点的证据，若无法在规定期限内提交证据的，可以向一审法院申请延长举证期限。如果当事人逾期提交证据，对方当事人可不予质证，人民法院可以不组织质证。

10 网购纠纷诉讼当事人的确定

贺某与浙江省某网络有限公司网络购物合同纠纷案[*]

【核心观点】

由于电子商务交易的虚拟性、匿名性，纠纷发生后往往难以确定合同相对人。消费者起诉时需对入网食品经营者、电商平台经营者或其他第三方的身份加以甄别，电商平台在违反法律规定或承诺时才应承担相应的赔偿责任。

【案情简介】

上诉人（原审原告）：贺某

被上诉人（原审被告）：浙江省某网络有限公司（以下简称某公司）

2014年4月9日，贺某在某网上向某网商家"it核桃"订购一瓶涉案胶囊，以支付宝付款的方式支付货款299元。贺某于4月11日收货并于同日申请退货退款。某网商家"it核桃"不同意退货退款，双方协商未果，贺某申请某公司客服介入处理。因贺某坚持退一赔三，买卖双方未达成一致，某公司客服关闭退款流程，将货款299元支付到商家"it核桃"的支付宝账户。

---

[*] 陕西省西安市中级人民法院（2016）陕01民终383号民事判决，载中国裁判文书网，http://wenshu.court.gov.cn/website/wenshu/181107ANFZ0BXSK4/index.html?docId=25e4e07ba8a441bc9a876474058d0e03，访问日期：2018年11月25日。

一审法院判决

一审法院查明，账户"it核桃"经营者为范某。贺某在购买商品后至起诉前，从未向被告某公司要求披露卖家"it核桃"的真实名称、地址和有效联系方式。一审法院2015年9月21日庭审结束，10月21日贺某向一审法院邮寄"追加被告及变更诉讼请求申请"，申请追加范某为被告，请求其返还货款、赔偿损失，请求某公司承担连带责任。

一审法院认为，涉案胶囊属于保健食品，"it核桃"经营者范某在宣传涉案胶囊的页面描述中"多家临床认证，100%有效，有效率达到98%……"的内容，构成虚假宣传。"it核桃"店经营者销售该产品存在欺诈行为。

贺某在知悉所购商品存在虚假宣传、侵害其合法权益时，没有证据表明其在起诉前要求某公司提供商家确切信息。一审庭审中，经法院核实某公司提供的网店"it核桃"经营者的信息，能够确定某公司提供的信息准确，贺某依法应得的赔偿可以保障，因此某公司无须承担因信息提供不能而需要承担的先行赔付责任。

贺某已知卖家明确信息，经一审法院释明后仍坚持不起诉卖家。在庭审结束后一个月，又提出追加被告申请，超过法律规定的期限，法院不再审查处理。

一审法院判决驳回贺某的诉讼请求。

二审法院判决

二审法院认为，上诉人没有证据证明作为交易平台的某公司拒不提供卖家信息，或明知卖家做虚假宣传，或作出了更有利于消费者的承诺，故上诉人要求某公司承担赔偿责任没有事实和法律依据。上诉人应当承担举证不能的法律后果。

二审法院判决：驳回上诉，维持原判。

┃焦点解读┃

1. 诉讼当事人的规定

诉讼当事人是指诉讼参与各方,主要包括提出诉讼请求的原告和被提起诉讼的被告。诉讼当事人必须具有诉讼权利能力和行为能力,没有诉讼行为能力的,应由法定代理人或指定代理人代为诉讼。诉讼当事人在不同的审理阶段有不同的称谓:在审查起诉阶段称为原告、被告;在二审阶段称为上诉人和被上诉人,在申请执行阶段称为申请执行人和被申请执行人。

在食品责任惩罚性赔偿案件中,消费者通过实体店进行消费的,商品销售或服务提供方往往是明确的,消费者确认诉讼对方并无大碍。但通过网络方式进行交易的,关联者包括消费者、商品销售者、商品生产者、电商平台经营者、物流配送公司等诸多主体,这无疑增加了消费者选择被告的难度。在此情形下,法院需要对适格诉讼当事人进行审查,剔除非利害关系人,或在审理过程中查明事实,保证非利害关系人不受诉讼所累,避免承担不必要的责任。

2. 消费者多列被告的原因

(1)消费者信息掌握不足、理解有偏差。在网络购物引发的买卖合同纠纷或产品责任纠纷中,作为原告的消费者是诉讼的发起者,商品的销售者或生产者是诉讼的被动承受者。但由于消费者掌握的信息多寡不一,对所掌握信息的分析理解能力也高低不同,在确定被告身份时有时会出现偏差,不能准确地确定被诉对象,故有时出现多列被告的情况。

(2)消费者有意为之。消费者为了保证己方诉求得到法律的支持,但举证能力所限,便故意扩大被诉对象,通过扩大诉讼参与人,依据各方的答辩意见以搜寻对己方有利的证据。

除了多列被告外,还有一种情况是,消费者与销售者在网络世界均以虚构的名称进行交易,纠纷发生后,消费者若无法找到明确的销售商,或出于偿付能力方面的考虑而仅将电商平台诉之法院。本案中消费者即仅起诉了电商平台,但审判实践证明,这一做法不但无法解决争议,反而增加了消费者的诉讼成本。

实务指引

1. 原告的确定

原告是指以自己的名义提起诉讼，请求法院保护其民事权益，主动促成诉讼成立的自然人、法人或其他组织。

（1）自然人、法人或其他组织。《消费者权益保护法》规定，消费者为生活消费需要购买、使用商品或者接受服务，其权益受本法保护；本法未作规定的，受其他有关法律、法规保护。《消费者权益保护法》虽然没有明确规定消费者的范畴，未将法人或其他组织排除在外，但一般认为，消费者主要指为生活需要进行消费的自然人。审判实践中也鲜见法人和其他组织在没有法律特别规定的情况下，提出涉消费买卖合同纠纷诉讼，要求经营者承担惩罚性赔偿。因此，以消费者身份向经营者提起惩罚性赔偿的，在一般情况下为自然人。

但是，只要不是为了生产、经营获利，法人或其他组织为了本单位职工利益购买产品或接受服务，而经营者违反法律规定的，法人或其他组织也有权以自身名义提起诉讼，要求经营者承担惩罚性赔偿责任。对这一诉讼主体的确认，可以更有效地在更大范围内保护食品安全。

（2）法律规定的机关和有关组织。《消费者权益保护法》规定，消费者协会就损害消费者合法权益的行为，支持受损害的消费者提起诉讼或者依照本法提起诉讼。

《民事诉讼法》第55条规定："对污染环境、侵害众多消费者合法权益等损害社会公共利益的行为，法律规定的机关和有关组织可以向人民法院提起诉讼。人民检察院在履行职责中发现破坏生态环境和资源保护、食品药品安全领域侵害众多消费者合法权益等损害社会公共利益的行为，在没有前款规定的机关和组织或者前款规定的机关和组织不提起诉讼的情况下，可以向人民法院提起诉讼。前款规定的机关或者组织提起诉讼的，人民检察院可以支持起诉。"

对于消费者协会和检察机关提起公益诉讼的相关规定与理解，本书将在案例 19 中进行具体阐述。

2. 被告的确定

一般而言，被告是指与原告相对的一方，被原告指控侵犯民事权益，需要追究民事责任，并经法院通知参与诉讼的自然人、法人或其他组织。以下几个主体是消费者索赔中适格的被告选择对象，消费者可以从中选择某一个或某几个对象，作为要求承担赔偿责任的主体。

（1）商品销售者。商品销售者是当然的被告，消费者在购买、使用商品和接受服务时享有人身、财产安全不受损害的权利，受到人身、财产损害的，享有依法获得赔偿的权利。消费者在购买、使用商品时，其合法权益受到损害的，可以向销售者要求赔偿。销售者赔偿后，属于生产者的责任或者属于向销售者提供商品的其他销售者的责任的，销售者有权向生产者或者其他销售者追偿。法律规定了销售者承担责任后的追偿权利，但面对消费者，销售者是首位责任承担人。但是若商品销售者证明其是海外直邮代购的受委托方，与消费者之间系委托合同关系的，也可无须承担赔偿责任。销售者承担责任后可向上游销售者或生产者追偿。在某买卖合同纠纷一案中，A、B 两公司均为销售者，法院认为 A 公司提供的产品不符合《食品安全法》的规定，导致 B 公司向王某等人支付了赔偿款，并缴纳了行政罚款。在此情况下，A 公司应当向 B 公司承担赔偿损失的违约责任。[①]

在消费者购物引发的产品责任纠纷案件中，若消费者已指明缺陷产品的生产者，同时亦没有证据证明是由于销售者的过错使产品存在缺陷的事实的，在认定生产者对消费者承担赔偿责任的情况下，销售者可以不承担连带责任。

（2）商品生产者。《消费者权益保护法》规定消费者或者其他受害人因商品缺陷造成人身、财产损害的，可以向销售者要求赔偿，也可以向生产者要求赔偿。属于生产者责任的，销售者赔偿后，有权向生产者追偿。属于销

[①] 广东省珠海市中级人民法院（2017）粤 04 民终 656 号民事判决，载中国裁判文书网，http：//wenshu.court.gov.cn/website/wenshu/181217BMTKHNT2W0/index.html?pageId=5151a6d95bf9198c1b09f383bd63b5f2&s8=03，访问日期：2019 年 7 月 6 日。

售者责任的，生产者赔偿后，有权向销售者追偿。因此，当消费者要求生产者承担赔偿责任时，生产者也是首位责任承担者，不得无故推脱。

在消费者购物引发的产品责任纠纷案件中，《产品质量法》采用的是过错责任和严格责任并存的立法体例，如果销售者其不能指明缺陷产品的生产者，也不能指明缺陷产品的供货者，就应当承担过错赔偿责任。

（3）电商平台经营者。《消费者权益保护法》规定，消费者通过网络交易平台购买商品或者接受服务，其合法权益受到损害的，可以向销售者或者服务者要求赔偿。网络交易平台提供者不能提供销售者或者服务者的真实名称、地址和有效联系方式的，消费者也可以向网络交易平台提供者要求赔偿；网络交易平台提供者作出更有利于消费者的承诺的，应当履行承诺。网络交易平台提供者赔偿后，有权向销售者或者服务者追偿。网络交易平台提供者明知或者应知销售者或者服务者利用其平台侵害消费者合法权益，未采取必要措施的，依法与该销售者或者服务者承担连带责任。

在上述情况以及电商平台实际作为商品销售者的情况下，消费者可以向电商平台进行追偿或要求电商平台承担连带赔偿责任；否则，电商平台与消费者的买卖合同或产品责任纠纷无关，不应作为被告参与诉讼。本案中的某公司即是此类情况，作为网络交易的平台提供者，在能够提供销售者有效联系方式的情况下，无须承担赔偿责任。

（4）商品开票者。一般情况下，商品发票的开具者，应当认定与商品销售者具有同一身份。实践中，一些公司的不同管理方式，导致商品销售者与发票开具者分为不同公司主体。

消费者可以凭借购物小票或发票向开具者直接主张相关权利，即便票据开具者辩解其不是商品销售者，但这属于其与商品实际销售者之间的内部分工与管理关系，对外不能对抗消费者主张权利的要求。

（5）虚假广告发布者。《消费者权益保护法》规定，消费者因经营者利用虚假广告或者其他虚假宣传方式提供商品或者服务，其合法权益受到损害的，可以向经营者要求赔偿。广告经营者、发布者不能提供经营者的真实名称、地址和有效联系方式的，应当承担赔偿责任。

广告经营者、发布者设计、制作、发布关系消费者生命健康的商品或者服务的虚假广告，造成消费者损害的，应当与提供该商品或者服务的经营者承担连带责任。

社会团体或者其他组织、个人在关系消费者生命健康的商品或者服务的虚假广告或者其他虚假宣传中向消费者推荐商品或者服务，造成消费者损害的，应当与提供该商品或者服务的经营者承担连带责任。

3. 无法律上利害关系但经常被错误诉讼的法律主体

《民事诉讼法》规定，原告应是与本案有直接利害关系的公民、法人和其他组织；有明确的被告。"明确的被告"不仅指被告诉讼主体资格符合法律规定，更要与原告一样，与案件的处理有直接的利害关系。在实践中，有些交易主体，虽然参与交易，但其与实际的交易并无直接的利害关系。

（1）电商平台的技术服务公司。为电商平台提供网络支持服务的网络技术公司仅与电商平台有服务合同法律关系，与消费者、商品销售者无任何直接法律关系，若因网络服务瑕疵导致消费者损失的，也应先由电商平台向消费者赔偿损失，再由电商平台向技术服务公司进行追偿，而不能由消费者向技术服务公司直接索赔。但一些消费者因在电商平台上看到了该公司的名称，抱着"宁缺毋滥"的想法，一并将该公司作为被告，要求其承担赔偿责任。

（2）第三方支付公司。百度词条显示第三方支付是指具备一定实力和信誉保障的独立机构，通过互联网连接而促成交易双方进行交易的网络支付模式。常见的互联网型支付企业有支付宝、财付通等；金融型支付企业有银联商务、快钱、汇付天下、易宝、拉卡拉等。

在第三方支付方式下，消费者选购商品后，使用第三方平台提供的账户进行货款支付（支付给第三方），并由第三方通知商品经营者货款到账、要求发货；消费者收到货物，检验货物，并且进行确认后，再通知第三方付款；第三方再将款项转至商品经营者账户。上述交易中，第三方支付公司起到保证各方交易资金安全的作用，并未介入消费者的商品选择与经营者的商品销售，因此，作为消费者维权因商品买卖引发的买卖合同纠纷或产品责任纠纷的被告方显然不适格。

（3）物流配送公司。一般情况下，物流公司并非商品销售的一方，本不应承担买卖合同引发的赔偿责任，但在涉及一些大型电商集团的案例中，由于该集团内部的分工，导致消费者将物流配送公司作为被告提起了诉讼。例如，在涉及京东公司的有关案件中，上海圆迈贸易有限公司作为商品的配送公司，本应与商品销售无任何关系，但因该公司负责出具发票和接收货款，而被确认需承担赔偿责任。因此，物流配送公司是否承担责任与其在商品销售中的作用有密切关系。

4. 个人网店无诉讼主体资格

《民事诉讼法》第 48 条规定："公民、法人和其他组织可以作为民事诉讼的当事人。法人由其法定代表人进行诉讼。其他组织由其主要负责人进行诉讼。"该条规定中，对公民、法人的理解已无歧义。对于个体工商户，《民事诉讼法解释》规定，个体工商户以营业执照上登记的经营者为当事人。有字号的，以营业执照上登记的字号为当事人，但应同时注明该字号经营者的基本信息。营业执照上登记的经营者与实际经营者不一致的，以登记的经营者和实际经营者为共同诉讼人。本案中，法院确认买卖合同成立于消费者与网店之间。但能否确认网店独立作为诉讼当事人参与诉讼还无定论，仍存争议。例如，在某买卖合同纠纷案件中，法院认为天猫湖北移动官方旗舰店不具备主体资格，其法律责任应由中国移动通信集团湖北有限公司承担，故移动湖北公司才是适格的被告主体。[①]

对于网络购物买卖引发的纠纷，未经工商登记的个人网店不应作为诉讼主体参与诉讼。在审判实践中，大量被告为自然人的网络购物买卖合同纠纷案件也说明，对于未进行注册的网店，其诉讼资格尚未被司法机关认可，发生纠纷后消费者应向电商平台索取网店经营者信息，并以经营者个人为被告向人民法院提起诉讼。在本案中，消费者与商品销售者在网络中的名称显然极具个性化色彩，与现实中的表述差异巨大，不符合工商注册取名的相关规定。若该网店与消费者发生纠纷，消费者起诉该网店显然不合适，由经营该

[①] 湖北恩施土家族苗族自治州中级人民法院（2016）鄂 28 民终 1390 号民事判决，载中国裁判文书网，http://wenshu.court.gov.cn/website/wenshu/181107ANFZ0BXSK4/index.html? docId = 341345e8998443e39e5408ad59a66e07，访问日期：2019 年 1 月 19 日。

网店的公民个人（店主）作为被告参与诉讼应是唯一符合法律规定的选择。

【司法解释修改建议】

建议在《食品药品司法解释》中增加一条："法人或其他组织购买食品作为劳动者福利，发现质量问题的，由法人或其他组织提起民事诉讼，并享有赔偿利益；食品分发之后由劳动者提起民事诉讼，并享有赔偿利益，法人或其他组织作为第三人参与诉讼。

"劳动者或其家庭成员，向作为食品经营者的用人单位要求支付价款十倍赔偿金、价款或者接受服务的费用三倍赔偿金及增加赔偿的金额的，人民法院不予支持。"

11 经营者消极诉讼的法律后果

孙某某与安徽省天长市某医药有限责任公司、某医药有限责任公司某大药房第十六连锁店网络购物合同纠纷案*

【核心观点】

积极应诉是诉讼当事人保护自身合法权益的重要方式，经营者无法亲自参加诉讼的，可以委托代理人参加诉讼，或者向法庭寄送书面答辩材料，陈述己方意见，反驳消费者的诉讼请求，避免因参与诉讼不及时、不到位而造成不必要的损失。

【案情简介】

上诉人（原审被告）：安徽省天长市某医药有限责任公司某大药房第十六连锁店（以下简称某医药公司第十六连锁店）、安徽省天长市某医药有限责任公司（以下简称某医药公司）

被上诉人（原审原告）：孙某某

孙某某于2015年11月20日、29日在被告某医药公司第十六连锁店经营的店铺内购买了"葡萄籽胶囊"85瓶，单价99元，以及"螺旋藻营养片"

---

* 江苏省苏州市中级人民法院（2016）苏05民终6227号民事判决，载中国裁判文书网，http://wenshu.court.gov.cn/website/wenshu/181107ANFZ0BXSK4/index.html?docId=e366d67a2df3436692e8433c42464979，访问日期：2018年12月8日。

35瓶，单价305元，货款共计19 090元。孙某某认为涉案商品标签上有硬脂酸镁，但涉案商品不属于硬脂酸镁的适用范围。

孙某某向一审法院提起诉讼，请求：（1）判令某医药公司第十六连锁店退回货款19 090元；（2）支付十倍赔偿190 900元，某医药公司承担连带赔偿责任；（3）本案诉讼费用由某医药公司第十六连锁店、某医药公司承担。

┃一审法院判决┃

一审法院认为，孙某某在某医药公司第十六连锁店购买了涉案产品，有订单截图、实物为凭，一审法院对双方的买卖合同关系予以确认。涉案产品中添加硬脂酸镁为超范围使用食品添加剂，即为不符合我国食品安全国家标准的食品。

某医药公司第十六连锁店、某医药公司经一审法院传票传唤无正当理由未到庭参加诉讼，依法视为放弃抗辩的权利。

一审法院判决：（1）某医药公司第十六连锁店退还孙某某货款19 090元，并支付十倍赔偿190 900元，合计209 990元。同时，孙某某将所购商品退还给某医药公司第十六连锁店，不能退还的，则在退还货款中按购买价格相应抵扣。（2）某医药公司就判决第一项中的赔偿数额在某医药公司第十六连锁店不能偿付的范围内对孙某某承担补充赔偿责任。案件受理费减半，收取2225元，由某医药公司第十六连锁店、某医药公司负担。

┃二审法院判决┃

二审法院认为，孙某某通过818健康网平台购买了涉案商品，其认为该产品系某医药公司第十六连锁店在818健康网上开设的网店所售，存在违反《食品安全法》相关规定的情形，要求退货并主张相应的赔偿责任，故诉至法院引发本案纠纷。二审中某医药公司第十六连锁店及某医药公司到庭称因公司管理较混乱，导致公司门卫没有及时将一审法院送达的传票转交给公司负责人员；其从未开设过网店，也未销售过涉案商品。

孙某某所提供的药房实景图不具有相应的证明力；营业执照、药品经营许可证亦仅能体现公司的工商登记相关信息，并不能直接证明某医药公司第十六连锁店向818健康网提供了该信息并在该网站注册开设网店；通话录音仅能表明818健康网告知了孙某某相关的用户信息，并不能确定该信息是否真实以及排除网店用户虚假登记的情况。二审法院认为，某医药公司第十六连锁店、某医药公司在二审中否认其在818健康网平台开设网店属二审中出现的新情况，对此新情况，孙某某并未进一步提供足够证据证明其主张，对其诉讼请求法院不予支持。

二审法院判决：（1）撤销原审判决；（2）驳回孙某某的诉讼请求。

焦点解读

1. 民事诉讼中有关缺席审判的规定

缺席判决是指开庭审理案件时，只有一方当事人到庭，人民法院依法对案件进行审理之后所作出的判决。缺席判决是相对于对席判决而言的。开庭审理时，只有一方当事人到庭，法院仅就到庭的一方当事人进行询问、核对证据、听取意见，在审查核实未到庭一方当事人提出的起诉状或答辩状和证据后，依法作出裁决。

《民事诉讼法》第144条规定："被告经传票传唤，无正当理由拒不到庭的，或者未经法庭许可中途退庭的，可以缺席判决。"在审判实践中，被告缺席，无人就原告诉请与证据材料进行质证与反驳，往往导致法院无法全面了解案件情况，必然会出现不利于被告的证据被法院采纳，被告因此被判败诉是大概率事件。

2. 经营者消极诉讼的原因

（1）管理混乱，未及时收到法院寄送的诉讼材料。《民事诉讼法》第85条规定："送达诉讼文书，应当直接送交受送达人。受送达人是公民的，本人不在交他的同住成年家属签收；受送达人是法人或者其他组织的，应当由法人的法定代表人、其他组织的主要负责人或者该法人、组织负责收件的人签收；受送达人有诉讼代理人的，可以送交其代理人签收；受送达人已向人民法院指定代收人的，交代收人签收。……"《民事诉讼法解释》对诉讼文件的送达进行了细化，该解释第130条第1款规定："向法人或者其他组织送达诉讼文书,应当由法人的法定代表人、该组织的主要负责人或者办公室、收发室、值班室等负责收件的人签收或盖章,拒绝签收或者盖章的,适用留置送达。"在本案中,经营者自认因为管理混乱,其公司门卫在收到法院寄送的诉讼文件后没有及时上交公司领导,导致该公司未能按时参加法庭诉讼,无法就案件事实发表辩论意见。因此,一审法院的裁决,在法律与程序上均无瑕疵。

(2)自认理亏,听天由命。有些经营者收到法院寄送的诉讼材料后,会对所销售商品被指控问题进行研究、咨询,若经自我判断确认存在购买者指控的问题,认为是否出庭参加诉讼意义不大,就会放弃参加诉讼。殊不知,购买者的理由有时并不被法院采纳,经营者自认理亏可能存在理解与认识上的误区。经营者参与诉讼时,即便商品确实存在问题,但仍可以经法庭调解达成和解协议,减轻赔偿责任。即使未亲自到庭,也可以通过网络或电话及时与法院进行沟通,在法院主持调解时表达己方赔偿方案,最大限度地减少自己的赔偿责任。例如,在某买卖合同纠纷案件中,消费者要求十倍赔偿8970元,一审法院酌情按照消费者首次购买1罐涉案产品的价格的十倍1000元判决涉案产品的销售者赔偿,消费者不服提起上诉,经营者既未应诉也未提出上诉。二审法院裁判认为消费者主张涉案产品不符合食品安全证据不足,法院不予采纳。其上诉请求理据不足,法院不予支持。一审判决经营者退还货款,并赔偿1000元,经营者对此没有提起上诉,故法院对一审判决予以维持。[①] 很明显,在该案件中,若经营者参与诉讼则购买者的诉讼请求将得不到支持,经营者无须承担任何责任。

(3)法律意识淡漠,自我保护能力不强。实践中大量的网店经营者实际上只是个人或家庭经营,法律意识欠缺,自我保护能力差,对于法律规定的一些诉讼权利、诉讼程序一无所知,对由此引起的法律后果更是一知半解。其往往认为参加应诉就可能影响网店经营,更遑论聘请律师代理诉讼了。更有一些经营者认为"天高皇帝远",对一些外地法院的开庭通知视而不见,

---

① 广州市中级人民法院(2017)粤01民终19121号民事判决,载中国裁判文书网,http://wenshu.court.gov.cn/website/wenshu/181107ANFZ0BXSK4/index.html?docId=a7e705bd51ec417cad7ba87300eaa090,访问日期:2018年12月8日。

自认可以逃避法院的裁判。例如，在某买卖合同纠纷案件中，消费者要求十倍赔偿16 250元，一审法院判决仅对首次支付的375元货款支持十倍赔偿3750元，对超出部分不予支持，消费者不服提起上诉，经营者未提起上诉。二审法院裁判认为：经营者本应无须向消费者支付货款十倍的惩罚性赔偿，但鉴于经营者未对原审判决提出上诉，视为其对原审判决的认可。① 这一裁决中，法院更是直接指出了裁决经营者承担责任的原因，正是因为经营者自己的懈怠与漠视导致承担赔偿，造成经济损失。

（4）诉讼成本考量后的无奈决定。《民事诉讼法解释》第20条规定，"以信息网络方式订立的买卖合同，通过信息网络交付标的的，以买受人住所地作为合同履行地；通过其他方式交付标的的，收货地为合同履行地。合同对履行地有约定的，从其约定"。因此，对于大多数网络买卖合同中，消费者往往与经营者不在一个城市，甚至有可能在不同的省市，消费者在当地起诉，而经营者参加诉讼极为不便，再加之部分自认理亏，或因为经营者索赔数额不高，参与诉讼的成本远高于赔偿数额，两者取其轻，遂放弃参加到庭诉讼。例如，在某网络购物合同纠纷案件中，消费者要求十倍赔偿25 440元，一审法院认定经营者欺诈判赔7632元，消费者不服提起上诉，经营者既未应诉也未提出上诉，二审中经营者称因为路途遥远，费用很高，再加上内部人员对于法律传唤经验不足、安排不当，所以导致法院缺席审判。最终二审法院裁决：一审法院关于涉案商品存在欺诈的认定有误，但鉴于经营者并未上诉，是其对自身权利的处分且不涉及他人利益，法院予以照准，对十倍支付赔偿款7632元的判项迳行予以维持。② 该案的判决说明，经营者放弃法律赋予的权利应当进行专业的评估，无法亲自参与诉讼的可以通过各类电子、信函交流方式与法院进行沟通表达己方观点，一时的省时省力可能造成更大的支出。经营者对于消费者的诉讼请求，一般情况下的正常反应就是针锋相

---

① 广州市中级人民法院（2017）粤01民终20300号民事判决，载中国裁判文书网，http：//wenshu. court. gov. cn/website/wenshu/181107ANFZ0BXSK4/index. html？docId = 1ed4528e5e564f15a0d7a87a00b52068，访问日期：2018年2月10日。

② 广东省珠海市中级人民法院（2017）粤04民终3116号民事判决，载中国裁判文书网，http：//wenshu. court. gov. cn/website/wenshu/181107ANFZ0BXSK4/index. html？docId = 0fb243665d3949c38da0a8690102f13a，访问日期：2018年12月8日。

对的反驳，一纸书面答辩，说明企业对产品标准的理解以及消费者观点的错误之处，这是成本最低的维权方式，若对消费者的诉求连反驳都不曾作出，则企业的管理由此可见一斑，企业利益受损也是必然的。

在经营者既无书面答辩材料也未到庭参加诉讼的案件中，消费者索赔金额低是普遍的情况，小的索赔金额不到万元，多的不过数万元。当然更多的是我们看到了经营者积极应诉，通过诉讼程序与消费者进行辩论、质证，向法庭阐述己方理由，在案件中各有胜负。如本案中，经营者积极应诉，一审败诉仍不气馁，继续行使法律赋予的上诉权，最终得到了二审的支持。

3. 经营者消极诉讼的后果

经营者消极参与诉讼，使法律所设计的"对抗与辩论"机制不能有效发挥功能，参与一方充分行使了法律规定的权利，但由于另一方未到庭，无法对原告方提出的理由与事实进行说明与反驳，更无法对原告方向法庭提供的证据材料进行质证，加之食品责任纠纷案件往往涉及一些商品专业知识，不通过经营者的辩论与质证，其中的关键点不易被揭示，消费者所提供证据的矛盾与瑕疵之处无法被发现。这将可能导致法庭偏听偏信，简单依据现有证据材料作出"并不全面"的裁判。判决后，经营者如因利益受到损害，又到处维权、申诉，不仅会造成己方损失进一步扩大，更会造成司法资源的无谓浪费。

经营者不服裁判，可以依法上诉、申诉。如果不积极行使各项诉讼权利，一旦裁判生效，经营者就必须按照裁判确定的内容进行履行。若逃避生效裁判确定的履行义务，还可能受到法律的进一步制裁。《最高人民法院关于限制被执行人高消费及有关消费的若干规定》第1条规定："被执行人未按执行通知书指定的期间履行生效法律文书确定的给付义务的，人民法院可以采取限制消费措施，限制其高消费及非生活或者经营必需的有关消费。"第11条更是规定："被执行人违反限制消费令进行消费的行为属于拒不履行人民法院已经发生法律效力的判决、裁定的行为，经查证属实的……予以拘留、罚款；情节严重，构成犯罪的，追究其刑事责任。"因此，经营者收到法院寄送的诉讼材料后，应积极参与诉讼，及时主张和维护自身权益，避免损失进一步扩大。

4. 小额涉食品责任惩罚性赔偿案件不应适用一审终审

值得经营者关注的另一个问题是，一些法院对小额涉食品责任惩罚性赔偿案件实行一审终审，判决发出后立即生效。《民事诉讼法》规定基层人民法院和它派出的法庭，审理事实清楚、权利义务关系明确、争议不大的简单的民事案件，标的额为各省、自治区、直辖市上年度就业人员年平均工资百分之三十以下的，实行一审终审。此外，《民事诉讼法解释》第274条规定下列金钱给付的案件，适用小额诉讼程序审理：（1）买卖合同、借款合同、租赁合同纠纷；（2）身份关系清楚，仅在给付的数额、时间、方式上存在争议的赡养费、抚育费、扶养费纠纷；（3）责任明确，仅在给付的数额、时间、方式上存在争议的交通事故损害赔偿和其他人身损害赔偿纠纷；（4）供用水、电、气、热力合同纠纷；（5）银行卡纠纷；（6）劳动关系清楚，仅在劳动报酬、工伤医疗费、经济补偿金或者赔偿金给付数额、时间、方式上存在争议的劳动合同纠纷；（7）劳务关系清楚，仅在劳务报酬给付数额、时间、方式上存在争议的劳务合同纠纷；（8）物业、电信等服务合同纠纷；（9）其他金钱给付纠纷。

在某些省市，小额食品责任惩罚性赔偿案件在一审法院审理裁决后判决即生效执行，不再有上诉权利。而这些适用一审终审的案件，对经营者来说失去了二审程序的保障，因此，经营者诉讼时的些许疏忽将导致不可挽回的损失。例如，在某产品销售者责任纠纷案件中，一审法院裁决经营者承担十倍赔偿责任，该裁决为终审判决，但未说明终审的原因。[①] 该案件不是买卖合同纠纷，案由为产品销售者责任纠纷，适用理由只能是司法解释所述的其他金钱给付纠纷，但又不是债权债务清晰的金钱给付纠纷。

事实上，部分基层法院对小额涉食品责任惩罚性赔偿案件适用一审终审，是值得商榷的。小额食品责任惩罚性赔偿案件至少有如下几点是不适合小额

[①] 重庆市江北区人民法院（2018）渝0105民初17917号民事判决，载中国裁判文书网，http：//wenshu.court.gov.cn/website/wenshu/181107ANFZ0BXSK4/index.html? docId = c555094bbf41414488a5a9c500eaa335，访问日期：2019年4月13日。

诉讼程序的：（1）事实认定争议大。从现有法院判决文书来看，诉讼当事人对是否符合食品安全标准的认定争议很大，往往各持己见，并非简单的金钱给付案件。（2）权利义务关系不明确。小额食品责任惩罚性赔偿案件虽然金额小，但双方的给付义务并不明确，无法直接判断直接的义务给付人，且从判决结果来看，消费者与经营者互有胜负。（3）判决口径争议大。判决涉及的多数法律术语的含义与外延理解在实践中不统一，不但不同省区法院的判决说理不一致，一审、二审法院的裁判观点亦有分歧，存在理解差异导致案件胜负不同的可能。

实务指引

经营者要维护自身的合法权益，可从如下方面努力。

（1）诚信为先。生产者要杜绝生产假冒伪劣商品；销售者要严把进货渠道，最大限度地避免销售问题商品。各方当事人在购销合同中要对商品质量问题进行明确约定，对可能发生食品安全问题的违约责任进行事先约定，通过约定将由此产生的赔偿责任让渡给责任方，减轻己方风险。

（2）积极应诉。经营者应当正确面对诉讼，积极参与诉讼，碰到问题不能采取鸵鸟策略。到庭参加诉讼可以最大限度保障自身利益，避免消极诉讼引发次生损失。收到法院的诉讼材料、开庭通知后，经营者应结合案件涉及金额大小，对己方商誉、声誉影响大小等各种因素进行评估，在条件许可的情况下，聘请专业人来代理诉讼，从法律与程序上切实保护己方利益。

（3）及时举证。在无法参加一审庭审时，经营者也应尽可能在法院规定的时限内主动向法院说明情况，并寄送相关答辩、证据材料，充分阐述对原告方证据的异议理由和己方主张观点的证据材料。在此情况下，经营者虽无法参加庭审，但法庭仍会将经营者提供的证据与原告方进行质证，并且法庭还会根据《民事诉讼证据规定》第85条第2款"审判人员应当依照法定程序，全面、客观地审核证据，依据法律的规定，遵循法官职业道德，运用逻辑推理和日常生活经验，对证据有无证明力和证明力大小独立进行判断，并公开判断的理由和结果"的规定，保障未到庭诉讼当事人的权益，保证客观真实与法律真实的一致性。例如，在某网络购物合同纠纷案件中，经营者虽然经法院合法传唤无正当理由拒不到庭,但法院仍以事实为根据确认"尚无证据显示系争商品存在对人体健康造成任何急性、亚急性或者慢性危害的情况,故对打假索赔要求退一赔十的诉请不予支持。判决:驳回杨某的全部诉讼请求"。[①] 该案的判决说明,虽然经营者未到庭参加诉讼导致败诉是大概率事件,但仍需相信法官会根据相关规定,根据已知的证据材料作出相应的裁决。

(4) 及时上诉。经营者对一审法院裁判结果不满的,应在规定期限内及时提起上诉,并全面参加二审诉讼,努力在法律程序范围内进行救济。经营者若因为种种原因未参加一审庭审,或一审裁判不符合己方预期结果,则更需通过上诉来挽回,这也是我国二审终审制度建立的初衷。这种制度的设立,给否定原判决结果提供了可能,对于未参与一审庭审的经营者来说,更应珍惜这一权利与机会。若案件判决发生法律效力,经营者向法院提出再审申请期间,不会停止原民事判决、裁定、调解书的执行。只有人民法院决定再审的案件,才会裁定中止执行。而此时,鉴于申请再审成功的概率,很有可能经营者的财产权益在再审被受理前已受到影响。

【司法解释修改建议】

建议在《食品药品司法解释》中增加一条:"小额涉食品责任惩罚性赔偿案件不适用一审终审。"

[①] 上海第二中级人民法院(2017)沪02民终7980号民事判决,载中国裁判文书网,http://wenshu.court.gov.cn/website/wenshu/181107ANFZ0BXSK4/index.html? docId=501a557b9d4a4346a284a83c00969279,访问日期:2019年5月18日。

12 经营者单方允诺的法律后果

周某与厦门某电子商务有限公司网络购物合同纠纷案[*]

【核心观点】

在单方允诺违约金过高的情况下,一方当事人请求调整的,法院可予适当调整,以维护民法的公平原则。同时,在评估经营者经营效益、避免执行不能的情况下,法院应尽快形成一批典型案例,突破"十倍"赔偿的标准,支持"假一罚N"承诺,平等公正地调整不同利益主体间的相互关系,借助法律的强制性力量,遏制市场交易关系中的非诚信行为。

案情简介

上诉人(原审原告):周某

上诉人(原审被告):厦门某电子商务有限公司(以下简称某公司)

2015年11月12日,周某汇款35 262元,通过某某网向某公司购买了云香特级大红袍茶叶630盒,每盒单价为28元,金额17 640元;云香特级铁观音茶叶630盒,每盒单价为28元,金额17 640元。某某网宣传"买特产上某某网,所售商品均为正品,假一罚万!"周某以其所购云香特级大红袍茶叶经检验稀土含量及感观品质均不合格,为不合格食品,应当认定为假货为由,要求某公司承担违约责任。

---

[*] 江苏省高级人民法院(2018)苏民终54号民事判决,载中国裁判文书网,http://wenshu.court.gov.cn/website/wenshu/181107ANFZ0BXSK4/index.html?docId=1b88cd7177734a428cf7a90e00efc141,访问日期:2019年6月22日。

周某向一审法院起诉，请求：（1）判令某公司退还货款17 640元，并赔付8820万元，检验费2000元，合计88 219 640元；（2）由某公司承担本案的诉讼费。

一审法院判决

一审法院认为，双方对四川科学服务中心鉴定结果均无异议，故认定涉案茶叶质量不合格，并非某公司所承诺的"正品"、非"假"产品。因某公司所售茶叶系不合格产品，构成根本违约，周某有权解除合同，故周某要求某公司退还货款17 640元，于法有据，予以支持。"假一罚万"系双方对违约责任的约定，"罚万"系某公司的单方承诺，周某接受该承诺并购买涉案茶叶，则"罚万"也成为双方对违约金计算方法的明确约定。

关于本案违约金是否应予调整的问题。违约金虽然具有"补偿和惩罚"的双重功能，但违约金制度系以赔偿非违约方的损失为主要功能，而不是旨在严惩违约方。本案中，某公司承诺"假一罚万"，显然过高，某公司请求法院予以调整，法院应予准许。

关于违约金如何调整的问题。《最高人民法院关于适用〈中华人民共和国合同法〉若干问题的解释（二）》（以下简称《合同法解释（二）》）第29条规定，当事人约定的违约金超过造成损失的30%的，一般可以认定为《合同法》第114条第2款规定的"过分高于造成的损失"。本案中，如按照上述超过造成损失的30%的标准调整违约金，不足以发挥违约金制度适当的惩罚功能，亦不符合公平原则和诚信原则。考虑到涉案茶叶系食用农产品，不同于一般的产品，对其质量问题应予严格规制。《食品安全法》所规定的"十倍赔偿"，系法律所规定的特殊类型的违约金，以特别强化违约金的惩罚功能，彰显对食品安全的特别保护。故，虽然周某选择以《合同法》为请求权基础主张权利，但不因此而排除《食品安全法》第148条第2款在本案中的适用。经鉴定，案涉茶叶属于不安全食品，故将违约金调整为商品价款的十倍。涉案茶叶实际价款为17 640元，故支持违约金176 400元。

综上，一审法院判决：（1）周某于判决生效之日起十五日内退还某公司涉案茶叶622盒，某公司在收到周某退还的涉案茶叶后五日内退还周某货款

17 640元（如果周某退货缺少，则某公司有权按每盒28元相应减少应退货款）；（2）某公司于判决生效之日起十五日内支付周某赔偿款176 400元；（3）驳回周某的其他诉讼请求。

二审法院判决

关于某公司承诺的"假一罚万"应如何理解和适用，周某是否有权主张赔偿损失的问题，二审法院有以下观点。

（1）周某有权主张赔偿损失。法院认为，在食品、药品消费领域，购买者明知商品存在质量问题仍然购买，并主张惩罚性赔偿的，法院应予以支持，但自然人、法人或其他组织以牟利为目的购买的除外。本案中，某公司主张周某为牟利而购买的意图明显，故不应支持周某的赔偿请求，但周某在本案中并非依据《食品安全法》及其司法解释主张十倍的法定惩罚性赔偿，而是以《合同法》为请求权基础向某公司主张违约责任。"假一罚万"系某公司作出的承诺，周某予以接受，双方即形成对违约责任的约定。故某公司关于周某为牟利而购买涉案茶叶，周某的赔偿请求不应支持的主张，不能成立。

（2）"假一罚万"应按字义理解。某公司主张其关于"假一罚万"的承诺，是指如果其所售产品为假货，应向消费者支付一万元的赔偿。某公司未提交其向网上购物者已履行解释说明义务，并且购物者通过点击同意的相关证据。故某公司主张应将"假一罚万"理解为"买到假货赔偿一万元"，因缺乏证据证明，不能成立。一审法院按字义对"假一罚万"含义的解释并无不当。

（3）"假一罚万"应作调整。按某公司承诺，所售茶叶如系"假"的产品，应按所售价款的一万倍予以赔偿，但周某并无证据证明其因购买涉案茶叶遭受了如此重大损失，故"假一罚万"应属于过分高于损失的违约金，并且某公司在一审中亦请求法院调整予以减少违约金。关于"假一罚万"应如何调整的问题，从一审法院调整涉案违约金的原则来看，虽然周某就其主张的损失数额没有提供充分证据予以证明，但一审法院考虑到涉案争议标的为茶叶，系食用农产品，不同于一般日用品，应对生产或销售该产品的质量予以严格规制，并据此参照《食品安全法》第148条第2款规定，将本案"假一罚万"的违约金调整为十倍赔偿,并无不当。周某关于将"假一罚万"的违约金调整为十倍赔偿过低以及某公司关于不应支付周某赔偿违约金的主张,均不能成立。

二审法院判决:驳回上诉,维持原判。

焦点解读

1. 部分法院对"假一罚N"的观点

经营者"假一罚十""假一罚百"甚至"假一罚万"的新闻常常见诸报端,各地法院对此类承诺的定性则大相径庭。对"假一罚N"案件,有的支持,有的部分支持,有的不予支持,由此导致同案不同判的现象较为突出。从近年来法院的判决来看,法院支持、肯定消费者诉请的已成为常态,只是在裁判说理部分仍不统一。

2016年12月,《江苏省高级人民法院关于审理消费者权益保护纠纷案件若干问题的讨论纪要》第6条规定,经营者承诺假一罚百、假一罚万等赔偿的,经营者提供的商品存在假冒伪劣等有违其承诺情形的,消费者要求经营者按照承诺承担相应倍数赔偿,经营者主张过高,要求调整的,人民法院可以参照《合同法》第114条和《合同法解释(二)》第29条的规定处理。由此可见,本案完全是按照上述讨论纪要确定的口径进行裁判的。

2014年5月第二次修订的《深圳市中级人民法院关于消费者权益纠纷案件的裁判指引》(以下简称《裁判指引》)第2条规定:"经营者以商品广告、产品说明、实物样品或者通知、声明、店堂告示等公示方式,对商品或者服务的质量、价格、售后责任等向消费者作出的说明和允诺具体确定,消费者受上述说明和允诺引导而购买商品或者接受服务的,应当视为要约。该说明和允诺即使未载入合同,亦应当视为合同内容,经营者违反的,应当承担违约责任。"根据《合同法》第14条,构成要约要符合两个条件:一是内容具体确定,二是表明经受要约人承诺,要约人即受该意思表示约束。故经营者对商品或服务所作的说明和允诺是否构成要约,一是要看其内容是否具体确定;二是要看消费者是否是受上述说明和允诺引导而购买商品或接受服务,也即该说明和允诺是否对合同的订立以及价格的确定有重大影响。如果符合这两点要求，则即使该说明和允诺未载入合同，亦应视为合同内容，对于经营者违反的，消费者有权要求经营者承担相应的违约责任。在最高人民法院公布的王某某诉孙某某买卖合同纠纷案中，北京市第二中级人民法院认为诚实信用是《民法通则》规定的一项基本原则，经营者为促销商品而承诺"假一赔十"是一种合同行为。消费者决定购买该商品，买卖合同成立，该承诺连同合同其他条款对经营者即具有法律约束力，经营者"假一赔十"的承诺，应该依约履行。

《裁判指引》第4条还规定，经营者对消费者公开作出"假一罚十"等有关赔偿承诺，如其提供商品或者服务构成欺诈行为，可根据消费者的要求，判令经营者承担其承诺的赔偿数额。经营者请求以《消费者权益保护法》第55条第1款规定的"退一赔三"作为赔偿限额的，不予支持。现实中，经营者为了促销，对消费者公开作出"假一罚十"等有关赔偿承诺，这种承诺是具有法律效力的。这是因为，《消费者权益保护法》第55条关于增加赔偿之规定并不属于禁止性规定，没有规定"增加赔偿的金额最多不得超过消费者购买商品的价格或者接受服务的费用的一倍"，因而不排除双方约定的赔偿办法。由于商家自愿承担比法律规定更为严格的法律责任，一旦消费者购买了假货，商家应遵守约定优先于法定的原则，兑现其作出的承诺。对于经营者提出的"退一赔一"的抗辩，法院不予支持。在某网络购物合同纠纷一案中，法院认为在销售者存在虚假宣传的情况下，其应当按照承诺承担"假一罚十"的责任。[①] 该法院的裁判观点与深圳市中级人民法院一致。

综上，近年来，各地法院对于消费者主张"假一罚N"的诉请大多予以支持，但该支持以"十倍"为限，对于超过"十倍"的法院大多依据或参考《食品安全法》的规定进行了调节，本案就是以此确定最终赔偿数额的。但经营者的承诺应属于单方允诺行为，对于此种法律行为，立法与司法机关应该尽快给予规范，明确说理、裁决尺度，避免"多头说理，结论一致"的奇怪情形。

[①] 北京市第二中级人民法院（2017）京02民终2615号民事判决，载中国裁判文书网，http://wenshu.court.gov.cn/website/wenshu/181107ANFZ0BXSK4/index.html?docId=d14a1f3a78c640078afaa7a0011802c2，访问日期：2018年4月21日。

2. 单方允诺行为

《中华人民共和国民法总则》（以下简称《民法总则》）第134条规定，民事法律行为可以基于双方或者多方的意思表示一致成立，也可以基于单方的意思表示成立。这应该是我国法律关于"单方法律行为"最明确的规定。

单方允诺是单方法律行为的一种，指行为人为自己设定某种义务，承诺在相对人完成约定条件时，相对人可以取得某种权利。单方允诺具有以下几个明显的特征：（1）是义务人单方意思表示；（2）无须他人同意；（3）是为自己设定义务，使相对人获得权利的行为；（4）在不特定的相对人符合条件时才成立。

在实践中，单方允诺通常便利相对方获得重大利益，对于经营者来说，这是其真实意思表示，承诺的尺度与范围是完全可控的，应当知晓与理解其允诺的后果，对于"博眼球"出售假冒伪劣商品还敢承诺的经营者，行政管理部门与司法机关绝不应心慈手软，否则将对社会信用造成巨大冲击，无法起到威慑与惩罚作用。审判实践中，经营者将"假一罚N"承诺归属为违约金条款，主张违约金过高而要求调整，法院不应当支持，而应勇敢地根据经营者的承诺进行审理，对于"假一罚百""假一罚万"判决后可能导致经营者无法为继或执行不能的，法院完全可以就此进行阐述，并在此基础上参考经营者以往年度的财报，确定最终的赔偿数额，但无论如何应该超过《食品安全法》价款"十倍"的赔偿标准。只有这样才能真正确立司法权威，避免和杜绝"和稀泥""各打五十大板"。

3. 电商平台单方允诺的法律责任

民事活动存在于社会的方方面面，面对交易量庞大的网络经济，法律对网上经营者应当承担的责任与实体经营者的规定是一致的，而且对于电商平台的承诺行为的法律后果也加以了明确。《消费者权益保护法》第44条规定，网络交易平台提供者作出更有利于消费者的承诺的，应当履行承诺。《食品安全法》第131条第2款规定，网络食品交易第三方平台提供者作出更有利于消费者承诺的，应当履行其承诺。例如，在某网络购物合同纠纷案件中，因电商平台无法提供入网食品经营者真实有效的联系方式，法院判决电商平台承担十倍赔偿责任。又因电商平台在诉争网站明确载明"提供售后服务",法院认为该承诺应属于网络食品交易第三方平台提供者作出的更有利于消费者的承诺,电商平台应当履行其承诺,判令电商平台应承担诉争产品的退货、退款责任。①

▎实务指引 ▎

1. 单方允诺能否撤回

单方允诺不能撤销只能撤回。如果因撤回允诺造成他人损害的,应负损害赔偿的责任。我国法律对作为单方法律行为之一的单方允诺并无明确的规定。《合同法》第17条规定:"要约可以撤回。撤回要约的通知应当在要约到达受要约人之前或者与要约同时到达受要约人。"该法第18条规定:"要约可以撤销。撤销要约的通知应当在受要约人发出承诺通知之前到达受要约人。"

因此,如果消费者已经购买产品,经营者为减少自身损失,为了避免赔偿而撤销允诺是不成立的。但经营者因为先前的赔偿行为或发现自己的允诺存在重大误解与风险,而撤回自己的允诺是可以的,但对撤回之前的销售行为经营者应恪守诺言,自觉遵守约定。允诺不能撤销是为了要求经营者在合同的订立、履行、变更的全过程中遵守诚信原则,任何一个阶段的违约行为都应受到法律的强制约束。

2. 惩罚性赔偿与单方允诺赔偿能否同时主张

惩罚性赔偿是法定赔偿。《消费者权益保护法》第55条和《食品安全法》第148条是分别规定经营者违反法律规定时应当承担的赔偿标准,其目的不在于赔偿消费者的实际损害数额,而在于惩戒经营者。

单方允诺赔偿是单方允诺之债务。经营者对消费者公开作出"假一罚N"等有关赔偿承诺,是允诺方的单方意思表示,不违反法律规定,不违背

---

① 北京市第三中级人民法院(2017)京03民终3429号民事判决,载中国裁判文书网,http://wenshu.court.gov.cn/website/wenshu/181107ANFZ0BXSK4/index.html?docId=3cca528b8ed64be0bffca7db0010e1b7,访问日期:2019年1月20日。

公序良俗，具有法律效力。基于民法的诚实信用原则，单方允诺人对自己的允诺，应当加以履行，否则必将扰乱正常的交易秩序，不利于保护消费者合法权益，维护市场信用。

商家为了招揽客户和促进销售，提高商品的美誉度和商家知名度所进行的宣传与承诺，势必增加产品销售量，从而获得不菲的利润。当消费者实施了购买行为，且发现所购商品未达到经营者允诺时，消费者即可向经营者主张允诺中确定的权利，对于所购商品触发法定惩罚性条款的经营者应当同时按法律规定进行赔偿。因此，对于消费者依据经营者允诺要求"假一赔N"的同时要求经营者按《消费者权益保护法》"假一赔三"或《食品安全法》"假一赔十"的，人民法院应当予以支持。本案中，消费者依据经营者允诺要求赔偿，但没有要求经营者按《食品安全法》要求惩罚性赔偿，由于裁决中已确定经营者所售产品不符合食品安全标准，因此并无证据上的障碍，在此情况下，消费者是否可以多获得十倍赔偿？笔者持乐观态度。但对于在这一案件的裁决生效后，消费者再依据生效的裁决，以经营者所售产品不符合食品安全，要求按《食品安全法》给予十倍赔偿，这一诉请是否会得到法院的支持，或者法院以一事不再理的原则驳回消费者诉请，由于无相关案例参考，笔者无法判断司法机关的观点，但笔者根据法律原理和市场管理现状，坚持认为消费者可同时主张这两种赔偿权利，要求经营者同时支付允诺赔偿与法定赔偿。

《民法总则》关于单方法律行为的规定，为因单方允诺行为产生的纠纷有了可供凭借的法律规定，司法机关应该积极研究，不应再继续单纯认定"假一罚N"属于违约金性质，而应丰富单方允诺的内容，对单方允诺的法律关系加以界定，切实保护允诺人与相对人的利益，通过法律规定与判例使经营者对自己的行为后果有明晰的预判。

3. 消费者请求实际损失是否成立

《食品安全法》第148条第2款规定："生产不符合食品安全标准的食品或者经营明知是不符合食品安全标准的食品，消费者除要求赔偿损失外，还可以向生产者或者经营者要求支付价款十倍或者损失三倍的赔偿金；增加赔偿的金额不足一千元的，为一千元。……"对该条中"消费者除要求赔偿损失外"的规定如何理解？购买者是否有权要求赔偿实际发生的损失？

审判实践中，有的法院予以支持。例如，在某网络购物合同纠纷案件中，法院裁决认为：消费者为诉讼发生公证费1000元，系消费者的实际损失，一审法院亦予以支持。但二审中其又撤回此项请求，原因不明。① 又如，在某网络购物合同纠纷案件中，消费者要求赔偿交通费2000元、打印费500元及误工费4000元。一审法院对交通费与误工费根据情况进行酌定，并以未提供打印费证据不予支持。②

有的法院不予支持，但理由各异。例如，在某买卖合同纠纷案件中，因法院认定购买者不具有消费者身份，法院裁决认为：关于其主张的差旅费、餐饮费等其他损失，因上述费用并非基于消费而产生，故一审法院未予支持并无不当。③ 又如，在某网络购物合同纠纷案件中，一审法院认为，关于消费者诉前自行委托鉴定的费用，该费用发生于诉前，且其主张的三倍赔偿已足以弥补其鉴定费损失，故法院对该项诉讼请求不予支持。④

就该条款的字面"消费者除要求赔偿损失外"而言，经营者对于打假索赔人实际损失应当予以赔偿，是"实际损失＋惩罚性赔偿"。《合同法》第42条规定当事人在订立合同过程中有下列情形之一，给对方造成损失的，应当承担损害赔偿责任：（1）假借订立合同，恶意进行磋商；（2）故意隐瞒与订立合同有关的重要事实或者提供虚假情况；（3）有其他违背诚实信用原则的行为。该法第113条亦规定："当事人一方不履行合同义务或者履行合同义

---

① 上海市第一中级人民法院（2017）沪01民终10814号民事判决，载中国裁判文书网，http：//wenshu.court.gov.cn/website/wenshu/181107ANFZ0BXSK4/index.html？docId=867a729f0b204fcf92c7a87a00ef30a1，访问日期：2018年11月25日。

② 广州市中级人民法院（2015）穗中法民二终字第2175号民事判决，载中国裁判文书网，http：//wenshu.court.gov.cn/website/wenshu/181107ANFZ0BXSK4/index.html？docId=35615702fa06403da1cc74bb0b319cb2，访问时间：2018年11月25日。

③ 江苏省宿迁市中级人民法院（2017）苏13民终2040号民事判决，载中国裁判文书网，http：//wenshu.court.gov.cn/website/wenshu/181107ANFZ0BXSK4/index.html？docId=9fde96268922497b9dfaa7d600a141d9，访问日期：2018年11月30日。

④ 北京市第三中级人民法院（2015）三中民终字第10707号民事判决，详载中国裁判文书网，http：//wenshu.court.gov.cn/website/wenshu/181107ANFZ0BXSK4/index.html？docId=732c9522654144628b83875a971a62b7，访问日期：2018年11月30日。

务不符合约定，给对方造成损失的，损失赔偿额应当相当于因违约所造成的损失，包括合同履行后可以获得的利益，但不得超过违反合同一方订立合同时预见到或者应当预见到的因违反合同可能造成的损失。经营者对消费者提供商品或者服务有欺诈行为的，依照《中华人民共和国消费者权益保护法》的规定承担损害赔偿责任。"

因此，惩罚性赔偿是承担"欺诈"或"生产不符合食品安全标准的食品或者经营明知是不符合食品安全标准的食品"的责任，与赔偿"给对方造成的损失"，既不冲突也不重合，属于两种单独成立的赔偿责任。

13 电商平台打假的法律依据

长沙市某电子商务有限公司与上海市某信息技术有限公司服务合同纠纷案*

【核心观点】

电商平台应依法打假，维护企业自身的合法权益，但不宜鼓励电商平台代为消费者维权。

┃案情简介┃

上诉人（原审原告）：长沙市某电子商务有限公司（以下简称长沙某商务公司）

被上诉人（原审被告）：上海市某信息技术有限公司（以下简称上海某信息公司）

2016年6月，原告加入被告运营的某电商网络平台从事零售业务，在注册过程中，原告对平台合作协议的格式条款点击同意。2017年3月起，被告以原告货品存在质量问题为由，扣押原告店铺货款及保证金逾30万元。2017年3月22日，湖南省长沙市工商行政管理局开福分局向被告寄送情况说明，表示原告销售的商品并无客户举报投诉售假情形。2017年5月15日，原告

---

* 上海市第一中级人民法院（2018）沪01民终8352号民事判决，载中国裁判文书网，http://wenshu.court.gov.cn/website/wenshu/181107ANFZ0BXSK4/index.html?docId = 61cd922241ea 403fb975a9a 100a68f3f，访问日期：2018年12月2日。

向被告发送律师函追讨未果，故提起本案诉讼。

原告长沙某商务公司请求：(1) 解除双方签订的网络服务合同；(2) 被告上海某信息公司返还货款208 091.41元、保证金1000元。

一审法院判决

一审法院认为，双方对原告在被告开设的某电商网站注册店铺并销售商品的事实并无异议，法院予以确认。对双方争议，分述如下。

(1) 某电商平台合作协议的具体签订情况及合同效力。系争某电商平台合作协议明确约定，原告一经选择"已经阅读并且同意以上协议"选项并点击"同意以上文件并继续"按钮，即表示其已接受本协议，同意受本协议各项条款的约束。根据签约记录，原告在2016年7月至2017年6月分别签署了多个版本的某电商平台合作协议，系自愿选择使用被告提供的"某电商"网站交易平台并签订平台合作协议。该协议系双方真实意思的表示，并未违反法律及行政法规的强制性规定，应为合法有效，双方均应按约履行。

(2) 关于原告销售商品的真伪。首先，被告通过"神秘买家"向原告下单购买了系争商品并交由生产商鉴定符合合同约定。根据被告提供的生产商回复的电子邮件，可以证明原告所售商品为假。其次，原告系该商品的销售者，有义务提供涉案商品的合法来源，证明其所售商品为真。原告的证据不仅不足以证明其所售商品为商标权利人依法授权生产、销售的商品，相反，根据原告陈述，其销售的涉案商品可能具有多个进货渠道，原告自身亦无法明确涉案商品来源于哪个进货渠道，亦无法明确每个进货渠道是否具有相应的授权，是否不是假货。原告作为系争商品的销售者，理应对其所售商品的进货渠道严格审核把关，对从各个进货渠道采购的商品是否系商标权利人依法授权生产、销售的商品负有审查义务。综上，被告已就涉案商品为假货提供了证据，且已达到高度盖然性的证明标准，而原告未提供相反的证据予以证明。法院对原告所售商品为假的事实，予以确认。

(3) 协议约定的十倍违约金的适用。根据某电商平台合作协议约定，若原告售假，被告有权要求原告支付其通过某电商平台销售的该严重问题产品总金额的十倍作为违约金，若原告拒绝支付违约金，则被告有权以原告账户内的销售额抵扣违约金。原告辩称该条款为无效条款。对此，法院认为，签订某电商平台合作协议系双方真实意思表示，该条款并不存在法律规定的无效情形。被告已经在协议首部特别提醒原告签订协议时认真阅读、充分理解。故对原告提出该协议条款无效的意见，法院不予采纳。原告的售假行为违反了某电商平台合作协议关于不得假冒、侵犯他人注册商标专用权的约定，一方面严重损害了消费者和注册商标权利人的权益，另一方面增加了被告抽检、打假等的管理成本，并造成被告平台的商誉损失，严重破坏商事交易规则。被告冻结原告账户金额207 610元符合协议约定"销售的严重问题产品总金额的十倍"的金额。故原告诉请要求被告返还该部分货款的请求于法无据，法院不予支持。

一审法院判决：（1）确认原告长沙某商务公司与被告上海某信息公司签订的某电商平台合作协议解除；（2）驳回原告长沙某商务公司的其余诉讼请求。

二审法院判决

二审法院认为，综合双方提供的上述证据，一审法院根据证据优势规则，认定上诉人构成售假的违约行为，符合民事诉讼高度盖然性的证明标准，二审法院予以确认。上诉人的售假行为，不仅损害了上海某信息公司的利益，还损害了注册商标所有权人和消费者的合法权益，其违约的过错程度较高，应当予以相应惩戒。以问题产品销售总金额的十倍作为违约金，并不属于过高，被上诉人按约扣款，于法有据。

二审法院判决：驳回上诉，维持原判。

焦点解读

1. 商户售假必然造成电商平台损失

商户售假给电商平台带来的伤害是显而易见的，首当其冲是电商平台的商誉损失，其次可能是电商平台的流量。商户售假给电商平台造成损失，这个结论是肯定的。但电商平台的损失应当如何计算和评估则是一个比较棘手的问题。

在全国首例电商平台打假案中，淘宝公司根据"淘宝平台服务协议"第6.3条赔偿责任的规定，要求售假商户赔偿损失265万元。该条规定，"如您的行为使淘宝及/或其关联公司、支付宝公司遭受损失（包括自身的直接经济损失、商誉损失及对外支付的赔偿金、和解款、律师费、诉讼费等间接经济损失），您应赔偿淘宝及/或其关联公司、支付宝公司的上述全部损失"。在诉讼中，淘宝公司提出了会员人数活跃度、品牌价值、货值损失、平台活跃化降低等四种损失计算方式，但法院均未采信，认为四种计算损失的方式与本案无直接的关联，且被告无法预见到上述损失。法院综合考虑被告经营时间、商品价格和利润等因素，酌情确定被告赔偿数额，最终判决售假商户赔偿淘宝公司损失10万元及合理支出2万元。① 在这起案件中，就获判决数额来看，淘宝公司在此案中可谓惨胜。这就需要反思淘宝公司制定的赔偿条款的可执行性了。所谓赔偿条款的可执行性，就是指在违约行为发生后，合同双方可以轻易地、清晰地了解自身可以主张多少权利，或需要承担多少义务。例如，在一项交易中，双方确定一个违约金计算基数，再确定一个违约金计算的比例，这样的事先约定可以达到事半功倍的效果，减轻违约发生后守约方主张违约金的举证难度。淘宝公司提供了四种损失计算方法，只能说明淘宝公司无法确定清晰的损失计算方式。

对于淘宝案中涉及的"商誉损失"，法院认定商户的售假行为严重损害了消费者和注册商标权利人的权益，增加了电商平台抽检、打假等的管理成本，并造成电商平台的商誉损失，严重破坏商事交易规则。但"商誉损失"的具体金额是多少，如何确定，更是一个只可意会的难题，在无事先约定的情况下，电商平台可以提供多种计算方式，但并不能保证法院能够采纳。

未来电商企业一定会有更多地从违约和侵权角度进行打假的新尝试，本案中长沙某电商公司计算违约金的方式的确是一种可以借鉴的做法。

---

① 上海市奉贤区人民法院（2107）0120民初6274号民事判决，载中国裁判文书网，http://wenshu.court.gov.cn/website/wenshu/181107ANFZ0BXSK4/index.html? docId = 0585cb758afb411ba189a7f901223997，访问日期：2018年12月8日。

2. 电商"假一赔十"的法律依据

商户与电商平台签订的所有合同、协议应当是规范双方权利义务的基础，双方行为均需遵守双方所签订的文件，这也是守约方追究违约方违约行为并要求履行合同义务、赔偿损失的法律基础与依据。在本案中，法院裁判认为双方签订平台合作协议系双方真实意思表示，"假一赔十"条款并不存在法律规定的无效情形，且双方当事人均系从事经营活动的商事主体，应了解并知晓其所签署书面合同的内容和含义，并对由此产生的交易成本、违约后果等自行承担责任。平台方已经在协议首部特别提醒商户签订协议时要认真阅读、充分理解，故对商户提出该协议条款无效的意见，不予采纳。

近几年来，《食品安全法》规定的惩罚性赔偿制度逐渐被大家所接受，因此，某电商"假一赔十"的约定也以此赔偿数额作为参照，并没有超出社会大众的容忍度，一般能被社会认可。一般而言，只要电商平台的管理规则是公开的，即使是格式条款，只要经营者对格式条款进行了应有的提示或警示，在法律上就应该予以支持。

3. 对上海某信息公司"假一赔十"的探讨

本案中，法院裁判称："然某公司就本案系争违约金，应当按照其所作承诺作出合理、合法的处置。"但社会各界对电商平台代位打假还有诸多疑问。

即使是本案中的上海某信息公司，其在网上呈现的几份电商平台合作协议也呈现了"假一赔十"内容表述的变化。

（1）本案中，双方所依据的电商平台合作协议（V2.2 版本）第 8.5 条第 2 项所规定的"假一赔十"内容为：要求商家支付商家通过电商销售的严重问题产品总金额的十倍作为违约金，若商家拒绝支付违约金，则甲方有权以商家账户内的销售额抵扣违约金。

（2）在电商平台合作协议（V2.4 版本，生效时间 2017 年 6 月 6 日）第 8.5 条规定：要求商家支付商家通过电商销售的严重问题产品历史总销售额的十倍作为消费者赔付金，若商家拒绝支付该赔付金，则甲方有权以商家账户内的销售额抵扣赔付金。

（3）电商平台合作协议（V3.0—new 基于线上版 V3.0，更新时间 2017 年 12 月 7 日）第 5.7 条规定：要求商家支付通过电商销售的"严重问题商品"历史总销售额（以商品 ID 为准）的十倍作为消费者赔付金赔付消费者，若商家拒绝支付该赔付金，则甲方有权以商家店铺资金抵扣消费者赔付金赔付消费者。

2018 年 12 月 26 日的线上版 V3.2，第 5.7.2.3 条与线上版 V3.0 表述基本相同。从 V2.2 版本规定的"违约金"到 V2.4 版本的"消费者赔付金"，再到 V3.0 版本、V3.2 版本的"消费者赔付金赔付消费者"的表述，可以感受到上海某信息公司倍受外界责难的"消费者赔付金"政策变化历程。

此外，在消费者要求上海某信息公司与售假商户"退一赔十"时，该公司答辩称"其并非涉案商品的销售者，不是买卖合同的当事人；不存在明知或应知侵权行为的情形，且已提供商品销售者的信息，不应承担连带责任"。但从其与商户"消费者赔付金赔付消费者"约定的逻辑来说，上海某信息公司作为电商平台，对消费者索赔的案件，较为合适的答辩理由应该是：如果消费者能够证明商户出售的是假冒伪劣商品，就同意从"消费者赔付金"中进行赔偿，而非"我不是合同当事人""不存明知或应知"此类撇清责任的说辞。同时，还应注意到，上海某信息公司"假一赔十"针对的"严重问题商品"包括：假冒伪劣商品与过期商品；提供非法服务；违反本协议第 5 条"商品质量要求"且情节严重的；其他与上述行为同类性质的行为，导致甲方认为不宜继续销售的情形。这个规定适用范围较广，《食品安全法》规定的食品责任适用十倍惩罚性赔偿，但对食品责任之外的商品，消费者只能主张商品价款三倍的赔偿。由此可见，V2.2 版本的规定虽然违约的惩罚金额略高，但却可以避免外界对"消费者赔付金"使用的指责。

| 实务指引 |

1. 电商平台格式条款的公平性

相对于社区实体商业的遍地开花，实体商业与商户之间的地位已有微妙变化，商户对实体商业经营管理公司的租赁条款有了可以谈判的权利。而对于电商平台，特别是知名度较高的电商平台公司，平台管理者的优越感较强，很明显的一点就是电商平台格式条款的制定与使用，电商平台往往拥有完全的制定权与解释权，且出于便捷性，格式条款不容修改，只能全盘接受。

《合同法》第 39 条规定："采用格式条款订立合同的，提供格式条款的一方应当遵循公平原则确定当事人之间的权利和义务，并采取合理的方式提请对方注意免除或者限制其责任的条款，按照对方的要求，对该条款予以说明。格式条款是当事人为了重复使用而预先拟定，并在订立合同时未与对方协商的条款。"实践中，电商平台为了保障己方利益，在平台格式协议的草拟过程中，为便于对商户的管理及自我保护，避免被消费者索赔，大多条款较为强势，将可能出现的风险全部转嫁给入驻平台的商户，更有甚者，某些条款还剥夺了商户的部分法律权利。

《合同法》第 40 条规定："格式条款具有本法第五十二条和第五十三条规定情形的，或者提供格式条款一方免除其责任、加重对方责任、排除对方主要权利的，该条款无效。"在有些电商平台格式条款中发现，条款中规定"甲方有权选择与第三方和解、调解或诉讼，商家应承担由此支出的一切费用并承担甲方因此遭受的一切损失"或"直接动用商户的款项用来赔付对第三方造成的损失"。这些规定显然剥夺了商户的法律权利，在未经法律程序确定最终责任与金额的情况下，这样的规定是否侵犯了商户的合法利益？如何保证格式条款的公平有效是电商平台自我管理、自我约束的重要课题。

作为格式条款提供者的电商平台，应当针对经营中发现的问题，及时对格式条款进行修订，通过所掌握的信息，了解并克服其中的风险，从公平角度对电商平台的格式合同进行审视，平衡双方的权利义务，以有效地影响参与者的预期。一味地严苛并不能取得应有的效果。特别是要注意及时对一些尚不被社会认可，或在操作过程中被人质疑的条款进行弥补与说明，或充分披露相关信息，取得消费者与商户的理解与认同，要做到一视同仁，不能厚此薄彼，更不能借机取利。

2. 电商平台格式条款的约束力

《江苏省高级人民法院关于审理消费者权益保护纠纷案件若干问题的讨

论纪要》第 12 条规定："关于网络购物格式条款的效力问题，会议认为，网络销售平台使用格式条款与消费者订立管辖协议、免责条款，仅以字体加黑或加粗方式突出显示该条款的，不属于合理提示方式。消费者主张此类管辖格式条款、免责条款无效的，人民法院应予支持。网络平台通过单独跳框的形式对管辖条款、免责条款进行单独的特别提示的，消费者通过点击同意该条款的，该管辖条款、免责条款成为双方合同的组成部分，消费者主张该条款无效的，人民法院不予支持，但免责条款存在《合同法》第四十条规定情形的除外。"

实际上，合同约定的内容并非可以被如此简单地认定和确认。不同的表述在不同的情形下是否可撤销可能有不同的答案。电商平台格式条款具有便捷、快速的特点，降低了消费者或商户的交易成本，但某些公司为了注册成功，成为平台用户，虽然对某些条款不予认可，也只能点击确认并接受，无论是否详尽阅读均存在被强制的成分，以至于大多数用户不对这些规则进行阅读了解，电商平台用户的弱势地位是显而易见的。例如，本案中某电商平台合作协议中 2/3 以上内容用黑体加粗，在 17 个一级条款中只有保密与不可抗力两个条款未予加粗提示，由此可见，电商平台为自我保护的力度，亦可以说明电商平台经营者的某种焦虑。

此外，电商平台还往往拥有无限制的版本修改权，平台商户不同意将面临关店、商品下架等结局。例如，本案的原告，从 2016 年 7 月 11 日至 2017 年 6 月 9 日就与某电商平台签了 6 个版本的某电商平台合作协议。这既说明了电商平台应对新技术、新竞争、新问题变化而采取的不断修正其规则，提高自我保护能力的紧迫性，更说明了每一次电商平台规则的修订，都可能出现电商平台用户的合法权益受到约束或减少，导致电商平台用户的权益所剩无几。一旦发生争议，电商平台用户受限于所签订的格式条款只能被动应对，极有可能是"哑巴吃黄连，有苦说不出"。除此之外，有限责任、违约、代为解决争议、知识产权、独家经营（二选一）等条款往往或多或少地违背公平原则。

对电商平台的有效约束可以从两个方面来掌握：一是格式条款制定之初的公示与备案，此项工作可以由市场监督部门加以管理。二是用户最初使用时的提示与警示必须符合现有规定，保障用户的知情权，设定特殊的确认方式。例如，重要条款必须以特殊字体加以展示，且重要条款必须以弹窗或滚动方式进行提示，然后才允许用户点击确认，而不是可以立即点击确认。三是所制定的格式条款必须符合公平原则，增加电商平台的服务内容，而不是一边倒地只规定用户的义务，同时还要限制电商平台免责条款、违约责任与违约金对等表述，以充分保障双方的权利义务趋向平等，促进电商平台与用户之间实现双赢。

3. 电商平台打假的请求权基础

电商平台与售假商户是何种法律关系？电商平台以何种理由追究售假商户的责任、提起违约之诉还是侵权之诉、如何确定商户的违约行为、如何确定电商平台的违约损失，这些都是电商平台法务部门面对的紧迫任务。

《消费者权益保护法》第28条规定："采用网络、电视、电话、邮购等方式提供商品或者服务的经营者，以及提供证券、保险、银行等金融服务的经营者，应当向消费者提供经营地址、联系方式、商品或者服务的数量和质量、价款或者费用、履行期限和方式、安全注意事项和风险警示、售后服务、民事责任等信息。"根据该条的规定，除电商平台另有承诺之外，电商平台的目的是撮合交易，提供信息技术服务供商家从事商业经营，并从中收取报酬。为了提高电商平台的知名度与公信力，电商平台往往投入较大资源处理商品假冒伪劣问题。

从实践看，电商平台企业美誉度与平台流量成正比，商誉好的企业往往获得较好的经济利益。因此，甄别、打击平台中的售假商户是电商平台的唯一选择。一般而言，电商平台追究售假商户的违约责任是首选方案，平台规则中权利义务的约定就是追究违约方的最佳依据。因此，平台规则除了明确用户何种行为属于违约外，还应规定违约的后果、违约金的计算方式。除此之外，还可以有一种兜底表述，即除约定的违约金外，若电商平台的损失高于违约金，售假商户还应弥补差额部分，这样的约定对电商平台又有了进一步保障，当然这个前提是电商平台有足够的证据证明己方损失超过了违约金。

除了违约之诉外，电商平台还可以提起侵权之诉，如在全国首例电商平台打假案中淘宝公司提出了"商誉损失"。有人建议商誉损失的赔偿范围可以包括商誉权人在商誉侵权期间遭受的产品销量下降、退货等实际损失，以及为调查商誉损害所支出的合理费用和为恢复商誉而付出的必要费用。还有人认为电商平台商誉损失往往难以估算，应当以侵权行为人侵权期间获得的利润为赔偿范围。上述两种商誉损失的约定都存在风险，第一种方式中，电商平台举证责任过大，且不一定会得到法院的支持；第二种存在微利或无利造成商誉损失赔偿过少的问题。因此，仍建议以侵害商誉期间商户销售额的倍数来确定商誉损失金额。

综上，不论以违约责任还是侵权责任追究售假商户的责任，电商平台因打假、诉讼而产生的调查证据支出、差旅费用、律师费、公证费也应在平台规则中加以规定并由售假商户承担。

4. 电商平台打假的证据来源

打官司要靠证据。电商平台在追究平台商户售假违约时，完备的平台规则是基础，而如何组织证据是诉讼胜负的关键。

首先，在平台规则中要求商户承担责任的"关键词"必须定义清晰，外延明确无歧义。只有完备无缺的平台规则，才能最大限度地让法庭采信。有些法律明文规定的内容，有时还需要在平台规则中根据平台实际情况明确阐述，让约定与证据能够充分匹配，提高胜诉的概率。

其次，组织商户的违约证据。这一步骤中，重中之重是证明商户售卖的是假冒伪劣商品。一些案例显示，可以获得此类证据的来源多是刑事案件，但能够从刑事案件中获取证据是可遇而不可求的，基本无法作为可依赖的证据来源。可以作为证据来源且有一定说服力的主要途径是消费者投诉、品牌方投诉、平台调查、司法机关调查、行政机关调查等途径。

现实中，大多数电商平台通过"匿名买家"购买，再交品牌方鉴定确认，并且对必要的取证环节进行公证，一并组成商户违约的证据锁链，从而根据平台规则约定的违约责任条款要求商户承担相应的赔偿责任。例如，在本案中，被上诉人提供了生产商的电子邮件证明商户售假。法院认为，系争电子邮件发件人的邮箱后缀与生产商官方邮箱的后缀一致，该邮件的内容明确了被送检产品不是该公司产品，该邮件系通过某公司邮箱在我国境内接收，且经我国翻译机构翻译和公证机关公证。反观上诉人提供的华本商事株式会社的外文件、北京沃尔玛百货有限公司出具的发票等复印件等证据，均无法证明涉案产品具有经合法授权的进货渠道。

14 电商平台提供者的法律责任

杨某与北京市某电子商务有限公司网络购物合同纠纷案[*]

【核心观点】

电商平台提供者不能提供销售者或者服务者的真实名称、地址和有效联系方式的,消费者也可以向电商平台提供者要求赔偿。

《中华人民共和国电子商务法》(以下简称《电子商务法》)实施之前,已有多部法律法规对电商平台的权利义务加以规定,该法第38条第2款"相应的责任"的表述较为模糊,必将产生理解差异,亟须结合审判实际以司法解释的形式将各项法律规定进行细化,确保法律适用和裁判口径统一。

|案情简介|

上诉人(原审被告):北京市某电子商务有限公司(以下简称北京某公司)

被上诉人(原审原告):杨某

2015年10月23日,杨某在北京某公司经营的某优选网站分两次购买了四川某公司经营的"优质高山黑苦荞6克装80袋"共11盒,单价968元,共计消费10 648元。涉案食品的入网食品经营者为四川某公司,涉诉商品网

---

[*] 北京市第三中级人民法院(2017)京03民终3433号民事判决,载中国裁判文书网,http://wenshu.court.gov.cn/website/wenshu/181107ANFZ0BXSK4/index.html?docId=90f6fc4e94ec49d793bfa7d3001099e6,访问日期:2019年1月6日。

页显示由北京某公司提供售后服务。

杨某向一审法院起诉,请求:(1)某公司退还杨某货款10 616元;(2)某公司十倍赔偿杨某106 160元;(3)本案诉讼费由某公司承担。

一审法院判决

一审法院认为,涉案食品属于普通食品而非保健食品,但配料中含有只能用于保健食品不能用于普通食品的红花、龙须绞股蓝,且涉案食品标示的食品生产许可证QS513414010071经核实并不存在,故涉案食品属于不符合食品安全标准的食品。

北京某公司是网络食品交易第三方平台,并非涉案食品的经营者,其是否承担责任,取决于其行为是否符合《食品安全法》第131条的规定。本案中,北京某公司对入网食品经营者四川某公司进行了实名登记并审查了食品流通许可证、全国工业产品生产许可证。但经市场监督管理局核查,北京某公司提供的四川某公司地址不实,亦未能举证证明其提供的四川某公司联系方式有效。故一审法院认为,北京某公司存在不能提供入网食品经营者真实地址和有效联系方式的情形,应承担对消费者的赔偿责任。本案中,北京某公司在涉案食品网页上载明的"由北京某公司提供售后服务",该承诺属于网络食品交易第三方平台提供者作出更有利于消费者的承诺,北京某公司应当履行其承诺。

一审法院判决:(1)某公司于判决生效之日起七日内向杨某退还货款10 616元;(2)杨某于判决生效之日起七日内退还某公司涉案黑苦荞11盒(如不能退还,则按照每盒968元的标准从第一项货款中扣除);(3)某公司于判决生效之日起七日内向杨某支付赔偿金106 160元。

二审法院判决

二审法院认为,北京某公司虽否认涉案产品系从其网站购买,但未提交充分证据反驳杨某提交的证据,且其认可四川某公司确实曾是其网站合作的销售商,故在北京某公司未能提交充分证据的情况下,法院对其该项上诉主张不予采信。

因北京某公司未举证证明其提供了关于四川某公司其他真实有效的联系方式，故一审法院判令某公司承担对消费者的十倍赔偿责任具有相应的事实和法律依据。二审法院认为，北京某公司在诉争网站明确载明"由北京某公司提供售后服务"，该承诺应属于网络食品交易第三方平台提供者作出的更有利于消费者的承诺，某公司应当履行其承诺。根据《商品售后服务评价体系》（GB/T27922—2011）的规定，售后服务应包含退款、退货的服务。一审法院据此判令某公司应承担诉争产品的退货、退款义务符合上述规定，依法应予维持。北京某公司以其仅为网络销售平台，并非经营商家为由，拒绝承担退货、退款义务的上诉意见于法无据。

二审法院判决：驳回上诉，维持原判。

焦点解读

1. 对电商平台的理解

在网络购物合同纠纷案件中，大多是个人对个人的 C2C 模式以及个人对商家的 B2C 模式，这些交易的完成全部需要通过电子商务平台来完成。2019年1月1日实施的《电子商务法》称电子商务平台经营者，是指在电子商务中为交易双方或者多方提供网络经营场所、交易撮合、信息发布等服务，供交易双方或者多方独立开展交易活动的法人或者非法人组织。在理解电子商务平台经营者时，需将其与电子商务经营者加以区分，电子商务经营者的外延大于电子商务平台经营者，它是指通过互联网等信息网络从事销售商品或者提供服务的经营活动的自然人、法人和非法人组织，包括电子商务平台经营者、平台内经营者以及通过自建网站、其他网络服务销售商品或者提供服务的电子商务经营者。因此，电子商务平台是撮合、促成交易并提供相关服务的信息平台，如果电商平台自营商品的，则不符合本部分所述电商平台身份，所承担的法律责任也不尽相同。

需要明确的是，《消费者权益保护法》所指的网络交易平台提供者，与《食品安全法》所指的网络食品交易第三方平台提供者，《侵权责任法》所指的网络服务提供者及《电子商务法》所指的电子商务平台经营者，虽然在表述上不尽相同，但所指向的平台性质基本是相同的，具有交易、媒介的功能。

2. 电商平台与消费者、商品经营者的法律关系

随着互联网的发展，我国电子商务立法从无到有，虽然还无法充分满足司法实践的需要，但对电商平台提供者的立法日益规范，电商平台提供者承担责任的范围也逐步框定。一次网络购物通常由三方主体构成：消费者、商品经营者、电商平台提供者，这三者相互作用共同促进交易完成，同时，由于两两结合而产生三种关系。此外，如果电商平台上所售的商品涉及侵害第三人权益的，还存在电商平台、销售者与其他主体之间的法律关系。

（1）消费者与电商平台提供者之间的网络服务合同关系。消费者拟在电商平台中购物消费，就需要进行注册，提供个人信息并认可平台管理协议，成为会员后即可在平台上进行购物。通常情况下，消费者进行注册均是免费的，而且注册程序十分便利，能够在极少的时间内完成注册手续。注册完成后，消费者便可以通过平台了解商品信息、确定欲购买的商品，及通过平台下单、付款获取青睐的商品。

消费者因为电商平台的服务与电商平台发生争议，案由应为网络服务合同纠纷。例如，原告蔡某某对淘宝公司采取临时性管控措施不服，而以浙江淘宝网络有限公司为被告提起的网络服务合同纠纷案。又如，某网络购物合同纠纷案件中，法院认为，电商平台作为信息服务提供商，没有证据表明对商品经营者出售不符合食品安全标准商品行为存在明知和应知的情形，且电商平台也已经对商品经营者的身份信息和经营资质尽到相应的审查义务。因此，消费者要求电商平台承担连带责任的诉讼请求，法院不予支持。[①]

（2）商品经营者与电商平台提供者之间的网络服务合同关系。商品经营者欲在电商平台提供者处销售商品，仍要进行注册，并提供经营者和商品信息，遵守平台规则。《电子商务法》规定电子商务平台经营者应当要求申请进入平台销售商品或者提供服务的经营者提交其身份、地址、联系方式、行

[①] 上海市第一中级人民法院（2017）沪01民终14006号民事判决，载中国裁判文书网，http：//wenshu.court.gov.cn/website/wenshu/181107ANFZ0BXSK4/index.html？docId＝af23fd8448a54966b1fca89600a55d04，访问日期：2019年4月27日。

政许可等真实信息,进行核验、登记,建立登记档案,并定期核验更新。两者之间的关系类似于柜台出租法律关系,但法律责任与柜台出租又不相同。实践中将两者仍定位为网络服务合同关系,电商平台为商品销售展示平台,并保证和提供网络服务,便利消费者与商品经营者进行网络交易。商品经营者因为电商平台的服务与电商平台提供者发生争议,案由应为服务合同纠纷。

(3) 消费者与商品经营者、电商平台之间的网络购物合同关系、产品责任关系。一般而言,因商品销售产生的纠纷,主要存在于消费者与商品经营者之间。电商平台因网络购物与消费者产生的网络购物合同关系或产品责任关系需承担民事责任的,需要由法律明文规定。消费者不得以网络交易平台收取平台使用费、从交易中获利、代收货款等行为为由要求电商平台承担连带清偿责任,消费者以此为由主张权利的,不属于法定理由,不应据此直接获得支持。但电商平台无法提供商品经营者真实、有效联系方式及在网站上明确进行承诺的,应被法院判决承担法律责任。本案即是如此。

(4) 电商平台与第三方主体间的侵权关系。例如,在某侵害商标权纠纷案件中,电商平台的注册用户发布的"呷脯呷哺"品牌与呷哺呷哺公司的注册商标仅一字之差,所属类别完全相同。法院认为电商平台的行为属于故意帮助他人实施侵犯权利人商标专用权的帮助侵权行为,应当与涉案注册用户承担连带责任。[①] 二审法院维持了一审判决。

3. 消费者要求电商平台承担法律责任的法定理由

在《电子商务法》实施之前,《消费者权益保护法》第 44 条、《侵权责任法》第 36 条、《食品安全法》第 131 条等法律法规已就电商平台提供者应当承担的责任进行了规定,各项法律规定基本相同但又略有差异。上述法律规定主要可以归纳为以下四个方面的责任:(1) 电商平台提供者违反法律规定,未对商品经营者进行实名登记、审查许可证或者未履行报告、停止提供网络交易平台服务等义务,使消费者的合法权益受到损害的,应当与商品经

[①] 上海市浦东新区人民法院(2017)沪 0115 民初 7804 号民事判决,详载中国裁判文书网,http://wenshu.court.gov.cn/website/wenshu/181107ANFZ0BXSK4/index.html? docId = 52275ca5c2914100a084a87a00eee339,访问日期:2019 年 4 月 6 日。

营者承担连带责任。(2) 电商平台提供者知道或者应当知道商品经营者销售的商品或者提供的服务不符合保障人身、财产安全的要求，或者有其他侵害消费者合法权益的行为，未采取必要措施的，依法与该商品经营者承担连带责任。(3) 消费者通过电商平台购买商品，其合法权益受到损害，电商平台提供者不能提供入网经营者的真实名称、地址和有效联系方式的，由电商平台提供者赔偿。(4) 电商平台提供者作出更有利于消费者的承诺的，应当履行其承诺。

　　电商平台提供者在网络购物合同纠纷、产品责任纠纷案件中应当承担的责任主要是赔偿责任，既有违约赔偿责任，也有侵权赔偿责任。对上述第1、2种情况，法律条文中规定承担"连带责任"的，则消费者可以同时向商品经营者和电商平台请求赔偿。连带责任是指依照法律规定或者当事人的约定，两个或者两个以上当事人对其共同债务基于同一原因全部承担或部分承担，责任人对外都不分份额、不分先后次序地根据权利人的请求承担责任，不得以超过自己应承担的部分为由而拒绝。对第3、4种情况，法律条文未明确写明承担"连带责任的"，则消费者可以不直接向给其带来损害的商品经营者进行索赔，而是直接向电商平台主张权利，要求电商平台承担赔偿责任，电商平台承担赔偿责任后，由电商平台根据情况决定是否再向有过错的商品经营者进行追偿。当然，对于电商平台自行承诺的赔偿标准，如超出法律规定经营者应当承担的赔偿责任的，经营者对电商平台承诺的赔偿责任不予认可，超出部分由电商平台自行承担。例如，法律规定商品经营者构成欺诈，应"假一赔三"，而电商平台承诺"假一赔十"，则商品经营者对超出"假一赔三"的部分，可以不同意电商平台的追偿要求。

4. 电商平台的价格欺诈行为

　　《国家发展改革委关于〈禁止价格欺诈行为的规定〉有关条款解释的通知》对电商平台的价格欺诈行为进行了规定。该规定认为，电商平台不直接向消费者或者其他经营者销售商品，则不属于该规定所指的利用虚假的或者使人误解的标价形式或者价格手段，欺骗、诱导消费者或者其他经营者与其进行交易行为的经营者。但如果有下列情形之一，则电商平台将被认定构成价格欺诈行为的主体。（1）电商平台在网站首页或者其他显著位置标示的某网络商品经营者所销售的商品价格低于该网络商品经营者在商品详情页面标示的价格的；（2）电商平台声称网站内所有或者部分商品开展促销活动，但网络商品经营者并未实际开展促销活动的；（3）电商平台提供的标价软件或者价格宣传软件等强制要求网络商品经营者进行虚假的或者引人误解的价格标示的。电商平台与网络商品经营者共同开展促销活动，并共同进行了价格标示、促销宣传，如果其价格标示、促销宣传虚假或者引人误解，则电商平台与网络商品经营者构成价格欺诈行为的共同违法主体。

因此，电商平台应切实自律，加强管理，杜绝为追求蝇头小利而与平台入驻商户成为共同违法主体，承担连带法律责任。

5. 电商平台的追偿权

《消费者权益保护法》规定，网络交易平台提供者不能提供销售者或者服务者的真实名称、地址和有效联系方式的，消费者也可以向网络交易平台提供者要求赔偿。网络交易平台提供者赔偿后，有权向销售者或者服务者追偿。《食品安全法》第131条针对网络食品交易第三方平台也作了相同的规定，即消费者在何种情况下可以获得先行赔偿，及电商平台先行赔付后，所享有的向责任方进行追偿的权利。

电商平台在进行追偿时，可以持消费者获得赔偿的证据，如法院判决书、消费者收到赔偿金的收据等向责任方进行追偿。责任方拒绝的，电商平台可以通过诉讼方式进行追讨，或从责任方在电商平台的保证金中进行扣除。实践中，通过电商平台进行销售的经营者，或多或少在电商平台处缴纳有保证金、质保金或未结算的货款，因此电商平台的此类债权追讨权，扣除时间或程序因素外，大多能够得到保障。

对于如何认定法律规定的"不能提供有效联系方式"，可以从两个方面进行考虑：

第一个是提供的时间。在哪个期限内提供能够免除电商平台的责任？通常而言，消费者向电商平台索要经营者（生产者、销售者、服务者）有效联系方式，电商平台在知晓相关争议事实的情况下，应在合理时间内进行提供，如48小时内。因为这些信息都是现成的，不需要额外付出时间与精力去搜寻。超过这一时间即可认定为电商平台未配合提供有效信息。如有证据证明电商平台未及时提供且在立案时仍未提供的，即使之后电商平台提供了，但不应再免除电商平台先行赔偿的责任，可在消费者诉讼理由成立的情况下直接判决电商平台承担赔偿责任。

第二个是经营者信息的变更。在实践中，经营者的信息会根据自身情况变化，但其未向电商平台进行报备或修正，导致消费者无法查寻到经营者，此时电商平台是否承担经营者有效联系方式"不能提供"的责任？电商平台中的经营者数量巨大，如果因为信息变化导致无法与经营者进行有效联络的，只要电商平台能够证明其提供的变化前的信息是准确的，则电商平台无须承担先行赔付责任。因为在实践中，市场监管部门也无法对商户的经营变化充分掌握，而且经营者根据经营情况而导致相关信息的变化是经营者经营自主权的表现，电商平台无法制约亦无过错。当然，电商平台可以在经营过程中，要求经营者在一定时间后，如每半年补充填报相关信息，保证经营者信息与实际经营信息相匹配。例如，唯品会在商品销售合同中就要求供应商在双方合作期限保证相关证照持续有效并保持完整，如有更新则应及时提供相应的复印件。

▍实务指引 ▍

1.《电子商务法》有关电商平台的其他管理责任

《电子商务法》明确了电商平台的诸多管理责任，体现了政府通过电商平台管理商品经营者的监管思路，监管部门试图强化对电商平台的责任来实现对商品经营者的间接管理。《电子商务法》具体在电商平台提供者公平经营、市场监管、行政许可、税务征收、网络安全、信息留存、规则处罚公示、自营标记、信用评价、交易安全、消费者权益保护、广告明示、知识产权保护等诸多领域进行了规定。总的说来，有些规定是合理而可接受的，但有些规定则可能超出了电商平台提供者的能力范围，导致有些电商平台提供者因为判断与识别能力所限而受到处罚。

（1）规则公示。《电子商务法》第32—34条规定，电商平台提供者应当在其首页显著位置持续公示平台服务协议和交易规则或修改信息。特别是规则的修改，商品经营者如不接受修改内容，可以要求退出平台。这将保证电商平台规则的制定与修改不再任性，条款亦不能过于严苛，否则会导致商品经营者退出平台，而因新条款过于严苛而退出的商品经营者无须承担责任。

（2）禁止不合理限制。《电子商务法》第35条规定，电商平台提供者不得利用服务协议、交易规则及技术手段，对商品经营进行不合理限制或者附加不合理条件，或者向平台内经营者收取不合理费用。凡规则内有上述侵犯商品经营者权利条款的，该条款将被法院裁决无效。

（3）处罚公示。《电子商务法》第36条规定，电商平台提供者对商品经营者的违法行为采取措施的，应当及时公示，电商平台认定偏差则可能承担责任，这导致电商平台的管理权大打折扣，会出现为避免承担责任而不敢、不愿管理的局面。

（4）差评禁删。《电子商务法》第39条规定，电商平台提供者不得删除消费者对其商品经营者的商品或者提供的服务的评价。但如果消费者违反法律法规和国家有关规定进行评价的，如何处理？明显的刷屏与恶意评价是否可删除？答案虽然是肯定的，但删与不删都将面临处罚，实在是难为电商平台提供者。

（5）权利人通知。《电子商务法》第42条规定，电商平台提供者收到知识产权权利人通知后，应当及时采取必要措施，否则对损害的扩大部分与平台内经营者承担连带责任，并规定电商平台负责权利人与侵权人之间材料文件的转递。这显然加重了电商平台的责任，面对海量的商品经营者与数据，"采取必要措施"与"终止所采取的措施"的操作都极有可能使电商平台无端陷入诉讼。

2. 电商平台提供者自营业务的法律责任

很多时候，电商平台也利用自身平台进行销售，此时电商平台提供者因自营业务承担的责任，不同于其作为平台提供者所承担的责任。

《电子商务法》规定，电商平台提供者在其平台上开展自营业务的，应当以显著方式区分自营业务和平台内经营者开展的业务，不得误导消费者。在此种情况下，电商平台身份已从电商平台的提供者等同为平台内的经营者，其应当加强对进货渠道的管控，对生产商或供货商进行必要的审核，除保证商品的质量外，还需要注意防止出现侵害知识产权等情形。电商平台提供者应对其标记为自营的业务依法承担商品销售者或者服务提供者的民事责任，这主要指违约责任与侵权责任两种民事责任，也就是涉消费者索赔案件中的网络购物合同纠纷与产品责任纠纷所确定的法律责任。

3. 对《电子商务法》第38条第2款"相应的责任"的理解

《电子商务法》第38条第2款规定，对关系消费者生命健康的商品或者服务，电子商务平台经营者对平台内经营者的资质资格未尽到审核义务，或者对消费者未尽到安全保障义务，造成消费者损害的，依法承担相应的责任。

（1）"相应的责任"并未减损消费者应有利益。众所周知，多部法律对平台的责任都进行了明确的规定，多条关于电商平台承担"连带责任"的规定也十分明晰，在《电子商务法》实施之前，这些条款已充分保证了消费者的相应利益，消费者并不会因这款规定在权利上受到重大影响。任何情况下电商平台作为诉讼参与人推脱自身责任都是正常的反应，但其理由是否正确、能否成立，则将由司法机关进行确定。"相应的责任"系由法院根据实际情况进行判断，进而确定电商平台承担何种责任。消费者无须担心在权益上无法得到保障，相信法院在此种情况下会以更加"谨慎"的态度来进行裁决。

（2）"相应的责任"是审判实践的需要。虽然《电子商务法》已正式实施，但就现阶段而言，如何更好地平衡各方利益等，仍在摸索之中。在无明确判断之前，留有余地更有助于审判实践中灵活适用法律，总结相应经验。《电子商务法》表述为"相应的责任"而非"连带责任"，并非是对消费者权益的漠视，也可能是对电商平台责任的加重，因为尚无法确定这一款规定在司法实践中会产生何种级别的争议。很有可能，在不同的案件中，法院会将"相应的责任"分别定性为连带责任、按份责任或补充责任，这一"口袋概念"有可能会进一步平衡各方利益，避免过于保护一方主体所导致的市场秩序扭曲。

（3）"相应的责任"为司法解释的出台埋下了伏笔。从本款规定来看，"审核义务"与"安全保障义务"的边界是什么，如何对电商平台的这两项义务进行界定，可能还需要理论界与司法实务界进行探讨、论证，结合相应的案件来确定是承担"连带责任"还是"补充责任"。这样可以有效避免《食品安全法》"十倍赔偿"结论肯定但条件模糊的弊端。通过最高人民法院结合实际情况的释法，可以统一裁判口径，促使消费者与电商平台的权利义务达到动态平衡。

当然，对于"相应的责任"在实际司法中可能出现的各种裁判结果以及由此可能产生的矛盾或争议，可由最高人民法院尽快开展研究，尽早出台司法解释，最大限度保障司法权威。其中，由电商平台提供者承担有限责任是电商平台存在的基石，否则电商平台将无法生存。

4. 电商平台先行赔付制度势在必行

2019年1月，国家市场监督管理总局下发《假冒伪劣重点领域治理工作方案（2019—2021）》，要求集中开展电商平台专项治理，净化网络市场交易环境。该方案主要从严厉查处网络违法经营行为、强化网络交易平台的监管、着力提供网络交易监管能力、大力推动网络监管综合治理等四个方面对电商平台进行治理。随着监管机关网络监管与综合治理能力的加强与提升，监管机关将鼓励和引导网络交易平台提供者建立和完善先行赔付制度，提高纠纷处理效率。由此，相信电子商务提供者的首问制度将不再遥远，先行赔付制度可能成为今后电商平台提供者的标配。在此规定下，电商平台为减轻自身赔偿压力，除进一步严格入网销售者的入驻资格外，对入网销售者出售假冒伪劣商品的违约处罚也必将顶格执行或借鉴某电商公司的做法对入网销售者进行严格管控，要求入网销售者支付通过电商平台销售的"严重问题商品"历史总销售额（以商品ID为准）的十倍作为违约金。无论如何，电商平台与入网销售者如何保护自身合法权益，如何平衡各自风险，对电商平台是一个重大考验。

电商平台先行赔付制度的建立，将进一步倒逼电商平台提供者自我约束，规范经营，公平竞争，主动对平台存在的虚假宣传、虚假促销、刷单炒信、侵权假冒等违法行为进行自查自纠，尤其是对入网销售的关系生命健康、影响公共安全的消费品加以重点关注，最大限度维护公平竞争的网络交易秩序，营造安全放心的网络消费环境。

5. 跨境电商平台的监管责任

2018年11月28日，商务部、市场监管总局等六部委下发了《关于完善跨境电子商务零售进口监管有关工作的通知》，该通知对跨境电商第三方平台经营者进行了定义，即在境内办理工商登记，为交易双方（消费者和跨境电商企业）提供网页空间、虚拟经营场所、交易规则、交易撮合、信息发布等服务，设立供交易双方独立开展交易活动的信息网络系统的经营者。

该通知结合普通电商平台的职责原则，确定了跨境电商平台的八项主要管理职责：

（1）平台运营主体应在境内办理工商登记，并按相关规定在海关办理注册登记，接受相关部门监管，配合开展后续管理和执法工作。

（2）向海关实时传输施加电子签名的跨境电商零售进口交易电子数据，并对交易真实性、消费者身份真实性进行审核，承担相应责任。

（3）建立平台内交易规则、交易安全保障、消费者权益保护、不良信息处理等管理制度。对申请入驻平台的跨境电商企业进行主体身份真实性审核，在网站公示主体身份信息和消费者评价、投诉信息，并向监管部门提供平台入驻商家等信息。与申请入驻平台的跨境电商企业签署协议，就商品质量安全主体责任、消费者权益保障以及本通知其他相关要求等方面明确双方责任、权利和义务。

（4）对平台入驻企业既有跨境电商企业，也有国内电商企业的，应建立相互独立的区块或频道为跨境电商企业和国内电商企业提供平台服务，或以明显标识对跨境电商零售进口商品和非跨境商品予以区分，避免误导消费者。

（5）建立消费纠纷处理和消费维权自律制度，消费者在平台内购买商品，其合法权益受到损害时，平台须积极协助消费者维护自身合法权益，并履行先行赔付责任。

（6）建立商品质量安全风险防控机制，在网站醒目位置及时发布商品风险监测信息、监管部门发布的预警信息等。督促跨境电商企业加强质量安全风险防控，当商品发生质量安全问题时，敦促跨境电商企业做好商品召回、处理，并做好报告工作。对不采取主动召回处理措施的跨境电商企业，可采取暂停其跨境电商业务的处罚措施。

（7）建立防止跨境电商零售进口商品虚假交易及二次销售的风险控制体系，加强对短时间内同一购买人、同一支付账户、同一收货地址、同一收件电话反复大量订购，以及盗用他人身份进行订购等非正常交易行为的监控，采取相应措施予以控制。

（8）根据监管部门要求，对平台内在售商品进行有效管理，及时关闭平台内禁止以跨境电商零售进口形式入境商品的展示及交易页面，并将有关情况报送相关部门。

第三章 惩罚性赔偿的适用

15 食品责任惩罚性赔偿不以消费者遭受人身损害为前提　163
　　张某某与某某（北京）茶业有限公司买卖合同纠纷案

16 海外现货销售适用惩罚性赔偿　174
　　及某某与韩某某网络购物合同纠纷案

17 "知假买假"适用惩罚性赔偿　183
　　邵某与徐某某网络购物合同纠纷案

18 "职业打假"可适用惩罚性赔偿　191
　　刘某某与北京某展览展示有限公司、大连某海珍品有限公司、
　　李某产品责任纠纷案

19 消费民事公益诉讼案件适用惩罚性赔偿　199
　　广东省消费者委员会诉史某某、洪某某消费民事公益诉讼案

20 食品标签瑕疵不适用惩罚性赔偿的情形　212
　　董某某与中山市某食品有限公司网络购物合同纠纷案

21 消费者可同时主张精神损害赔偿与惩罚性赔偿　221
　　陈某某与刘某某、赵某某、邓某某、刘某产品责任纠纷案

22 食品消费者因受欺诈且所购商品不符合食品安全标准的，
　　可分别或同时主张"价款三倍"与"价款十倍"的
　　惩罚性赔偿　229
　　康某某与某生物科技有限公司网络购物合同纠纷案

23 重复购买小额商品索赔案件的裁判原则　238
　　夏某与上海某超市有限公司买卖合同纠纷案

24 食品责任惩罚性赔偿案件的审查方式　249
　　蔡某与江苏省某食品有限公司网络购物合同纠纷案

15 食品责任惩罚性赔偿不以消费者遭受人身损害为前提

张某某与某某（北京）茶业有限公司买卖合同纠纷案[*]

【核心观点】

> 涉食品责任纠纷案件，消费者主张惩罚性赔偿不以消费者遭受人身损害为前提。

案情简介

上诉人（原审原告）：张某某

被上诉人（原审被告）：某某（北京）茶业有限公司（以下简称茶业公司）

2018年2月11日，张某某在茶业公司购买大红袍茶叶20盒，单价260元，合计金额5200元。张某某称茶业公司销售给其的20盒大红袍茶叶为预先定量包装的三无食品。

张某某向一审法院起诉，请求：（1）判令茶业公司退还货款5200元；（2）判令茶业公司赔偿张某某52 000元；（3）诉讼费由茶业公司承担。

---

[*] 北京市第二中级人民法院（2018）京02民终11354号民事判决，载中国裁判文书网，http://wenshu.court.gov.cn/website/wenshu/181107ANFZ0BXSK4/index.html?docId=c5b3a47c13d2401194d4a9ca009cefd8，访问日期：2019年3月10日。

▌一审法院判决▐

一审法院认为，张某某与茶业公司建立的买卖合同关系是双方当事人真实意思的表示，且不违反法律、法规的强制性规定，应为合法有效。张某某提供的录像显示涉案食品系提前包装好进行展示并标注价格的食品。对其关于现场称重及现场包装的主张，茶业公司未提供证据予以证明。因此，涉案食品符合预先定量包装的特征，应认定为预包装食品。茶业公司所售预包装茶叶，未标注生产日期、保质期、规格等信息，存在标签不符合食品安全标准的情况。根据《食品安全法》第63条，上述食品应依法予以召回，故对张某某要求茶业公司退还货款的诉讼请求，一审法院予以支持。《食品安全法》设立"十倍价款赔偿"制度的初衷是保证食品安全、保障公众身体健康和生命安全，目的就是通过加大对生产者或销售者的惩罚力度来保障社会公众的生命健康安全。张某某所购买的大红袍茶叶并未实际饮用，更无证据证明该批大红袍茶叶对其身体健康造成损害，故其请求十倍赔偿不符合相关法律规定，一审法院不予支持。

一审法院判决：（1）茶业公司于判决生效后十日内向张某某退还货款5200元；（2）张某某于判决生效后十日内向茶业公司退还大红袍茶叶21盒；（3）驳回张某某其他诉讼请求。

▌二审法院判决▐

二审法院认为，本案的争议焦点共有三个：（1）张某某是否是普通消费者，是否有权主张十倍赔偿。《消费者权益保护法》第2条是对适用范围的规定，不是对消费者身份的定义，经营者不能以此条的规定否认购买者具有消费者的身份。至于购买动机是否出于牟利，在现有法律规定下，无法用来否认购买者的消费者身份。《食品药品司法解释》第3条规定："因食品、药品质量问题发生纠纷，购买者向生产者、销售者主张权利，生产者、销售者以购买者明知食品、药品存在质量问题而仍然购买为由进行抗辩的，人民法院不予支持。"因此，本案中茶业公司提出的张某某是职业索赔人，无权主张"十倍价款赔偿"的抗辩意见不能成立。

（2）茶业公司是否构成明知。二审法院认为，在民事法律体系中，"明知"的法律含义包括"知道"和"应当知道"。所谓"知道"即指"知晓""清楚"；而"应当知道"则是指"本应该知晓""本应当清楚"。食品经营者在采购食品进货时，检验查验供货者的许可证和食品出厂检验合格证是食品经营者应当履行的法定义务。茶业公司所售的涉案茶叶，茶叶袋上未标注生产日期、保质期、规格、生产者名称、联系方式、生产许可证编号等任何标签信息，属于标签不符合食品安全标准的情况，茶叶公司未履行法定的进货查验义务，构成明知。茶业公司主张所售食品是散装食品，但在一审中并未提供充分的证据予以证实。

（3）经营者承担"十倍价款赔偿"责任是否以造成消费者人身伤害、财产损失为前提。根据《食品安全法》第148条、《食品药品司法解释》第15条的规定，只要食品经营者"销售明知是不符合食品安全标准的食品"，消费者就可以主张"十倍价款赔偿"，不论这一行为是否给消费者造成了实际损害。

二审法院判决：（1）维持北京市丰台区人民法院（2018）京0106民初18719号民事判决第一项；（2）撤销北京市丰台区人民法院（2018）京0106民初18719号民事判决第二项、第三项；（3）茶业公司于本判决生效之日起十日内支付张某某赔偿款52 000元。

| 焦点解读 |

1. 主张食品责任惩罚性赔偿须以人身损害为前提，有悖立法本意

在本案中，一审法院认为涉案商品未对购买者造成人身损害，故原告请求十倍赔偿不符合相关法律规定，对原告的诉讼请求不予支持。持相同观点的法院不在少数。例如，在某产品责任纠纷案件中，一审法院认为购买者"非以生活消费为目的"购买涉案商品，未支持购买者诉讼请求；二审法院则认为购买者所购"茅台酒"虽然属于广义的食品范畴，但是其并未实际饮用，更无证据证明该批"茅台酒"对其身体健康造成损害，故其请求十倍赔

偿不符合相关法律规定。① 在该"茅台酒"案中，二审法院对《食品安全法》第 148 条第 2 款关于"十倍价款赔偿"的规定说理分析如下：

（1）"十倍价款赔偿"的责任形态类型。《食品安全法》设立"十倍价款赔偿"制度的初衷是保证食品安全、保障公众身体健康和生命安全，目的是通过加大对生产者或销售者的惩罚力度来保障社会公众的生命健康安全。对于该条款的适用要从两个方面予以区分：一方面，当消费者购买到不符合安全标准的食品时，若该食品尚未对消费者造成损害，则属买卖合同中的标的物的质量不合格，根据合同相对性原理，消费者只能追究销售者的违约责任，向销售者请求赔偿，且赔偿仅是对消费者合同利益损失的弥补。另一方面，当不符合安全标准的食品导致消费者人身损害时，此时生产或者销售不符合安全标准的食品既构成违约又构成侵权，形成法律责任竞合，此时消费者既可选择提起违约之诉也可选择提起侵权之诉。

（2）"十倍价款赔偿"的适用前提。《食品安全法》第 148 条第 1 款确立的是一种侵权责任形态，第 2 款的"十倍价款赔偿"制度则是对第 1 款责任形态的深化和延伸；"消费者因不符合食品安全标准的食品受到损害"是适用该条款的前提；也就是说，当消费者购买到不符合安全标准的食品时，若该食品尚未对消费者造成人身损害，则可依据《合同法》的相关规定请求消费者承担违约责任，但是不能启动十倍赔偿，目的就是避免某些人利用该法律条款获取不正当的诉讼利益，造成诉讼资源的浪费，进而遏制生产者、销售者的积极性。但是当该不符合安全标准的食品对消费者造成人身损害时，消费者可以根据《食品安全法》第 148 条第 2 款，请求生产者或者销售者赔偿其十倍的支付价款。

本案中，一审法院的法理分析与上述"茅台酒"案中二审法院的观点完全一致，即食品责任惩罚性赔偿需以消费者遭受实际人身损害为前提。但这一观点值得商榷。如果必须以消费者实际损害为前提，《食品安全法》第 148 条第 2 款规定的惩罚性赔偿条款将成为睡眠条款。

---

① 北京市第三中级人民法院（2017）京 03 民终 13090 号民事判决，载中国裁判文书网，http：//wenshu.court.gov.cn/website/wenshu/181107ANFZ0BXSK4/index.html？docId = f82288330ce94e7792e5a84a0010ef62，访问日期：2019 年 3 月 30 日。

2. 食品责任惩罚性赔偿不以消费者人身损害为前提，契合立法目的

从审判实践来看，大量食品责任惩罚性赔偿案件均未达到"人身损害"的程度。食品责任惩罚性赔偿制度不以实际人身损害为前提，才符合立法本意。本案中，一审法院认为生产者或者销售者因不符合安全标准的食品所承担的"十倍赔偿"的侵权责任，是以"消费者因不符合食品安全标准的食品受到损害"为适用前提，该判决显然违背了立法初衷，二审法院对此予以改判是正确的。

（1）对《食品安全法》第148条第1款中"损害"的理解。《食品安全法》第148条第1款中的"损害"包括两个方面，既可以包括消费者身体受到的"伤害"，也可以包括消费者财产受到的"损失"，但不应仅理解为"人身损害"。此外，损害还可以理解为消费者可能遭受的信赖利益损害、期待利益的损害。至于具体损害的描述，不在该法条的构成要件部分，而是出现在法律后果部分，因此可以进行扩大解释与理解。

此外，《食品安全法》的颁布及修正均在《消费者权益保护法》之后，《食品安全法》没有对《消费者权益保护法》第55条"欺诈造成损失"以及"造成死亡或者健康严重损害"的惩罚性赔偿分别情形进行描述，唯一可以解释的就是，对因生产不符合食品安全标准的食品或者经营明知是不符合食品安全标准的食品造成的"损害"可以不区分财产或人身，无须明确具体的"后果"，这亦是《食品安全法》的立法目的使然，惩罚性赔偿请求权在于惩罚违规行为，后果的轻重多寡及表现形式，均不影响惩罚目的的实现。

因此，任何一个食品责任惩罚性赔偿案件，只要消费者主张的经营者生产不符合食品安全标准的食品或者经营明知是不符合食品安全标准的食品事实成立，消费者即可以"价款损失"为由，除要求赔偿损失外，还可以向生产者或者经营者要求支付价款十倍或者损失三倍的赔偿金。例如，在某网络购物合同案件中，法院认为，只要销售明知是不符合食品安全标准的食品，客观上已造成消费者的价款损失，销售者就应承担相应的赔偿责任，而无须

以造成了人身损害的后果为前提。[1]

（2）从审判实践看，食品责任惩罚性赔偿不以消费者实际人身损害为前提。《食品药品司法解释》第 15 条规定："生产不符合安全标准的食品或者销售明知是不符合安全标准的食品，消费者除要求赔偿损失外，向生产者、销售者主张支付价款十倍赔偿金或者依照法律规定的其他赔偿标准要求赔偿的，人民法院应予支持。"该条规定未突出"损害"，也未对损害形态进行规定，而是对"损害"进行模糊处理，通过对该司法解释的理解，无法得出"十倍赔偿"以人身损害为前提的结论。显然，实际损害结果并非认定是否符合食品安全标准的法定标准，以消费者无实际人身损害为由主张不适用十倍赔偿，缺少法律依据。

2014 年 1 月 26 日，最高人民法院在其指导案例 23 号"孙某某诉南京欧尚超市有限公司江宁店买卖合同纠纷案"中也强调，惩罚性赔偿的适用不以造成人身、财产或者其他损害为前提。

从中国裁判文书网上检索到的案例显示，认为惩罚性赔偿不以消费者人身损害为前提的判决较多。例如，在某买卖合同纠纷案件中，法院认为，经营者关于消费者购买涉案食品后没有食用，未因此受到损害，故其不应进行赔偿的上诉理由于法无据，不予支持。[2] 又如在网络购物合同纠纷案件中，法院认为只要食品经营者"销售明知是不符合食品安全标准的食品"，消费者就可以主张十倍价款赔偿，不论这一行为是否给消费者造成了实际损害。[3] 还如某买卖合同纠纷案中，法院认为经营者主张涉案商品已由消费者食用而其并未有不良反应，因实际损害结果并非认定是否符合食品安全标准的法定

---

[1] 广州市中级人民法院（2016）粤 01 民终 18894 号民事判决，载中国裁判文书网，http://wenshu.court.gov.cn/website/wenshu/181107ANFZ0BXSK4/index.html?docId=478757622d5e4bcc8583a72b00f28da6，访问日期：2018 年 6 月 24 日。

[2] 北京市第一中级人民法院（2016）京 01 民终 5268 号民事判决，载中国裁判文书网，http://wenshu.court.gov.cn/website/wenshu/181107ANFZ0BXSK4/index.html?docId=843663553cde4fc896ca70864f973694，访问日期：2018 年 12 月 11 日。

[3] 北京市第二中级人民法院（2019）京 02 民终 1637 号民事判决，载中国裁判文书网，http://wenshu.court.gov.cn/website/wenshu/181107ANFZ0BXSK4/index.html?docId=65518b7aba8c4c87b84daa0a0010d9ff，访问日期：2019 年 3 月 10 日。

标准，故其以无实际损害为由主张不适用十倍赔偿，不予支持。[①]

（3）从立法目的看，亦无须以消费者有实际人身损害作为惩罚性赔偿的前提。首先，惩罚性赔偿作为一项重要的法律救济方式，在惩罚和威慑违法经营者、有效保护消费者权益方面发挥了日益明显的社会效果。惩罚性赔偿是在填补性赔偿之外，由法院所判赔偿数额超出消费者实际损害数额的赔偿，该赔偿的目的不是补偿消费者的损失，而是对违法经营者的惩罚。根据《食品安全法》第148条第2款规定，消费者在填补性赔偿之外，还可主张惩罚性赔偿，是为了惩罚目的而规定的额外责任，若以消费者人身受到损害作为启动条件，则将偏离立法目的，极大减少该条款的适用概率。其次，惩罚性赔偿具有独立性。《食品安全法》第148条第2款惩罚性赔偿规定未出现"人身损害"的表述。消费者启动赔偿程序的理由是，"生产不符合食品安全标准的食品或者经营明知是不符合食品安全标准的食品"。也就是说，该款规定并未将"人身损害"作为要件，只要生产者、销售者违反了食品安全标准即可提起惩罚性赔偿，故消费者无须证明自己人身受到了损害，即使未使用或食用，仍不妨碍消费者主张惩罚性赔偿。

▎实务指引▎

1. 厘清食品责任惩罚性赔偿案件的请求权基础

通过惩罚性赔偿制度对处于强势地位的经营者的行为进行法律上的调整和规范，已获得广泛认可。目前，最具执行力且在食品责任中频繁使用的惩罚性条款主要有以下两条。

（1）《消费者权益保护法》第55条："经营者提供商品或者服务有欺诈行为的，应当按照消费者的要求增加赔偿其受到的损失，增加赔偿的金额为消费者购买商品的价款或者接受服务的费用的三倍；增加赔偿的金额不足五百元的，为五百元。法律另有规定的，依照其规定。经营者明知商品或者服

[①] 广东省深圳市中级人民法院（2017）粤03民终26号民事判决，载中国裁判文书网，http://wenshu.court.gov.cn/website/wenshu/181107ANFZ0BXSK4/index.html? docId = 3e54623874ee4a65afb5209091b29cb0，访问日期：2019年2月16日。

务存在缺陷，仍然向消费者提供，造成消费者或者其他受害人死亡或者健康严重损害的，受害人有权要求经营者依照本法第四十九条、第五十一条等法律规定赔偿损失，并有权要求所受损失二倍以下的惩罚性赔偿。"

（2）《食品安全法》第 148 条第 2 款："生产不符合食品安全标准的食品或者经营明知是不符合食品安全标准的食品，消费者除要求赔偿损失外，还可以向生产者或者经营者要求支付价款十倍或者损失三倍的赔偿金；增加赔偿的金额不足一千元的，为一千元。但是，食品的标签、说明书存在不影响食品安全且不会对消费者造成误导的瑕疵的除外。"

《消费者权益保护法》第 55 条规定了消费者生活消费时因受到欺诈或人身受到损害时的惩罚性赔偿请求权，作为食品购买者的消费者当然可以享受该权利。《食品安全法》第 148 条第 2 款单独赋予了食品消费者惩罚性赔偿请求权。上述两项惩罚性赔偿请求权，是基于消费者身份而享有的一项权利。法律明确规定了消费者基于此可以享受的赔偿额度，消费者可根据条文规定清楚地计算出收益，从而估算支出效益，确定是否启动诉讼程序。但审判实践中，惩罚性赔偿虽然激励了消费者主动进行维权，但由于条文规定得过于简单或裁判者理解不一，并未给予消费者一个稳定的诉讼预期，诉讼结果往往出人意料，或不尽如人意，造成大量案件涌入法院。

目前，对于食品责任惩罚性赔偿的请求权已无杂音，但对请求权内容的界定仍处于混沌状态，不但法官纠结，消费者与经营者也往往被法院截然不同的裁判所困扰纠结，无法求得正确答案。同样案情的案件，当事人可能基于侵权和合同两种不同的法律关系起诉；而法院也可能因认识不一，在甲法院按违约之诉立案，在乙法院按侵权之诉立案，消费者因认为法院案由错误侵犯自身权益的上诉案件亦有所闻。审判实践中，法官处理涉消费者维权惩罚性赔偿案件时，就当事人能否选择请求权、案件的法律性质和法律关系、合同的效力、相互返还财产的法律责任基础、侵权与合同以及惩罚性赔偿责任的竞合等问题，由于欠缺理论依托，常常感到无所适从，无法进行深入的说理分析。而充分说理，是提高裁判认同度，提升司法公信力的必然选择，最高人民法院亟须早日出台惩罚性赔偿适用司法解释，避免各地法院多头进行法律推理、法律解释，进而影响法律的统一实施。

2. 明晰食品责任惩罚性赔偿案件的构成要件

民事责任的构成要件是构成法律责任所必备的客观要件和主观要件的总和，是判断行为人应否负担民事责任的标准。民事责任构成要件包括行为违法、损害事实、因果关系、主观过错等，并可以进一步分为一般民事责任构成要件和特殊民事责任构成要件。对于确定为特殊侵权行为的消费者维权案件的构成要件，更需要法律加以特别规定。构成要件的标准化是惩罚性赔偿制度规范适用的前提，更是正确审判的需要。此外，对惩罚性赔偿相关条款中的相关法律术语与适用范围，也需要及时加以界定，如《消费者权益保护法》领域的"欺诈"、《食品安全法》范畴的"损害"等，都需加以明晰。

食品责任的惩罚性赔偿责任，通常也包括如下四个方面的构成要件：（1）主体要件。即消费者与经营者，消费者实施了购买行为，经营者实施了生产或销售食品的行为。除对消费者身份的界定实践中还存在不同意见，对于作为经营者的生产者或销售者，两者可能分属两个不同的主体，也可能生产销售主体一体化，实践中对此无争议。当然，消费者不应限于自然人，企事业单位为员工福利受到损害时，也可以消费者身份主张权利。（2）违法行为。客观上表现为生产或销售不符合食品安全标准的食品，且不以消费者陷入错误为要件。（3）损害。需要指出，惩罚性赔偿制度的设立目的在于惩治和预防性质比较严重的违反食品安全标准的违法行为，主要目的并非对于消费者损害的填补，因此损害的客观存在不是惩罚性赔偿成立与否的必备条件。在食品责任的惩罚性赔偿案件中，损害既可以是人身损害，也可以是财产损害或精神损害。（4）主观故意。经营者主观上是明知，即故意所为。

3. 相关法院关于食品责任中惩罚性赔偿与人身权益损害关系的裁判口径

（1）深圳市中级人民法院。2014年5月28日第二次修订并发布的《深圳市中级人民法院关于消费者权益纠纷案件的裁判指引》第3条规定："消费者根据《中华人民共和国食品安全法》第九十六条主张食品价款十倍赔偿金，经营者以消费者人身权益没有遭受损害为由进行抗辩的，人民法院对该抗辩理由不予支持。"① 在该指引的说明中，深圳市中级人民法院解释道：以往在审理该类案件时，依据的法律是《食品安全法》第96条，认为消费者关于价款十倍赔偿金的请求必须同时具备以下两个条件才能得到支持：（1）食品不符合安全标准；（2）食品给消费者造成人身损害。但2013年12月9日通过的《食品药品司法解释》中并无与上述第2个条件相同或类似的规定，也就是说，根据该规定，消费者主张食品价款十倍赔偿金不以人身权益遭受损害为前提。故深圳市中级人民法院颁布上述指引，对审判标准作出相应改变。

（2）北京市高级人民法院。2017年5月，北京市高级人民法院颁布《北京法院食品安全类案件疑难问题审判指引》。在该指引中，北京市高级人民法院认为，法律法规对于《食品安全法》惩罚性赔偿是否以食品造成消费者实际人身损害为前提并未作出明确规定，但根据《食品安全法》的立法目的及该法第148条的文义解释，《食品安全法》惩罚性赔偿的立法本意并不限于人身权益损害，还包括违约损失，其适用于违约之诉和侵权之诉，不受人身权益遭受损害的限制，而且该惩罚性赔偿制度是建立在"价款"上的，而非建立在消费者实际遭受的或者实际需要填补的损失基础之上。此外，《食品药品司法解释》第15条规定："生产不符合安全标准的食品或者销售明知是不符合安全标准的食品，消费者除要求赔偿损失外，向生产者、销售者主张支付价款十倍赔偿金或者依照法律规定的其他赔偿标准要求赔偿的，人民法院应予支持。"从文义解释来讲，该条明确规定了"消费者除要求赔偿损失外"还可以向经营者主张价款十倍赔偿金。这也就意味着只要消费者购买了不符合食品安全标准的食品，即可主张十倍赔偿金，而无须证明其受到了人身损害。

综上，食品生产者或经营者生产不符合食品安全标准的食品或者经营明知是不符合食品安全标准的食品，该食品并未造成消费者实际人身损害，消费者依据《食品安全法》第148条的规定向食品生产者或经营者主张惩罚性赔偿金的，法院应予支持。虽然《侵权责任法》第47条规定："明知产品存在缺陷仍然生产、销售，造成他人死亡或者健康严重损害的，被侵权人有权

---

① 因该指引于2014年发布，其中涉及的《食品安全法》均为2009年版。

请求相应的惩罚性赔偿。"但根据普通法与特别法的适用原则,应当优先适用作为特别法的《食品安全法》及配套司法解释的相关规定,如果《食品安全法》及配套司法解释没有规定,才考虑适用《侵权责任法》和《产品质量法》的相关规定。因此,在《食品安全法》规定生产者、销售者违反食品安全标准即可适用惩罚性赔偿的情况下,食品责任惩罚性赔偿不以消费者实际人身损害为前提。

【司法解释修改建议】

建议在《食品药品司法解释》中增加一条:"消费者向食品生产者、销售者主张支付价款十倍赔偿金,生产者、经营者以消费者人身权益未受到损害为由进行抗辩的,人民法院不予支持。"

16 海外现货销售适用惩罚性赔偿

及某某与韩某某网络购物合同纠纷案*

【核心观点】

经营者以海外直邮代购之名现货销售不符合安全标准的食品，或以海外直邮代购形式销售国家禁止进口区域的食品或食品原料、添加剂，违反国家规定要求，消费者向销售者主张惩罚性赔偿的，法院应予支持。

经营者是以海外直邮代购形式完成交易，消费者以所购食品无中文标签进行索赔的，法院不予支持。

【案情简介】

上诉人（原审被告）：及某某

被上诉人（原审原告）：韩某某

2017年4月19日，韩某某在及某某设立的淘宝网店购买了麦片13包，金额为2327元。韩某某收货后，发现涉案商品为进口食品，但包装上未见中文标签，没有厂名、厂址、生产日期和营养成分表，及某某也未能提供出入境检验检疫证明。

韩某某向一审法院提出诉讼请求：判令及某某退还货款人民币2327元，并十倍赔偿23 270元。

---

* 上海第三中级人民法院（2017）沪03民终31号民事判决，载中国裁判文书网，http://wenshu.court.gov.cn/website/wenshu/181107ANFZ0BXSK4/index.html? docId = 3090eb00c8ec47fbb035a87a00ef40ef，访问日期：2018年10月28日。

一审法院判决

一审法院认定查明：涉案商品外包装上没有简体中文标签和国内进口代理商等信息。及某某未能提供合格的出入境检验检疫证明。

一审法院认为，韩某某提供的证据可以证明其作为消费者通过网络购物形式向及某某购买了涉案商品，故双方之间的买卖合同关系依法成立。本案中，及某某通过网络销售涉案进口预包装食品，但该食品没有中文标签，且未能提供涉案食品的相关报关单据、入境货物检验检疫证明、产品检验检疫卫生证书、海关发放的通关证明等进口食品所应具备的资料，故认定涉案食品属于不符合食品安全标准的食品。

一审法院判决：（1）及某某应于判决生效之日起十日内退还韩某某货款2327元；（2）及某某应于判决生效之日起十日内支付韩某某赔偿款23 270元；（3）韩某某应于判决生效之日起十日内将所购进口麦片13包退还给及某某。

二审法院判决

二审法院认为，根据当事人双方的意见，本案二审的争议焦点为：（1）本案法律关系是委托合同关系还是买卖合同关系。（2）涉案进口食品是否具有国家进口食品标准要件，及某某是否明知而予以销售。

关于第一项争议焦点，二审法院认为，本案双方当事人构成买卖合同关系。日常所说的代购行为，因其表现形式不同可分为现货代购与非现货代购。现货代购，是指卖方已取得商品所有权，并将商品型号、数量、价格等信息发布于网络平台，买方直接购买即完成交易的行为，双方之间成立买卖合同关系，应由代购方承担出卖方的瑕疵担保责任。非现货代购，是指代购方尚未取得商品的所有权，而根据买方关于特定商品的指示进行购买，双方之间可存在委托、居间和行纪等法律关系，最为常见的是委托关系。本案中，韩某某购买的食品于订购当日从河南省三门峡市发货，亦无关于收取代理费、进口税等约定，故本案食品代购行为应为现货买卖行为，双方之间成立买卖合同关系。

关于第二项争议焦点，二审法院认为，双方就涉案食品成立买卖合同关系，故受《食品安全法》调整。根据《食品安全法》第92条第2款的规定，进口的食品应当经出入境检验检疫机构检验合格后，海关凭出入境检验检疫机构签发的通关证明放行。该法第97条规定，进口的预包装食品应当有中文标签、中文说明书。标签、说明书应当符合本法以及我国其他有关法律、行政法规的规定和食品安全国家标准的要求，载明食品的原产地以及境内代理商的名称、地址、联系方式。预包装食品没有中文标签、中文说明书或者标签、说明书不符合本条规定的，不得进口。本案所涉食品无符合我国法律法规规定的中文标签、说明书，亦无可证明涉案食品质量符合国家标准的相关证明文件，属于违反食品安全标准的情形，亦违反了《食品安全法》的规定。及某某作为网店经营者，应当知道销售进口食品须经检验检疫并有符合法律规定的中文标签，故其销售行为应当认定为明知。

关于上诉人提出的，韩某某系以牟利为目的恶意购买涉案商品，因此不应受法律保护的诉讼理由，二审法院认为法律依据不足，不予采信。

二审法院判决：驳回上诉，维持原判。

焦点解读

1. 海外网络代购行为的法律性质

海外网络代购，是当前较为流行的购物方式。通俗而言，海外网络代购系指通过电商平台、社交媒体渠道购买国外生产、销售的商品，并支付代购者约定酬劳的行为。海外网络代购是一种由买方、代购方和卖方三方参与完成的跨境商品和服务交易模式。

2018年11月28日，商务部、市场监管总局等六部委下发了《关于完善跨境电子商务零售进口监管有关工作的通知》，该通知所称的跨境电商零售进口，是指中国境内消费者通过跨境电商第三方平台经营者自境外购买商品，并通过"网购保税进口"（海关监管方式代码1210）或"直购进口"（海关监管方式代码9610）运递进境的消费行为。上述商品应符合以下条件：(1) 属于《跨境电子商务零售进口商品清单》内、限于个人自用并满足跨境电商零售进口税收政策规定的条件。（2）通过与海关联网的电子商务交易平台交易，能够实现交易、支付、物流电子信息"三单"比对。（3）未通过与海关联网的电子商务交易平台交易，但进出境快件运营人、邮政企业能够接受相关电商企业、支付企业的委托，承诺承担相应法律责任，向海关传输交易、支付等电子信息。

本案中，法院认为日常所说的代购行为，因其表现形式不同可分为现货代购与非现货代购。现货代购中双方之间成立买卖合同关系，应由代购方承担出卖方的瑕疵担保责任。非现货代购中双方之间可存在委托、居间和行纪等法律关系，最为常见的是委托关系。本案中，消费者与代购者之间的法律关系是委托关系，且属于可不披露消费者身份的间接代理关系。

目前，在海外产品代购中，常见的交易方式包括直邮代购和现货销售两种：（1）直邮代购。这是指消费者通过网络选择食品并支付货款，代购者按照消费者的指定购买食品，所购商品的所有权不属于代购者。由于消费者与国外食品销售者并无直接联系与沟通，也不直接签订买卖合同，代购者不属于居间一方，因此双方之间体现的是委托合同法律关系。（2）现货销售。这是指在消费者下单选择商品之前，代购者已完成商品采购，代购者拥有消费者所选择商品的所有权，双方之间体现的是买卖合同法律关系。在这种交易中，"代购"只是为了说明商品来源于海外，是由国外生产、销售的，并非完整意义上的代购行为，实际上是代购者加价销售给消费者的交易行为，与一般的境内商品销售并无不同。

两种方式的主要区别在于，网店的采购行为是在消费者指令前已完成采购，还是指令后才开始采购。若网店已事先完成境外食品的采购并向不特定消费者出售该产品，则属于现货销售行为，应按我国相关进出口食品的规定，向消费者提供包括且不限于出售的食品应属于可进出口范畴，经过出入境检验检疫机构的检验，并具备相关单证等证据。因此，经营者作为食品销售者，应当知悉并遵守食品安全标准相关法律规定，且有义务对其销售食品的外包装、标签、产品描述等表面特征尽到法律规定的注意义务，对所售食品是否符合食品安全标准进行认真审查。在《食品安全法》对进口食品检验检疫以及进口预包装食品标签有明确规定的情况下，若经营者仍销售不符合我国食品安全标准的食品，应认定在主观上为明知。作为食品经营者违反法律规定的要求，将不符合我国食品安全标准的进口食品销售给不特定的消费者，存在明显的过错行为，因此，经营者应当承担"退一赔十"的责任。

若网店在消费者下单之后才开始境外食品的采购，则属于直邮代购行为，食品的外文标签是不可避免的，消费者事先对此已有明确的认识与理解，事后消费者以无中文标签依照《食品安全法》的规定向经营者主张"退一赔十"责任的，不应受到支持。值得注意的是，此种方式下，经营者仍应当对所采购食品进口地区、食品原料、添加剂是否违反国家强制规定承担相应责任。

2. 海外代购案件的审判现状

审判实践中，对于海外代购引发的惩罚性赔偿案件，不同的法院有着不同的裁判观点，具体如下。

（1）支持退款和惩罚性赔偿的诉讼请求

案例一：即本案，对于经营者以代购名义进行现货销售的，消费者以"无中文标签"要求惩罚性赔偿的，予以支持。本案中，法院将海外代购分解为"现货代购"与"非现货代购"，并对两种行为涉及的法律关系进行了初步分析，认定本案经营者的行为属于现货代购，交易双方之间成立的是买卖合同关系，应由代购方承担出卖方的瑕疵担保责任。从而认定经营者应当知道销售进口食品须经检验检疫并有符合法律规定的中文标签，故认定涉案食品属于不符合食品安全标准的食品，判决经营者承担惩罚性赔偿。

案例二：经营者虽以代购形式销售商品，但违反国家有关食品原料或食品添加剂强制性规定或销售禁止进口地区商品的，消费者以此为由要求惩罚性赔偿，予以支持。例如，在某网络购物合同纠纷案例中，法院认为经营者通过网络销售的日本进口牛肉、鸡肉类制品非我国目前允许准入的食品，经营者无论以何种形式，均不应擅自购买上述禁止准入的食品并推销给消费者，故法院认定涉案食品不符合食品安全标准,判决经营者承担惩罚性赔偿。①

(2) 驳回关于退款和惩罚性赔偿的诉讼请求

案例一:明知且未造成伤害的,消费者以"无中文标签"要求惩罚性赔偿的,不予支持。例如,在某网络购物合同纠纷案件中,法院认为消费者对于购买系争域外商品的性状特征及其与境内商品的区别是明知的,并不存在"被误导消费"的情形。同时,消费者于一二审期间也均未提供证据证明系争商品存在对人体健康构成危害的事实,其提出系争商品不符合食品安全的主张依据不足。因此,对消费者"退一赔十"的诉讼请求不予支持。②

案例二:经营者已明示且无证据证明商品存在质量问题的,消费者以"无中文标签"要求惩罚性赔偿的,不予支持。例如,在某网络购物合同纠纷案件中,法院认为关于涉案商品的真实情况,经营者已经向消费者如实告知商品无中文标签,尽到了必要的提示义务,不构成对消费者的误导;亦无证据证明涉案商品存在影响食品安全的质量问题。据此,法院对未提示部分商品裁决"退一赔十",对已提示部分商品"退一赔十"请求不予支持。③

案例三:经营者在网络页面上已注明"代购"字样,且无证据证实涉案商品本身存在食品安全隐患,消费者以"无中文标签"要求惩罚性赔偿的,不予支持。例如,在某网络服务合同纠纷案件中,法院认为经营者在其网络页面上已明确标注"代购"字样,表明其系根据消费者指定,代为购买在境外市场上销售的涉案商品,消费者在购买时已知晓其要购买的涉案商品系在国外市场进行销售,且无证据证实涉案商品本身存在食品安全隐患。因此,经营者的行为并不属于《食品安全法》"经营明知是不符合食品安全标准的

---

① 上海市第一中级人民法院(2017)沪01民终10814号民事判决,载中国裁判文书网,http://wenshu.court.gov.cn/website/wenshu/181107ANFZ0BXSK4/index.html?docId=867a729f0b204fcf92c7a87a00ef30a1,访问日期:2019年1月13日。

② 上海市第二中级人民法院(2017)沪02民终7980号民事判决,载中国裁判文书网,http://wenshu.court.gov.cn/website/wenshu/181107ANFZ0BXSK4/index.html?docId=501a557b9d4a4346a284a83c00969279,访问日期:2018年10月28日。

③ 北京市第三中级人民法院(2017)京03民终7986号民事判决,载中国裁判文书网,http://wenshu.court.gov.cn/website/wenshu/181107ANFZ0BXSK4/index.html?docId=adadf6da16e24e299220a8430010c85b,访问日期:2018年10月28日。

食品"的情形。据此,法院对消费者"退一赔十"的诉讼请求不予支持。①

从上述案例中可以发现,除明确存在违反食品安全标准的情形外,法院有两种裁判思路:第一种是区分"现货代购"与"非现货代购(直邮)"。审查交易双方是否符合代购的法律关系,并将现货销售从代购中排除,对现货代购行为认定为普通的买卖行为,并由销售者承担商品的瑕疵担保义务;对于"非现货代购(直邮)"除商品存在违反食品原料、食品添加剂强制规定的外,对消费者以商品无中文标签要求惩罚性赔偿的,不予支持。第二种是不区分"现货代购"与"非现货代购(直邮)"。以诚实信用原则为最终裁判依据,对于消费者明知而要求"退一赔十"的不予支持。

显然,本案的裁判思路更值得推广。即对代购行为进行严格界定,对交易双方是否符合"直邮代购"进行区分。符合"直邮代购"而消费者以"无中文标签"不符合食品安全标准而要求惩罚性赔偿的,不应支持。对"现货销售"不认定为海外代购,按一般实物销售进行处理,消费者以"无中文标签"不符合食品安全标准而要求惩罚性赔偿的,应予以支持。除此之外,需要注意的是,无论是否属于"现货销售"或"直邮代购",涉案商品均不得违反国家有关食品原料、食品添加剂的强制性规定,不得存在食品安全隐患或对消费者造成伤害。

3. 海外代购业态的新变化

2019年1月1日,《电子商务法》正式实施。根据该法规定,所有海外代购、网络微商都需进行登记并依法纳税,否则将面临巨额罚款。这势必对自然人网店,特别是从事海外代购业务的网店产生巨大影响,一部手机就能做微商的时代悄然结束。

《电子商务法》的各项规定短期内提升了网店的进入门槛,增加了网店的经营成本,导致价格上涨。该法第26条规定:"电子商务经营者从事跨境电子商务,应当遵守进出口监督管理的法律、行政法规和国家有关规定。"

---

① 广州市中级人民法院(2017)粤01民终4328号民事判决,载中国裁判文书网,http://wenshu.court.gov.cn/website/wenshu/181107ANFZ0BXSK4/index.html?docId=23b37de4a1a84c5cb8bfa79800bc9543,访问日期:2018年10月28日。

从电子商务的长远发展来看，海外代购将进入有章可循的法治轨道，违法成本也将增加。因此，对于消费者而言，整体上还是利大于弊。《电子商务法》第38条关于"电子商务平台经营者知道或者应当知道平台内经营者销售的商品或者提供的服务不符合保障人身、财产安全的要求，或者有其他侵害消费者合法权益行为，未采取必要措施的，依法与该平台内经营者承担连带责任"的规定，不但可以有效保障海外代购商品的质量，同时也将便利消费者及时维权。

实务指引

1. 海外代购中电商平台的责任认定

（1）电商平台作为第三方网络服务提供者应承担的责任。电商平台大多作为第三方，提供网络服务，其不是平台商品的直接销售者，也不介入买卖双方的实际交易。但作为电商平台的经营者，商户入驻电商平台销售商品时，电商平台都会要求商户签署相关服务协议或合作协议，以便于电商平台对入驻商户进行监管。消费者通过网络交易平台购买商品或者接受服务，合法权益受到损害时，一般情况下只可以向销售者或者服务者要求赔偿。只有在电商平台无法提供入驻商户真实名称、地址和有效联系方式或违背承诺时，消费者才可以向电商平台主张相应的赔偿。

《电子商务法》实施后，电商平台的管理责任有所增加，该法要求电子平台经营者在发现电子商务经营者销售的商品或者提供的服务违反该法相关规定的，应依法采取必要的处置措施，并向有关主管部门报告。

（2）电商平台作为销售者的责任。有时候电商平台也扮演了经营者的角色，如京东商城中曾引发争议的京东自营。百度词条对此类电商定义为自营电商，其特征是以标准化的要求，对其经营产品进行统一生产或采购，产品在线展示并在线交易，通过物流配送将产品投放到最终消费群体。自营电商有品牌力强、产品质量可控、全交易流程管理体系完备等特点。就京东自营而言，其具体表现为京东负责采购、售后、开具发票。法律上将自营电商视为销售者，需按《消费者权益保护法》或《食品安全法》等法律法规承担相应的责任。

对于从事"海外代购"的电商平台而言，如想避免被作为经营者而承担责任，应当在平台显著位置向消费者提示说明电商平台所售商品的产地，即商品在海外生产、销售；平台上的所有销售者为海外商户，且商品均从中国大陆以外地区或国家发出，或从海关监管的保税区发出，并进行了海关清关手续。若电商平台未向消费者披露商品的销售者另有他人或也未标明其进行的是居间代理服务，则电商平台很有可能被作为销售者并承担相应的法律责任。

对于消费者而言，则更需要弄清楚，电商平台在交易中所起到的作用，对于电商平台的相关说明、提示需认真阅读，明晰自己与电商平台之间系何种法律关系，避免商品产生问题后，因电商平台只是提供第三方网络服务或只提供居间代理，不得不直接面对海外经营者，而无法向电商平台追索赔偿。

2. 电商平台中专事海外代购业务的网店的法律责任

对于通过电商平台专事"海外代购"服务的网店，如果只是从事境外采购或直邮服务，则应当将服务的内容、流程、收费等进行公示，并在消费者下单时以弹窗方式提示，对于免责事项更需要进行重点提示与说明。

在此种交易方式下，消费者仅是通过该网店购买境外商品，网店所采购的商品是根据消费者的指令确定的，网店不属于买卖合同的相对方，对于商品产生的产品质量问题，由消费者向境外的销售者主张权利。但网店仍需向消费者提供销售者的全部资料信息，供消费者维权使用，若网店无法提供的则应承担相应的赔偿责任。

【司法解释修改建议】

建议在《食品药品司法解释》中增加一条："经营者以海外代购之名现货销售不符合安全标准的食品；经营者以海外代购形式销售国家禁止进口区域食品的或食品原料、食品添加剂违反国家规定要求，消费者向销售者主张支付价款十倍赔偿金或者依照法律规定的其他赔偿标准要求赔偿的，人民法院应予支持。

"经营者以海外代购直邮形式完成交易的，消费者以所购买的食品无中文标签进行索赔，人民法院不予支持。"

17 "知假买假"适用惩罚性赔偿

邵某与徐某某网络购物合同纠纷案[*]

【核心观点】

"知假买假者"有权向经营者主张惩罚性赔偿。相较于城市的食品管理,农村地区往往成为假冒伪劣食品的"聚集地",净化农村食品市场不仅需要行政机关加大监管力度,更需要公民打假。对城市与农村地区消费者食品打假的惩罚性赔偿限额加以区别。

【案情简介】

上诉人(原审被告):邵某

被上诉人(原审原告):徐某某

徐某某在邵某淘宝店购买了共计4680元的日本奶粉,供其亲戚朋友的孩子食用。通过邵某在产品详情页的描述可知,上述产品系日本进口,产地为日本,但邵某无法提供进口食品所应具备的全部资料,故徐某某遂以邵某销售的上述食品为未经检验检疫且不符合安全标准的食品,必然对人体健康造成严重伤害或者存在重大安全隐患为由,向一审法院起诉,请求:(1)判令邵某向徐某某退还货款人民币4680元;(2)判令邵某向徐某某赔偿46 800元。

---

[*] 上海第三中级人民法院(2017)沪03民终34号民事判决,载中国裁判文书网,http://wenshu.court.gov.cn/website/wenshu/181107ANFZ0BXSK4/index.html?docId=452be4c9719545b597a2a87700fc9d77,访问时间:2019年4月6日。

一审法院判决

一审法院认为，徐某某提供的证据可以证明其作为消费者通过网络购物形式向邵某购买了涉案乳制品，故双方之间的买卖合同关系依法成立。本案中，邵某通过网络销售的日本进口奶粉不是我国目前允许准入的食品，且邵某也无法提供进口货物的相关报关单据、入境货物检验检疫证明、产品检验检疫卫生证书、海关发放的通关证明等进口食品所应具备的资料，故该院认定涉案奶粉属于不符合食品安全标准的食品。

一审法院判决：（1）邵某应于本判决生效之日起十日内退还徐某某货款4680元；（2）邵某应于本判决生效之日起十日内支付徐某某赔偿款46 800元；（3）徐某某应于本判决生效之日起十日内将所购日本奶粉13盒退还给邵某。

二审法院判决

二审法院认为，本案争议焦点之一是徐某某多次购买和诉讼的行为是否属于知假买假，其身份是否属于职业索赔人。对此，二审法院认为，知假买假指的是消费者在明知将购买的商品是假冒伪劣产品时，仍然对这一商品进行购买。假冒伪劣商品是指商品质量不符合国家质量管理相关规定的商品。职业索赔人是指专门以知假买假后索赔获利为职业的人。根据《食品药品司法解释》第3条的规定，因食品、药品质量问题发生纠纷，购买者向生产者、销售者主张权利，生产者、销售者以购买者明知食品、药品存在质量问题而仍然购买为由进行抗辩的，人民法院不予支持。据此，二审法院对于邵某关于徐某某系知假买假或职业索赔人，不受《消费者权益保护法》和《食品安全法》保护的抗辩意见不予采纳。

二审法院判决：驳回上诉，维持原判。

焦点解读

1. 食药领域"知假买假"可获惩罚性赔偿

"知假买假"不是一个法律术语，而是对相关社会现象的一种约定俗成的表述。《食品药品司法解释》第 15 条规定："生产不符合安全标准的食品或者销售明知是不符合安全标准的食品，消费者除要求赔偿损失外，向生产者、销售者主张支付价款十倍赔偿金或者依照法律规定的其他赔偿标准要求赔偿的，人民法院应予支持。"由此，"知假买假"在食品领域惩罚性赔偿制度已然确立。但随之而来的是对"知假买假"正当性的讨论，反射到司法领域，有些裁判认为"知假买假"案件将浪费司法资源，扰乱市场秩序，破坏诚信体系；还有裁判则认为适用惩罚性赔偿需消费者人身受到实际损害为前提；更有些裁判仍对"知假买假"或打假者的"主观目的"持否定态度。如《重庆市高级人民法院关于审理消费者权益保护纠纷案件若干问题的解答》就曾指出，明知商品或服务存在质量问题而仍然购买的人请求获得惩罚性赔偿的，因有违诚信原则，法院不予支持，法律、行政法规及司法解释另有规定的除外。江苏省高级人民法院则规定在食品、药品以外的普通消费领域，经营者主张购买者明知商品或者服务存在质量问题仍然购买商品或者接受服务的，应当提供初步证据予以证明，其仅提出购买者明知作为抗辩，未提供初步证据的，法院不予认定；经营者能够提供证明购买者明知的初步证据的，转由购买者就其受到欺诈进行举证，购买者不能举证证明的，法院认定其构成明知。但在审判实践中，仍有部分法院对"知假买假"持不同观点，例如，在某买卖合同纠纷案件中，法院认为自然人、法人或者其他组织以牟利为目的，知假买假，试图通过诉讼来谋取私利的行为为法律所不允许。消费者在该院辖区范围内多次以所购产品违反《食品安全法》为由，提起诉讼并索取十倍赔偿金。其诉请事实和理由与该案类似，其购买的商品数量已远超消费者一般生活所需，该院认定其购买目的并非用于生活消费，牟利意图明显，因此对消费者十倍赔偿金的诉讼请求，不予支持。[①] 由此可见，知假买假、生活消费、牟利等始终是困扰一些法官审判思路的拦路石。

显然，知假买假和牟利不应成为涉食品责任惩罚性赔偿案件的审查事项。对于购买商品的数量是否符合"生活消费"需要，可以结合案件情况及生活经验法则来进行确定。无论如何，最高人民法院在法理上争议较大且一直伴

[①] 江苏省苏州市中级人民法院（2018）苏 05 民终 5757 号民事判决，载中国裁判文书网，http：//wenshu. court. gov. cn/website/wenshu/181107ANFZ0BXSK4/index. html？docId = aacdfde811c84d6ab2c7a9c10177bc27，访问日期：2019 年 4 月 6 日。

随"道德批判"的情况下，确立《食品药品司法解释》"知假买假"惩罚性赔偿制度，不得不说是消费者权益保护立法上的一个里程碑。而将"知假买假"限定于食品、药品领域，说明食品、药品与人身安全密切相关，同时也突显这一领域安全的严峻形势，已到了需要猛药去疴的阶段。

2. 食药领域"知假买假"是打假现实的需要

在一个特定的领域内容忍"知假买假"是保护消费者权益的需要，也是实现立法目的、让法律深入民心的需要。虽然实践中，对食药领域"知假买假"享有惩罚性赔偿持批评态度的人数众多，但这一赔偿制度的确是有效治理食品安全的重要手段。

法律是一种行为规范，它以权威化的形式标准化地规定一定历史时期内人们的行为规范。对法律目的的不同认识与理解，可能导致司法裁判结果各异。实践中同一法院在一段期间内裁判说理截然相反的并不鲜见，更有甚者，有时同一法院不同合议庭的裁判亦会不同。裁判者既可以确认购买者是消费者而享有惩罚性赔偿，也可以确认购买者不是《消费者权益保护法》意义上的消费者而不享有惩罚性赔偿，更可以以购买数量确定不是用于"生活消费"或存在"牟利"而不支持或部分支持购买者的惩罚性赔偿请求。

在食药领域支持"知假买假者"获得"惩罚性赔偿"，并不是单纯保护消费者，所有这一切都是为了保障不特定公众的食品安全，使经营者慑于法律权威与经济的损失而自我规范，这可以说是诸多治理市场规范经营的方法之一。对消费者打假提供法律上的便利及利益上的倾斜，是为了调动民间力量，以弥补政府管理上的不足，并通过刑事、行政、民事等不同力量，形成合力，实现立体化治理。现阶段在审理食品责任惩罚性赔偿案件时，司法的天平应向消费者倾斜，用经济惩罚手段倒逼经营者严格执行国家规定，只有这样才能有效降低行政管理成本，实现消费者与经营者的共赢。

当每一个消费者头脑中都有消费维权意识，且不再担忧维权成本与收益失衡时，才可能真正让经营者感受到来自各方的无形压力，才能让经营者自觉树立产品质量、产品安全标准的概念，并逐渐培养成一种本能行为。鼓励消费者"知假买假"不但不会减损政府监管的力度，反而可以事半功倍地达到规范食品经营者按食品安全标准生产、销售食品，实现打击假冒伪劣，创建自由公平、童叟无欺市场环境的最终目标。

3. 合理确定"知假买假"惩罚性赔偿金最高额度

"知假买假"惩罚性赔偿制度的确立，极大地调动了消费者维权的积极性，对经营者的不规范行为给予了较大的冲击，大量涌入法院的此类案件即是最好的说明，基本达到了司法解释发挥民间力量的立法目的。虽然"知假买假"适用惩罚性赔偿是现阶段遏制经营者违规经营的必然选择，但其天生具有被人诟病的"非诚信"因素，因此立法者必须善于利用立法技术保证经营者不被过分追责，同时，控制消费者过度牟利，使各方利益得到相对的平衡。

"知假买假"得到众多关注的另一原因是，在大众视角中，惩罚性赔偿往往是"受害者"所享有的特权，而"知假买假"无法与"受害者"画等号，加之较高的惩罚性赔偿金让社会成员心理上无法接受。"知假买假"者出于经济利益和自身安全的考虑，大量聚集在经济发达城市，并主要针对较为正规的连锁性商户，而对食品事件多发的农村地区却有意回避。因此，应当总结经验，适时修订法律、法规，对惩罚性赔偿金的适用进行重塑，划分不同的适用标准与评判体系，消除现阶段单一惩罚性赔偿金计算方式的弊端。在惩罚性赔偿金最低额外，还应设定惩罚性赔偿金单次赔偿最高限额，并根据经济发展的不同区域适用不同标准。例如，除调整城市打假赔偿金最高限额之外，还可考虑用经济手段引导"知假买假"者将打假目标转向广大农村地区，因为农村地区不单单是不符合食品安全标准，还存在较多假冒伪劣食品。当然，引导的最有效方法就是经济赔偿额的差异，若农村地区打假的赔偿金额最高限额能够明显高于城区打假的赔偿金额最高限额，虽不能完全将"知假买假者"引入农村地区，但完全可乐观地预见，可有效地平衡"知假买假"集中于城市的不平衡状态。

实务指引

1. 对《食品药品司法解释》所指"质量问题"的理解

《食品药品司法解释》第 3 条规定，因食品、药品质量问题发生纠纷，购买者可以向生产者、销售者主张权利。对该条中所指"质量问题",可以结合《产品质量法》加以理解。《产品质量法》第40条规定,售出的产品有下列情形之一的,销售者应当负责修理、更换、退货;给购买产品的消费者造成损失的,销售者应当赔偿损失:(1)不具备产品应当具备的使用性能而事先未作说明的;(2)不符合在产品或者其包装上注明采用的产品标准的;(3)不符合以产品说明、实物样品等方式表明的质量状况的。但是,最终确认是否成立惩罚性赔偿的,还是要回归到《食品安全法》第148条及《食品药品司法解释》第15条关于生产不符合食品安全标准的食品或者经营明知是不符合食品安全标准的食品的规定上来。《食品安全法》第三章专门规定了"食品安全标准",我国的食品安全法采纳的食品安全标准均非狭义的"食品安全"标准,即并非只要是"无毒、无害、有营养"食品就是符合食品安全标准的食品,而是一个广义的概念,包括卫生标准、营养标准、标签标准等多个方面的强制性标准,只有符合全部强制性标准的食品才属于符合《食品安全法》规定的安全食品,其中第26条将食品安全标准应当包括的内容进行了列举。

2. 严厉处罚"造假买假"

在"知假买假"享有惩罚性赔偿请求权逐步为世人所接受的情况下,为牟利而"造假买假者"也随之而生。例如,以隐匿、夹带、调包等方式将不符合食品安全的商品带入超市,之后与经营者进行结算,再进行索赔。一些"造假买假者"通过违法手段骗取惩罚性赔偿金,此类做法与法律、社会所期待的目标背道而驰,严重影响保护消费者权益与规范市场秩序的总体目标,虽然此类现象较为个别,但不正确处置,势必会引发社会各界对"知假买假"制度的质疑。

《侵权责任法》第27条规定:"损害是因受害人故意造成的,行为人不承担责任。"因此,如果有证据证明购买者故意造假索赔的,法院可以此规定驳回购买者的请求,并根据具体情况追究购买者虚假诉讼的法律责任。同时,因"造假买假"而转化为刑事案件的报道不时见诸媒体,这就要求审判人员在审理案件时不但要依法裁判,还应将疑似"造假买假"案件与监管、公安机关及时进行沟通,对"造假买假者"给予震慑。对于经营者而言,也要及时对异常索赔案件进行报警处置，这可以对违规"造假买假者"的行为产生抑制作用。

3. 不应对"知假买假者"进行道德审判

《食品药品司法解释》确立了消费者在食品领域进行"知假买假"的权利，但这一规定在实行几年来异议之声仍不绝于耳，许多人从诚信与道德角度对之加以批判。说"知假买假者"不是消费者，有违诚实信用原则，全然忘记了起因在经营者身上。如果对最高人民法院的解释存有异议，就需要从法律价值角度进行考量孰对孰错。如果认为这一制度不应确立，恐怕不是站在消费者的立场上考虑问题，而是站在违法者的立场进行思考。但如果认为这一制度的确立过于粗糙，产生了一些后遗症，或较严重的不良影响，应当加以补漏，这才是具有建设性的思维。

消费者因食品安全标准质疑经营者，并主张惩罚性赔偿，的确会因此获得法律规定的赔偿金，这一收益具有正当性，应当予以认可。事先不知事后主张的消费者与"知假买假"相比，的确可以占据道德的制高点，但实际上此类消费者对市场净化的作用似可忽略不计，要想做到"知假买假"，需要有较高的证据收集能力，同时对国家相关规定有较清晰的理解，普通消费者大多达不到这个水准，而且也可能因种种原因无打假动力。俗语说"看人挑担不吃力"，要想做一个"知假买假"的消费者，不掌握一些专业知识，不知什么是"真"，是无法发现"假"的，更遑论收益了。在某产品责任纠纷案件中，法院认为如果不准知情的消费者打假，就会造成这样的结果：不知情的消费者不可能打假，而知情的消费者又不准打假，则制假售假行为可以堂而皇之大行其道了，如果这种荒谬的观点能够成立，那么《消费者权益保护法》的立法宗旨可以改为制假售假的护身符了。[①]

"知假买假"的索赔行为，势必成为经营者守法经营的动力。当然，立法者应当保持这一生态链的健康发展，平衡好各方利益。因法律条款设立问

---

① 山东省青岛市人民法院（2019）鲁02民终263号民事判决，载中国裁判文书网，http://wenshu.court.gov.cn/website/wenshu/181107ANFZ0BXSK4/index.html?docId=c6057535b8c544b4b6ebaa0f017bd6d0，访问日期：2019年4月6日。

题导致多次购假，动辄几十万元、上百万元的索赔，立法者不能对此无动于衷，不能忽视这些现象对经营者利益的负面影响。当消费者对赔偿金过度追求，经营者却因无级差、不分情节地支付赔偿金导致经营困顿时，确需立法者与裁判者加以反思，如何提高消费者打假的便利性、积极性，提升经营者守法经营的自觉性与紧迫感，使之保持良性可控，并最终接近诚实守信的市场管理的总目标。总之，无规则约束只强调道德，无助于诚信市场体系的建立，无助于食品安全现状的改观。最高人民法院有关"知假买假"的规定，对于遏制假冒伪劣食品，统一执法尺度具有重要意义，但需要总结经验，加以细化。如能在总结现有审判经验的基础上，对《食品安全法》惩罚性赔偿条款进行修订，就已发现的问题进行明晰与细化，或授权人民法院结合审判实践以司法解释形式阐述，将更有助于司法裁判的规范化。

4. 如何评价食品不符合"食品安全标准"，但购买者诉讼请求却未获支持的现象

在一部分案件中，法院认定经营者所销售的食品属于"不符合食品安全标准"的食品，但却因认定消费者系多次购买索赔、"非以生活消费为目的"、存在"牟利"不属于"消费者"而对其诉讼请求不予支持。这样的判决的确遏制了消费者"过度牟利"的欲望，但对生产或经营不符合食品安全标准者却未进行任何处理，必然存在法律上的漏洞，是对屡教不改经营者的纵容，也会给其他消费者的消费带来安全隐患。

合理的做法是，应当允许消费者在诉讼后的一段时间，再次购买仍在生产和经营的此类商品，让那些无视问题、不思悔改的经营者再次承担惩罚性赔偿，让违规生产经营者真正做到无利可图。

【司法解释修改建议】

建议在《食品药品司法解释》中增加一条："消费者在县（自治县、旗、自治旗、特区和林区）及所属乡镇区域购买食品向生产者、销售者主张支付价款十倍赔偿金的，以受诉法院所在省区市上一年度职工月平均工资标准的6—10倍为限，并由人民法院根据实际情况确定具体的赔偿倍数。"

18 "职业打假"可适用惩罚性赔偿

刘某某与北京某展览展示有限公司、
大连某海珍品有限公司、李某产品责任纠纷案[*]

【核心观点】

"职业打假人"可以消费者身份获得惩罚性赔偿。

【案情简介】

上诉人（原审原告）：刘某某

被上诉人（原审被告）：北京某展览展示有限公司、大连某海珍品有限公司（变更前名称为大连某商贸有限公司）、李某

2015年1月22日至同年12月31日，北京某展览展示有限公司举办服装服饰购物节，李某于同年5月2日至6月9日参展，主营产品为海产品。刘某某于同年6月1日从李某摊位处购买了包装盒标有"天雄海参"字样的海参80盒，每盒重量250克、单价1250元，刘某某共支付价款100 000元。同年6月5日，刘某某在公证员见证下，又在上述地点购买了与上述80盒海参一样的海参6盒，共支付价款7500元。

李某当庭陈述，其所售上述海参均从大连某海珍品有限公司购进，但该

---

[*] 北京市第三中级人民法院（2018）京03民终13980号民事判决，载中国裁判文书网，http://wenshu.court.gov.cn/website/wenshu/181107ANFZ0BXSK4/index.html?docId=ef810fc240a641d5a3cfa9d200a18940，访问日期：2019年4月20日。

公司认为其既不是涉案海参的生产者也不是销售者。

刘某某以涉案海参包装上未标明生产日期，且标注的产品标准号不符为由，向一审法院起诉，请求：（1）判令三被告返还刘某某购物款107 500元；（2）判令三被告赔偿刘某某1 075 000元；（3）诉讼费用由三被告承担。

一审法院判决

一审法院认为：根据相关证据可以认定涉案海参系李某从大连某海珍品有限公司购进并销售给刘某某的事实。因涉案海参不符合相关法律规定，刘某某要求李某及大连某海珍品有限公司返还购物款107 500元及公证费2500元的诉讼请求，法院予以支持。因北京某展览展示公司既不是销售者也不是生产者，故刘某某要求其承担赔偿责任的诉讼请求依据不足，法院不予支持。

关于刘某某要求赔偿商品价款十倍的诉讼请求，法院认为，《食品安全法》第148条第2款规定索要十倍赔偿是消费者才享有的权利。本案中，结合刘某某找到公证处办理保全证据的公证以及其另有数十起购买商品后索赔案件的情形，法院对刘某某购买涉案海参是以生活消费为目的的主张不予认可，因此，对其要求支付十倍赔偿的诉讼请求不予支持。

一审法院判决：（1）大连某海珍品有限公司及李某于判决生效之日起七日内向刘某某退还货款107 500元；（2）大连某海珍品有限公司及李某于判决生效之日起七日内向刘某某支付公证费2500元；（3）驳回刘某某的其他诉讼请求。

二审法院判决

二审法院认为，对于食品安全的监管和生产者、销售者的法律责任认定问题，应当首先适用《食品安全法》。刘某某购买大连某海珍品有限公司生产的涉案海参引发本案纠纷，刘某某的消费行为发生在2015年6月1日及6月5日，故本案仍应当适用2009年6月1日起施行的《食品安全法》。

关于刘某某是否属于应依法保护的消费者，二审法院认为，《消费者权益保护法》第2条及《食品药品司法解释》第3条规定，消费者是相对于生产经营者即生产者和销售者的概念，只要在市场交易中购买、使用商品是为了个人、家庭生活需要，而不是为了生产经营需要的，就应当认定为消费者，法律并没有对消费者的主观购买动机作出限制性规定，其合法权益就应当受《消费者权益保护法》《食品安全法》的保护。本案中，虽然李某、大连某海珍品有限公司主张刘某某为职业打假人，具有主观恶意，并非真正的消费者，也不能据此否定刘某某的消费者身份，其合法权益应依法予以保护。关于大连某海珍品有限公司、李某是否应当承担十倍价款的赔偿责任的问题，二审法院认为，大连某海珍品有限公司生产的涉案海参包装上未标明生产日期，且标注的产品标准号为冻扇贝的标准。故大连某海珍品有限公司生产的涉案海参不符合《食品安全法》及《预包装食品标签通则》（GB7718—2011）4.1.1和4.1.7和4.1.10的标准要求，尤其是涉案海参包装无生产日期，足以影响食品安全并对消费者造成误导，食用超过保质期的食品有可能造成人身伤害，是涉及食品安全的重大问题。故大连某海珍品有限公司作为生产者、李某作为销售者，应当承担十倍价款的赔偿责任。

二审法院判决：（1）维持北京市朝阳区人民法院（2015）朝民初字第31731号民事判决第一项、第二项；（2）撤销民事判决第三项；（3）大连某海珍品有限公司及李某于本判决生效之日起七日内向刘某某赔偿1 075 000元；（4）驳回刘某某的其他诉讼请求。

焦点解读

1. 职业打假人的定义

职业打假人是一种通俗的叫法，一般指以谋利为目的的打假人，他们往往利用食品过期等食品安全问题，故意大量买入然后通过索取惩罚性赔偿而获得利益。法律上并无"职业打假"之说，何为"职业"？打假索赔几次可归类为"职业打假"？都没有相应的标准。有法院认为，"职业打假人"系媒体、坊间对明知产品存在质量问题仍然购买并以此获利的购买者的称呼。[1]

如果说1994年颁布的《消费者权益保护法》第49条"退一赔一"的规定，是促使"职业打假人"产生的种子，那么《消费者权益保护法》《食品

---

[1] 北京市第一中级人民法院（2018）京01民终1916号民事判决，载中国裁判文书网，http://wenshu.court.gov.cn/website/wenshu/181107ANFZ0BXSK4/index.html? docId = a378beb5ba264106abb7aa100010b6d1，访问日期：2019年4月13日。

安全法》数次修改确立的惩罚性赔偿方式，以及监管部门寄希望于民间力量的参与以扭转食品安全现状的目标，给"职业打假人"带来了更广阔的空间，加之《食品药品司法解释》"知假买假"规则的确立，更是点燃了"职业打假人"的打假热情。借助某一时期对维护食品安全的需要，媒体放大了"职业打假人"的战果。让一个个鲜活案例深入人心，大大提升了中国消费者的维权意识与维权水平，悄然改变了消费市场的格局，培养和锻炼了一大批"职业打假人"。

从实践来看，"职业打假人"似乎更应该被称为"专业打假人"。因为以打假为"职业"的人毕竟占少数，对大多数人而言，打假仅是他们的"业余爱好"或额外的"生财之道"。但不可否认的是，每一个"职业打假人"往往是某一个领域的"专家"。他们对法律、法规的研究和熟悉程度，在一次次投诉、诉讼实战中得到提升，甚至超过了一些监管者。

2. 审判实践中对"职业打假人"的认定

实践中，"职业打假人"称谓较多，不同地区有不同的表述，有叫"职业索偿人"的，也有叫"职业索赔人"的，但其外在表现特征往往一致，如索赔、投诉举报、行政复议、诉讼数量较多，知假买假，不以生活消费需要追求经济利益，购买商品数量或购买次数明显超出合理消费数量与消费频率等。

针对职业打假人提起的诉讼，一些经营者在抗辩时，常常以购买人在法院存在较多打假索赔案件，提出购买人是"职业打假人"而非消费者，不应依据《消费者权益保护法》或《食品安全法》获得赔偿。而对于"职业打假人"，法院总体上持肯定态度，例如，在某买卖合同纠纷案件中，法院在查明消费者提起过多宗索赔案件的情况下，认为目前我国并无法律或行政法规明确规定"职业打假人"不属于消费者，支持了消费者的诉讼请求。[①] 本案中的二审法院也持这一观点。

审判实践中，大多数法院对"职业打假人"的这一个身份定义并未给予

[①] 广东省珠海市中级人民法院（2017）粤04民终1207号民事判决，载中国裁判文书网，http://wenshu.court.gov.cn/website/wenshu/181107ANFZ0BXSK4/index.html? docId = 4c291eb69d1c4 4b4af8da7c400f62953，访问日期：2018年11月25日。

明确定性，基本采取回避的态度。在驳回"职业打假人"诉讼请求时，往往并不基于其以往诉讼案件的多寡，确定其为"职业打假人"，再以此身份进而不支持其诉讼请求，而是根据案件实际情况，更多地从是否属于"生活消费"，是否存在"牟利"等其他因素进行考量，从而确定裁判思路，进而驳回"职业打假人"的诉讼请求。这种做法，导致"职业打假人"的诉讼主张更多时候仍未得到支持，无法遏制经营者的违规行为。

还有些法院，也不认定购买者是否是"职业打假人"身份，而是从所谓立法目的进行阐述，将该类多次打假索赔者剔除出"消费者"的保护范畴。例如，在某网络购物合同纠纷案件中，二审法院认为购买者在本案诉讼之前已就涉案产品相类似的产品以同样的诉请主张和理由向法院主张惩罚性赔偿，且其亦长期、频繁购买产品后提起大量与本案类似的诉讼，能够印证其并非以生活消费目的而购买涉案产品，更多的是为了牟取利益，其行为亦违反了诚实信用原则，与《消费者权益保护法》的立法目的不符，且未提供证据证明其购买涉案产品系为生活所需。因此，购买者亦明显不属于《消费者权益保护法》所规定的为生活消费所需而购买商品的消费者范畴。遂撤销一审法院十倍赔偿的判决。[①] 一审、二审法院截然相反的裁判思路，充分说明一审、二审法院对职业打假人的理解、认识不一致。那么，不同地区法院之间对这一问题的裁判口径存在差异也就不难理解了。

综上，涉案食品不符合食品安全标准，经营者就应承担相应的责任，至于购买者的主观心态、购买行为、索赔案件数量多寡并不影响他的索赔权利，只能影响其索赔金额的高低，法院完全可以在"生活消费"范围内酌定购物数量，并依此确定最终赔偿数额。

实务指引

1. "职业打假人"的负面影响

近几年来，法院受理的打假索赔案件数量爆炸，且多数案件由"职业打

[①] 上海市第一中级人民法院（2019）沪01民终322号民事判决，载中国裁判文书网，http://wenshu.court.gov.cn/website/wenshu/181107ANFZ0BXSK4/index.html?docId=b0d569c50a5b4a56a8b4aa0e00ff5aa8，访问日期：2019年4月6日。

假人"启动。职业打假人频繁的诉讼,的确浪费了大量行政与司法资源。例如,某法院判决书就曾确认黎某一人在2016年、2017年因购买有关商品而在广州地区两级法院产生303件案件。①

一方面,通过正常手段维权的"职业打假人",因为对经营者带来了诸多困扰,而受到经营者的诟病;另一方面,个别"职业打假人"偏离打假索赔的法治轨道,采用弄虚作假、敲诈勒索、偷梁换柱甚至触犯《刑法》的方式索赔,造成恶劣的社会影响。因此,目前,对"职业打假人"的整体社会评价较低。

《食品安全法》等法律支持打假不容置疑,否则法律也不会确立惩罚性赔偿制度。但法律保护合法利益,否定非法利益。通过制假、售假获取的是非法利益,依法索赔获取的是合法利益。"职业打假人"若按法律的规定并通过法律途径获取利益,并无错误,无可厚非。如果打假一次、两次被认可,为何打假次数多了就被否定?打假越多则反映食品安全问题越严重,故需要更多的消费者参与。打假索赔乱象不是"职业打假人"单方造成的,法律规定的相对简单与裁判口径的模糊不一也是重要原因。

2. 职业打假人可以属于消费者

《消费者权益保护法》第2条规定:"消费者为生活消费需要购买、使用商品或者接受服务,其权益受本法保护;本法未作规定的,受其他有关法律、法规保护。"在相关法律、法规或司法解释未对"职业打假人"进行明确定义且从"消费者"中剔除之前,不宜以购买者提起诉讼的多寡来确定其是否是"职业打假人",也不能因为购买者提起索赔的案件多寡而剥夺其获得赔偿的权利。对职业打假人,需要的是管理与疏导,而不是对其另眼相看,或者采用简单的"剔除"乃至"打击"方式。如在本案中,一审法院结合购买者联系公证处办理保全证据的公证以及其另有数十起购买商品后索赔案件的情形,对购买者购买涉案商品是以生活消费为目的的主张不予认可,据此对

---

① 广东省广州市中级人民法院(2017)粤01民终13173号民事判决,载中国裁判文书网,http://wenshu.court.gov.cn/website/wenshu/181107ANFZ0BXSK4/index.html?docId=73ad38d9e92d4a559f60a80800a596b2,访问日期:2018年7月7日。

其要求销售者支付十倍赔偿的诉讼请求不予支持。而二审法院认为只要不是为了生产经营需要就应当认定为消费者,法律并没有对消费者的主观购买动机作出限制性规定。据此,对商品经营者主张购买者为职业打假人,具有主观恶意,并非真正的消费者的意见不予采纳,判决销售者支付十倍赔偿。显然,二审法院的裁判思路是正确的。判断消费者身份,并不应以购买者主观状态为审查内容,而应从商品的"生活消费"性质进行判断。当所有的消费者都能发现"假",都能积极参与,那假冒伪劣、以次充好必然失去了生存的土壤。随着经营者自律意识、风险意识的加强,"职业打假"现象也将随着市场的规范而消减。

当前,应对"职业打假人"的打假行为进行规范,但不能限制或阻碍"职业打假人"打假。如果不让会打假、懂打假的消费者打假,等于支持制假售假!例如,在某产品责任纠纷案件中,消费者两次购买12瓶无中文标签的红酒,一审法院认为购买者数次进行购买,在其他法院也提起若干起进口红酒无中文标识的索赔案件,其购买涉案红酒目的是营利,故购买者不属于消费者。二审法院对一审驳回购买者十倍赔偿的裁决进行了改判,二审法院认为打假的目的可能是获利,但是任何人诉讼都是为了利益,谁也不是为了体验诉讼程序而到法院来走一遭的,不能因为当事人的目的是获利,就驳回起诉者的诉讼请求。打假也需要专业知识,如果多次打假者可以定义为职业打假者,那么职业打假者就是消费者的先驱,自然受《消费者权益保护法》的保护。[①] 这一判决说明,如果仅支持消费者一次购买行为,而不是对两次购买行为均加以支持,则无法体现对各方市场主体的平等保护与制约。这一判决也反映,在食品安全纠纷案件中存在的各类认识差异,需要监管部门加以重视。

3. 行政机关对"职业打假人"管理的一些探索

2018年10月,上海市工商行政管理局联合公安、质量技术监督、食药监、物价局等有关部门,下发了《关于有效应对职业索赔职业举报行为维护

[①] 山东省青岛市人民法院(2019)鲁02民终263号民事判决,载中国裁判文书网,http://wenshu.court.gov.cn/website/wenshu/181107ANFZ0BXSK4/index.html? docId = c6057535b8c544b4b6ebaa0f017bd6d0,访问日期:2019年4月6日。

营商环境的指导意见》。该意见称,"近年来,以职业索赔、职业举报为主要表现形式的私益性职业打假呈现团伙化、专业化、规模化、程式化的特征和趋势,不仅严重困扰企业、影响营商环境,而且滥用投诉举报、信息公开、复议诉讼等权利,大量挤占有限的行政资源和司法资源"。该意见鼓励公益性职业举报行为,规范和治理影响营商环境的私益性职业索赔、职业举报行为,严厉打击职业索赔、职业举报过程中存在的涉嫌敲诈勒索、诈骗、滥用投诉举报权等行为。该意见还要求相关部门定期梳理、完善投诉举报异常名录,要对职业索赔、职业举报行为重点关注,与普通消费者或者举报人进行适当区分。合理设置举报奖励的范围,对投诉举报异常名录内相关举报一般不予奖励(可能引发食品安全事故或者涉嫌犯罪的除外)。对职业索赔、职业举报过程中存在的失信行为,依法加强联合信用惩戒;对确认构成敲诈勒索、诈骗的相关人员,按照《上海市社会信用条例》的有关规定,纳入严重失信主体名单。

随着这一规定的实施,普通消费者与职业索赔、职业举报的分类管理及奖惩有别必将引起重视,"职业打假人"的"牟利"欲望可以得到一定的压制,打假索赔行为可以得到进一步的规范。但是,消费者打假需要专业知识、需要经验,没有经验无法打假成功,不能因多次的打假行为而将消费者打入另册。打假索赔的案件有激增之势,这只是法律、政策引导社会打假的一个良性表现。如果参与打假的消费者存在其他违法甚至犯罪行为,偏离打假索赔的法治轨道的,完全可以通过《治安管理处罚法》《刑法》等法律依法严惩以起到规制作用。

综上,食品安全事关公众切身利益。每一起消费者针对经营者生产不符合食品安全标准的食品或销售明知是不符合食品安全标准的食品提起的诉讼,都会或多或少促使经营者更加重视食品安全,促使消费者更加关注食品安全,进而提高大众的健康水平与生活质量。不能因为购买者可能存在获利结果或获利动机,甚至有多次打假行为而否认此类职业索赔对于维护食品公共安全的积极意义。

19 消费民事公益诉讼案件适用惩罚性赔偿

广东省消费者委员会诉史某某、洪某某消费民事公益诉讼案*

【核心观点】

为保障消费者食品安全,应进一步扩大和明确可提起公益诉讼的机关和有关组织的范围,并改变公益诉讼案件过多集中于中级人民法院审理的现状,扩大和推广互联网法院审查公益案件的经验,实现基层法院民事公益诉讼案件全覆盖。

案情简介

原告:广东省消费者委员会

被告:史某某、洪某某

支持起诉人:广东省广州市人民检察院

2015年6月25日,被告史某某从被告洪某某处购进"某某牌"普通食用盐(加碘精制盐)35箱,每箱38元。被告史某某在嘉禾街新门楼市场将该品牌盐销售给不特定多数消费者。

广州市公安局白云区分局委托广东省盐业集团广州有限公司对查获的具

---

* 广州市中级人民法院(2017)粤01民初386号民事判决,载中国裁判文书网,http://wenshu.court.gov.cn/website/wenshu/181107ANFZ0BXSK4/index.html?docId=e293dbd3c9744cc9a9f0a8d000980597,访问日期:2018年12月22日。

有"某某牌""广东省盐业集团有限公司专营、广东省盐业集团广州有限公司经销"等字样的500克/包的精制盐进行抽样鉴别,该公司鉴别查获物品为假冒广东省盐业集团有限公司经销的"某某牌"产品。之后,广州市公安局越秀区分局委托广东省质量监督盐业产品检验站对现场扣押的假冒"某某牌"500克普通食用盐进行检验。该中心认定未检出样品的碘含量,该样品碘含量不符合《食品安全国家标准 食用盐碘含量》(GB26878—2011)要求。

2016年5月30日,广州市白云区人民法院作出(2015)穗云法刑初字第2367号刑事判决,认定史某某、洪某某的上述行为均构成销售不符合安全标准的食品罪,其中史某某被判处有期徒刑一年缓刑二年并处罚金一万元;洪某某被判处有期徒刑一年缓刑二年并处罚金一万元。该判决已发生法律效力。2017年4月7日,广东省广州市人民检察院向原告发出检察建议书[穗检民建(2017)3号],建议原告就被告上述损害消费者合法权益的违法行为提起公益诉讼。

原告遂向广州市中级人民法院提起诉讼,诉讼请求:(1)请求判令两被告承担赔偿金人民币13 300元,该款项由法院托管,待相关受损的消费者的诉讼时效到期后未主张权利的由法院向国库缴纳;(2)请求判令两被告在省级以上新闻媒体公开赔礼道歉;(3)请求判令两被告就上述请求承担连带责任;(4)请求判令两被告承担本案所有诉讼费用。

支持起诉人广东省广州市人民检察院发表支持起诉意见称,两被告对外销售以非碘盐冒充的假盐,属于销售假冒伪劣食盐产品的行为,该行为侵害了众多不特定消费者合法权益,严重危及了消费者人身安全并损害社会公共利益,为了维护消费者合法权益,维护社会公共利益,特支持原告广东省消费者委员会提起消费民事公益诉讼。

一审法院判决

一审法院认为:《民事诉讼法》第55条第1款规定:"对污染环境、侵害众多消费者合法权益等损害社会公共利益的行为,法律规定的机关和有关组织可以向人民法院提起诉讼。"《消费者权益保护法》第47条规定:"对侵害众多消费者合法权益的行为,中国消费者协会以及在省、自治区、直辖市设立的消费者协会,可以向人民法院提起诉讼。"原告广东省消费者委员会作为在广东省设立的消费者协会,提起本案消费民事公益诉讼符合法律规定。受理本案后,一审法院按照《消费民事公益诉讼解释》第6条的规定,将本案受理情况进行了公告。公告期内,法院未收到任何可以依法提起诉讼的其他机关或社会组织参加诉讼的申请,故原告为适格主体。

根据《民事诉讼证据规定》第10条的规定,已为人民法院发生法律效力的裁判所确认的事实,当事人无须举证证明,除非当事人有相反证据足以推翻。已发生法律效力的(2015)穗云法刑初字第2367号刑事判决已认定被告共销售假盐35箱。

以工业盐冒充食用盐、以非碘盐冒充加碘盐的行为危及广大消费者舌尖上的安全,既构成犯罪,也属于民事侵权。消费者缺碘病症的显现必然要经过潜伏的慢性致害过程,这种潜在的危害也属客观存在的损害结果,不因至今没有消费者向两被告主张权利而无视损害的客观存在。损害的发生,源头在于两被告的共同售假行为。此外,食品侵权属特殊侵权。根据《食品安全法》第148条和有关司法解释的规定,消费者购买了不符合安全标准的食品,即使没有食用,没有发生实际的损害后果,也可同时主张退还价款和价款十倍的惩罚性赔偿。消费民事公益诉讼具有替代性和补充性,是为了保护众多不特定消费者的合法权益,同时避免消费侵权者的民事侵权责任落空。对原告关于两被告应该承担民事侵权责任的意见,一审法院予以支持。

根据《食品药品司法解释》第14条的规定精神,在刑事诉讼已经追究两被告刑事责任的情况下,再行追究两被告的民事侵权责任并不违反法律规定。两被告至少销售假盐35箱,没有证据证明有部分被退货、被召回,应按35箱,每箱38元计算货值总价款为1330元,依法需承担总价款十倍的惩罚性赔偿金,即13 300元。根据《行政处罚法》和其他法律、行政法规及司法解释的有关规定,性质相同的金钱罚,即行政罚款和刑事罚金竞合时,一般采用轻罚在重罚中折抵的原则处理,以体现惩罚的谦抑,避免惩罚的过度。惩罚性赔偿金与行政罚款、刑事罚金同属惩罚性债权,只不过前者是私法债权,后两者是公法债权。原告虽主张追缴的民事惩罚性赔偿金应在消费者诉讼时效届满后再上缴国库,但根据生活习惯,广大善良的消费者不会因为购买一包食盐而保存购买凭证及其外包装,以备日后诉讼之用。可以想见,至今没有消费者提起民事私益诉讼,今后也不会有。且在消费者的诉讼时效均不完全相同且不确定的情形下,一审法院认为将民事惩罚性赔偿金直接上缴国库,更符合实际情况。这样,民事惩罚性赔偿金的性质发生转化,事实上与行政罚款、刑事罚金类似,应参照行政罚款与刑事罚金竞合时相同的处理原则裁断,即两被告应给付的13 300元民事惩罚性赔偿金可在其被判处的罚金20 000元中予以抵扣,两被告无须再支付民事惩罚性赔偿金。

《消费民事公益诉讼解释》第13条第1款规定,原告在消费民事公益诉讼中,请求被告承担停止侵权、排除妨碍、消除危险、赔礼道歉等民事责任的,人民法院可予支持。本案中,两被告销售假盐的行为对众多不特定的消费者的合法权益造成损害,无人主张权利,说明众多消费者仍蒙在鼓里,两被告更应感到愧疚,应该通过公开赔礼道歉,以示真诚悔罪。原告请求判令两被告在广东省省级以上新闻媒体公开赔礼道歉的诉讼请求,有充分的事实和法律依据,法院予以支持。

一审法院判决:被告史某某、洪某某共同于本判决生效之日起十日内,在广东省省级以上新闻媒体上发表经本院认可的赔礼道歉声明;本案案件受理费132.5元,由被告史某某、洪某某负担。

焦点解读

1. 在消费公益诉讼中是否有权提起惩罚性赔偿

2015年12月出台的《人民检察院提起公益诉讼试点工作实施办法》第16条规定:"人民检察院可以向人民法院提出要求被告停止侵害、排除妨碍、消除危险、恢复原状、赔偿损失、赔礼道歉等诉讼请求。"2016年2月出台的《人民法院审理人民检察院提起公益诉讼案件试点工作实施办法》第3条也规定:"人民检察院提起民事公益诉讼,可以提出要求被告停止侵害、排除妨碍、消除危险、恢复原状、赔偿损失、赔礼道歉等诉讼请求。"这两个文件均规定人民检察院作为公益诉讼人提起民事公益诉讼时可以要求赔偿损失,而公益诉讼当然包括消费民事公益诉讼与涉环境民事公益诉讼。虽然涉环境民事公益诉讼涉及的赔偿损失案例较为多见，而消费民事公益诉讼案件中消费者协会与检察机关提起赔偿损失的案件屈指可数，但不能否认消费民事公益诉讼案件中原告也有要求赔偿损失的权利。

2016年5月施行的《消费民事公益诉讼解释》第13条规定："原告在消费民事公益诉讼案件中，请求被告承担停止侵害、排除妨碍、消除危险、赔礼道歉等民事责任的，人民法院可予支持。"该解释没有对可提起赔偿损失要求的明确表述，但一个"等"字既让人失望，又让人有所期待。毕竟，该解释没有明确否认原告主张赔偿的权利，使法院在实际裁判中有扩大解释的基础。实际上，为打击假冒伪劣商品，保障人民群众食品安全，早在2014年即施行的《食品药品司法解释》第17条第2款规定："消费者协会依法提起公益诉讼的，参照适用本规定。"该解释早已确认消费者协会提起公益诉讼时可以提起惩罚性赔偿。因此，消费公益诉讼案件是否可以提出赔偿损失的请求乃至提起惩罚性赔偿诉讼请求不应该再是一个问题。按此逻辑，既然消费者协会有权提起惩罚性赔偿的诉讼请求，那作为公益诉讼起诉人的检察机关提起惩罚性赔偿诉讼请求也应是理所当然。

实际上，消费民事公益诉讼案件惩罚性赔偿问题，在某些地区已实现突破。2018年以来，广东法院已有数起案例支持了消费者协会与检察机关公益诉讼案件惩罚性赔偿的诉讼请求，如本案。随着理论与审判实践的日趋统一，更加明晰的法律规定的出台指日可待。消费者的合法权益与社会公共利益的保护将进一步完善，必将对经营者守法经营意识的建立与提高起到重大的推动作用。

2. 惩罚性赔偿数额的确定

惩罚性赔偿诉讼请求数额的确定是一个棘手的问题。只有客观合理地确定数额，才可能获得法院的支持，否则势必影响公益诉讼的社会效果。在已有的几起惩罚性赔偿案件中，作为原告的消费者协会或公益诉讼人的检察机关，均是以刑事案件中确定的被告销售不符合食品安全标准的商品的销售价款作为基数，进而要求十倍的惩罚性损害赔偿的。这一损害赔偿数额与《食品安全法》第148条第2款价款十倍的标准是一致的，但销售数额的确定对作为涉消费者民事公益诉讼人而言的确是一个不小的考验。若不涉及刑事案件，往往无法全面掌握被告的销售数据从而确定销售数额。因此，对于无刑事案件证据作为依托的消费公益诉讼案件，公益诉讼人往往未提起损害赔偿的诉请，多要求被告承担停止侵害、排除妨碍、消除危险、赔礼道歉等民事责任。

为了确定惩罚性赔偿的基数，可以通过被告销售该类商品的销售总额来加以确定，如根据商品进货与销售报表或税务报表等材料，特别是税务发票来认定被告的销售金额。法院可以在诉讼中要求被告提供相关进货与销售材料，公益诉讼人也可以申请调查令，或要求法院依职权调取相关进货与销售材料以确定销售金额。公益诉讼人在提起诉讼时可以先前掌握的销售金额提起诉讼，在诉讼中可以根据后期调查掌握的销售金额对惩罚性赔偿数额进行变更。

本案中，法院依据被告的销售金额作为惩罚性赔偿的基数。在另一起检察机关诉刘某某公益诉讼案件中，法院亦裁决刘某某支付惩罚性赔偿金112万元。[①] 相对而言，在涉消费者公益民事诉讼案件中，以被告违法所得即利润部分作为惩罚性赔偿的基数似乎更为合适。至于高额赔偿金是否能实际执行到位，大多数人持保留态度。但如以违法所得作为基数，裁判金额将大为降低，既避免对经营者的过分惩罚，又同样起到了对经营者的震慑效果，亦可有效防止执行不能而影响诉讼效果的情形。至于外界担心的经营者会因此受益，一般而言，行政机关的处罚将会使经营者无法得利。

3. 食品消费公益诉讼中惩罚性损害赔偿金的管理与使用

消费民事公益诉讼的起诉人，与被告无直接的利害关系，仅为社会公共利益而提起诉讼，通过公益诉讼获得的最终利益也归社会公益。如果公益诉讼人能从中获取利益，则违背公益诉讼设立的初衷。对于因公益诉讼获得的损害赔偿款应当如何管理使用，是上缴国库，还是归入特定的基金，在审判

[①] 广州市中级人民法院（2017）粤01民初383号民事判决，载中国裁判文书网，http://wenshu.court.gov.cn/website/wenshu/181107ANFZ0BXSK4/index.html? docId = 174f3fb160204a598c44a8cd00966953，访问日期：2018年12月22日。

19 消费民事公益诉讼案件适用惩罚性赔偿

实践中尚有不同的理解与做法。

在本案中，消费者协会要求将惩罚性赔偿先由法院托管，待相关受损的消费者的诉讼时效到期后再由法院向国库缴纳。而法院认为，在消费者的诉讼时效不完全相同且不确定的情形下，应将民事惩罚性赔偿金直接上缴国库。在另一起检察机关作为公益诉讼起诉人的案件中，检察机关要求将惩罚性赔偿直接上缴国库，这一请求与法院的意见一致。[①] 就上述惩罚性赔偿款的管理与归属，由于受害者为广大的消费者，应当单独设立专门的消费者公益基金并由省级消费者协会管理与使用，以体现专款专用，将受侵害团体获得的赔偿款项用于自身，而非归入国库被挪用到与消费者无关的项目中。例如，在江苏省常州市人民检察院诉许某惠、许某仙民事环境公益诉讼案件中，法院即判决被告将对环境造成的损失赔偿款支付至环境公益基金专用账户。[②] 将消费民事公益诉讼获得的赔偿在扣除必要的诉讼费用后划归消费公益基金，可以将该赔偿金直接服务于广大消费者，提高公益诉讼人依法维权的积极性。

此外，从本案看，消费者协会的诉讼请求与法院裁判法律依据仍有较大分歧。法院判决将民事惩罚性赔偿金直接上缴国库后，认为涉案民事惩罚性赔偿金的性质发生转化，与行政罚款、刑事罚金类似，应参照行政罚款与刑事罚金竞合时相同的处理原则裁断，将被告应给付的民事惩罚性赔偿金可在其被判处的罚金中予以抵扣。

综上，食品消费公益诉讼还处于初始阶段，许多争议问题亟须在制度上进行完善。未来，需要在《食品药品司法解释》的基础上总结公益诉讼案件审理的一般规则，并通过单独的公益诉讼法律，就各专有领域诉讼程序和损害赔偿计算及赔偿金的管理、使用进一步加以明确。

---

① 广州市中级人民法院（2017）粤01民初383号民事判决，载中国裁判文书网，http://wenshu.court.gov.cn/website/wenshu/181107ANFZ0BXSK4/index.html? docId = 174f3fb160204a598c44a8cd00966953，访问日期：2018年12月22日。

② 江苏省常州市中级人民法院（2015）常环公民初字第1号，载中国裁判文书网，http://wenshu.court.gov.cn/website/wenshu/181107ANFZ0BXSK4/index.html? docId = f31cc0dd50754f658fc0e99990f9b0fa，访问日期：2019年4月13日。

实务指引

1. 消费者公益诉讼案件的起诉人

对我国食品责任公益诉讼的原告主体资格的规定并不明确，导致司法实践中食品责任民事公益诉讼案件并不多见。

《民事诉讼法》第 55 条规定："对污染环境、侵害众多消费者合法权益等损害社会公共利益的行为，法律规定的机关和有关组织可以向人民法院提起诉讼。人民检察院在履行职责中发现破坏生态环境和资源保护、食品药品安全领域侵害众多消费者合法权益等损害社会公共利益的行为，在没有前款规定的机关和组织或者前款规定的机关和组织不提起诉讼的情况下，可以向人民法院提起诉讼。前款规定的机关或者组织提起诉讼的，人民检察院可以支持起诉。"由此可见，可以提起食品消费民事公益诉讼的主体主要是法律规定的机关、有关组织及人民检察院。

（1）机关。一般是指国家行政机关。2016 年 5 月实施的《消费民事公益诉讼解释》第 1 条第 2 款规定"法律规定或者全国人大及其常委会授权的机关和社会组织提起的消费民事公益诉讼，适用本解释"。但在审判实践中，鲜见有国家行政机关作为消费民事公益诉讼的原告提起诉讼，常见的是人民检察院提起行政公益诉讼要求市场监督管理部门或卫生部门履行法定职责，对相关食品经营企业或个人进行处罚。有人认为，这里的机关指国家机关，主要是指检察机关，此理解显然有误。若按此理论，法院也属于国家机关。而且检察机关在诉讼中地位是"公益诉讼起诉人或公益诉讼人"而不是通常的"原告"，因此是有区别的。法律所规定的"机关"应当具有一定的行政管理职能，由国家统一制定编制，费用由国家财政支付。

（2）有关组织。从现有案例来看，在民事环境公益诉讼中，参与诉讼的组织有国家级的环保联合会、省级环保联合会、区县一级的环境公益协会，还包括起诉的事项与其宗旨和业务范围具有对应关系，或者与其所保护的环境要素及生态系统具有一定联系的社会组织。民事环境公益诉讼的参与主体范围明显广于消费民事公益诉讼，法律规定的消费民事公益诉讼最为明确的诉讼参与人是国家与省级消费者协会。

《消费者权益保护法》第47条规定："对侵害众多消费者合法权益的行为，中国消费者协会以及在省、自治区、直辖市设立的消费者协会，可以向人民法院提起诉讼。"该法中对消费者协会的层级进行了规定，未赋予区县一级消费者协会享有提起诉讼的权利。《消费民事公益诉讼解释》亦未突破此条约束，该解释第1条第1款规定："中国消费者协会以及在省、自治区、直辖市设立的消费者协会，对经营者侵害众多不特定消费者合法权益或者具有危及消费者人身、财产安全危险等损害社会公共利益的行为提起消费民事公益诉讼的，适用本解释。"而实际上我国人口超百万的区县多达100多个，各区域均有本地较为突出的侵犯消费者合法权益的案件，仅指定省、自治区、直辖市一级消费者协会参与公益诉讼，根本无法实现有效制约"经营者侵害众多不特定消费者合法权益或者具有危及消费者人身、财产安全危险等损害社会公共利益的行为"的需要，而且省一级消费者协会往往无精力大量参与民事公益诉讼，只能选择有较大隐患的个别案件进行诉讼，达到广而告之的目的。因此，扩大区县一级消费者协会参与民事公益诉讼，才可有效改变"假冒伪劣"商品泛滥，"知假买假"案件失衡的局面，真正实现消费者维权由点到面，由个人到组织，进一步规范经营者依法经营。除了区县一级消费者协会应当加入民事公益诉讼外，还可以考虑将食品行业协会也纳入食品公益诉讼的原告行列。

（3）人民检察院。人民检察院是法律监督机关。《民事诉讼法》第55条规定："……人民检察院在履行职责中发现破坏生态环境和资源保护、食品药品安全领域侵害众多消费者合法权益等损害社会公共利益的行为，在没有前款规定的机关和组织或者前款规定的机关和组织不提起诉讼的情况下，可以向人民法院提起诉讼。前款规定的机关或者组织提起诉讼的，人民检察院可以支持起诉。"《人民检察院提起公益诉讼试点工作实施办法》第14条规定："经过诉前程序，法律规定的机关和有关组织没有提起民事公益诉讼，或者没有适格主体提起诉讼，社会公共利益仍处于受侵害状态的，人民检察院可以提起民事公益诉讼。"此条规定表明，人民检察院是第二顺序的民事公益诉讼起诉人，只有在法律规定的机关或组织未提出或没有适格主体提起诉讼的特定条件下，人民检察院才可作为一方公益诉讼参与人参加民事公益诉讼。人民检察院参与的民事公益诉讼案件大多是因为在办理刑事案件中发现了线索，因此人民检察院作为民事公益诉讼一方参与诉讼，与作为被告一方的诉讼参与人，存在明显的地位差距，法院还需对此情节加以审查，以确定人民检察院是否符合法律规定，进而确定是否允许人民检察院作为消费民事公益诉讼起诉人提起诉讼。

显然，进一步扩大公益诉讼的参与民事主体，可以使检察机关逐步退出公益诉讼，保证公益诉讼良性发展，避免行政指令、行政任务导致的突击、集中参与起诉。

（4）个人。对于个人提起的消费民事公益诉讼，尚处于主体规定不明晰阶段，人民法院往往以其诉讼请求指向了不特定的多数人的利益，即社会公共利益，而认为其主体不适格而裁定驳回起诉。虽然以个人名义提起的民事公益诉讼尚不符合法律规定的公益诉讼，但其社会功能与社会导向却是相同的。此外，有些人提起诉讼，形式上仅为维护自身的合法权益，但其提起的民事诉讼也因涉及某一领域或不特定多数人的利益，而被社会大众视为民事公益诉讼，如有律师在高铁餐车就餐索要发票未果而提起的诉讼。

2. 对消费民事公益诉讼案件撤诉与调解的特别审查

在民事诉讼中以"定分止争"著称的调解或和解后的撤诉，一直是法院审判工作中所推行的工作方法。从实践来看，调解或调解后的撤诉，往往伴随着一方或双方的让步或妥协。消费民事公益诉讼案件是为了保护广大消费者利益，维护社会公共利益。作为特定诉讼主体的公益诉讼原告或公益诉讼人，代表广大消费者和社会公共利益，与被告进行和解或和解后撤诉不能侵害、牺牲消费者和社会公共利益，为了防止这一情况的发生，法院应当对公益诉讼原告或公益诉讼人的调解或撤诉行为进行审查，对于侵害消费者利益或公共利益的，法院应当依职权继续进行审理并作出裁判。

《人民法院审理人民检察院提起公益诉讼案件试点工作实施办法》第9条规定："人民检察院在法庭辩论终结前申请撤诉，或者在法庭辩论终结后，人民检察院的诉讼请求全部实现，申请撤诉的，应予准许。"该规定中诉讼请求全部实现才准许撤诉的规定，对于各类组织提起的消费者公益诉讼案件应当同样参照适用。对于经审查双方达成的和解协议或公益诉讼原告的撤诉请求未侵害或牺牲消费者和社会公共利益的，法院可以准许，但仍需将和解协议内容以调解书形式，或将准许撤诉的裁定内容公开，并通过新闻媒体进行公开，接受社会各界的监督。例如，上海市消费者权益保护委员会因手机预装软件无法卸载，诉天津市三星通信技术有限公司侵权责任纠纷一案中，在诉讼中三星公司向上海市消费者权益保护委员会表达了遵守中国法律、保障消费者在消费过程中的知情权和选择权的态度，并表示将积极纠正其不当做法。上海市消费者权益保护委员会认为，其提起本案公益诉讼旨在督促生产经营者要充分保护消费者的知情权和选择权，鉴于三星公司已经纠正侵害消费者权益的不当行为，诉讼目的已经实现，故向法院申请撤诉。上海市第一中级人民法院认为，因被告的积极整改不当行为已达到原告诉讼目的，原告申请撤诉符合法律规定，亦不违背社会公共利益，故予以准许。[①] 该院准予撤诉的裁定书详尽介绍了公益诉讼原告撤诉的理由、三星公司的整改方案等案件审理情况，让社会公众充分了解了案件的审理过程与结果，对其他手机生产厂家也起到了警示作用，完全达到了公益诉讼的目标。

在江苏省消费者权益保护委员会诉上海铁路局停止"强制实名制购票乘车后遗失车票的消费者另行购票"一案中，上海铁路运输中级人民法院以浙江省消费者权益保护委员会未能提供符合法律规定的相应起诉证明材料，不符合公益诉讼的起诉条件，而裁定"不予受理"。[②] 此后，媒体称，从上海市高级人民法院网站公布的裁判文书中获悉，浙江省消费者权益保护委员会已于2015年11月30日向上海铁路运输中级人民法院申请撤回上诉。上海铁路运输中级人民法院民事裁定书显示，浙江省消费者权益保护委员会因不服上海铁路运输中级人民法院（2015）沪铁受初字第1号民事裁定，向上海铁路

[①] 上海市第一中级人民法院（2015）沪一中民一民初字第10号民事裁定，载中国裁判文书网，http：//wenshu. court. gov. cn/website/wenshu/181107ANFZ0BXSK4/index. html? docId = 091327f8c2e84aa0afd85f9bb57bd714，访问日期：2018年12月22日。

[②] 汪静、马杰：《首例消费公益诉讼未受理超一个月 浙江省消保委再上诉》，载杭州网，2015年1月31日，https：//ori. hangzhou. com. cn/ornews/content/2015 - 01/31/content_ 5634422. htm，访问日期：2018年12月22日。

运输中级人民法院提起上诉。上诉期间，上诉人浙江省消费者权益保护委员会以相关诉争事项已与上海铁路局达成谅解、已无继续诉讼的必要为由，于2015年11月30日向上海铁路运输中级人民法院申请撤回上诉。上海铁路运输中级人民法院经审查认为，当事人有权在法律规定的范围内处分自己的诉讼权利。上诉人浙江省消费者权益保护委员会的撤诉申请符合有关法律规定，依法应予准许。[①] 从媒体公布的内容无法了解案件的审查情况与双方谅解的内容，虽然此例"公益诉讼"未能正式进入实体审查程序，但还是引起了铁路部门的重视，改进了相关工作，达到了保护广大旅客合法权益的目的。从2017年1月1日起，旅客若在列车上、出站检票前丢失实名制火车票，可找列车长或到车站出站口办理挂失补办手续。

3. 消费民事公益诉讼案件费用的缴纳

《民事诉讼法》第118条规定，当事人进行民事诉讼，应当按照规定交纳案件受理费。财产案件除交纳案件受理费外，并按照规定交纳其他诉讼费用。当事人交纳诉讼费用确有困难的，可以按照规定向人民法院申请缓交、减交或者免交。按此规定，作为民事公益诉讼，自然要按照该法的规定缴纳相关诉讼费用，但由于此类诉讼往往与己身利益无直接关系，而是为了维护社会公共利益而提出的，因此对此类公益诉讼需在各方面给予便利、鼓励，才能体现法律对公益诉讼的支持。从本案来看，作为公益诉讼原告的广东省消费者委员会在起诉时缴纳了百余元案件受理费，在检索时发现的另一起检察机关作为公益诉讼起诉人的案件中，检察机关在起诉时缴纳了万余元的案件受理费。

显然，民事公益诉讼的支出存在一定的偶发性，而且数额上存在不确定性，现阶段在财政供养的行政机关、事业单位及自收自支的公益性社会团体中尚无公益诉讼费用的列支项目。因此，在民事公益诉讼中，对民事公益诉讼原告或起诉人交纳诉讼费用确有困难的，法院应当准许原告或起诉人申请缓交、减交或者免交。对于公益诉讼原告或起诉人诉讼请求未获得支持的，

---

① 黄安琪：《"公益诉讼第一案"：浙江消保委与上海铁路局达成谅解》，载搜狐网，2015年12月14日，http://news.sohu.com/20151214/n431143770.shtml，访问日期：2018年12月22日。

法院应对案件的社会效果加以评估,通过这一案件的审理是否达到了对社会或某一行业的教育、警示的作用,是否有滥用诉权的情形,从而决定是否在裁决中对案件受理费用进行减免。

在消费民事公益诉讼案件中,若该案件属于人民检察院依法督促的法律规定的机关或经建议符合法律规定条件的有关组织提起的民事公益诉讼,则对于此类公益诉讼案件原告提起的财产保全申请,经人民检察院的建议,法院在采取保全措施时应当无须提供担保。同理,对于人民检察院经过诉前程序,法律规定的机关和有关组织没有提起民事公益诉讼,或者没有适格主体提起诉讼,而由人民检察院提起民事公益诉讼且申请财产保全的,人民检察院无须提供担保。

4. 消费民事公益诉讼案件举证责任的倾斜

除了"多一事不如少一事"的观念外,符合提起消费民事公益诉讼的机关和组织,大多业务上无能力进行诉讼,或者无能力调查收集证据,故对检察院的督促或建议经常予以回绝。正是由于这种信息不对称,法院在分配举证责任时应对除检察机关之外的公益诉讼人加以倾斜,加重被告的举证责任。

《民事诉讼法》第81条规定,在证据可能灭失或者以后难以取得的情况下,当事人可以在诉讼过程中向人民法院申请保全证据,人民法院也可以主动采取保全措施。《消费民事公益诉讼解释》第8条规定:"有权提起消费民事公益诉讼的机关或者社会组织,可以依据民事诉讼法第八十一条规定申请保全证据。"法院除要求经营者就不存在侵害消费者合法权益的行为及对社会公共利益造成损害的事实进行举证外,应及时进行证据保全,保证案件审理的顺利进行。

【司法解释修改建议】

建议在《食品药品司法解释》中增加一条:"消费民事公益诉讼案件亦适用惩罚性赔偿。"

20 食品标签瑕疵不适用惩罚性赔偿的情形

董某某与中山市某食品有限公司网络购物合同纠纷案*

【核心观点】

标签有瑕疵的食品并不必然等同于不安全食品。并非每一个标签瑕疵均会影响食品安全,误导消费者,生产、经营者可对部分标签瑕疵不承担惩罚性赔偿金,但应根据消费者的要求接受退货。

如有证据证明经营者明知标签存在瑕疵但在合理期间内未予纠正的,可按欺诈追究其惩罚性赔偿责任。

【案情简介】

上诉人(原审原告):董某某

被上诉人(原审被告):中山市某食品有限公司(以下简称某公司)

2018年7月16日,消费者董某某在京东商城某公司旗舰店购买了红糖凤凰卷1盒、海盐凤凰卷1盒;后又于同年7月29日在同一店铺购买了红糖凤凰卷50盒。董某某分别于次日收到购买的货物,共计消费金额为941.5元。董某某认为涉案商品违反了《食品安全国家标准 预包装食品标签通则》(GB7718—2011)4.1.4.1的规定,应标示所强调配料或成分的添加量或在成品中的含量,而涉案产品在宣传图案以及文字中强调了红糖和海盐,但是

---

* 北京市第二中级人民法院(2019)京02民终2428号民事判决,载中国裁判文书网,http://wenshu.court.gov.cn/website/wenshu/181107ANFZ0BXSK4/index.html?docId=228aba0e96e54b43a019aa2000117a26,访问日期:2019年4月6日。

在产品配料成分表中并未对红糖和海盐的添加量和含量进行标注。

董某某向一审法院起诉,请求:(1)判令某公司退还董某某购物款941.5元;(2)判令某公司十倍赔偿董某某9415元;(3)诉讼费由某公司承担。

| 一审法院判决 |

一审法院认为,董某某在某公司经营的食品店中购买凤凰卷,双方形成的网络购物合同关系,系双方当事人真实意思的表示,合法有效。涉案产品在宣传图案以及文字中强调了红糖和海盐,但是在产品配料成分表中并未对红糖和海盐的添加量以及含量进行标注,违反了标签通则相关规定,但是董某某并未对其所购买的产品的质量提出异议。根据《食品安全法》第148条,涉案产品的标签瑕疵应当属于不影响食品安全且不会对消费者造成误导的瑕疵,故董某某要求某公司给付十倍赔偿以及退还购物款的诉讼请求,于法无据,一审法院不予支持。某公司经一审法院合法传唤,无正当理由拒不到庭应诉和质证,故一审法院依法缺席判决。

一审法院判决:驳回董某某的诉讼请求。

| 二审法院判决 |

二审法院认为,根据《食品安全国家标准 预包装食品标签通则》(GB7718—2011)4.1.4.1,如果在食品标签或食品说明书上特别强调添加了或含有一种或多种有价值、有特性的配料或成分,应标示所强调配料或成分的添加量或在成品中的含量。红糖和海盐并非有价值、有特性的配料或成分,因此不需要在产品配料表中对红糖和海盐的添加量和含量进行标注,涉案商品未违反《食品安全国家标准 预包装食品标签通则》的相关规定。董某某要求某公司给付十倍赔偿以及退还购物款的诉讼请求于法无据,法院不予支持。一审判决虽然在论证裁判理由方面存在论据瑕疵,但判决结果正确。

二审法院判决:驳回上诉,维持原判。

> **焦点解读**

1. 标签瑕疵的定义

《食品安全法》有两处提及标签瑕疵的责任承担，一处是第 125 条规定了行政管理部门对标签、说明书瑕疵（以下简称标签瑕疵）问题的处罚；另一处是第 148 条规定了标签瑕疵民事责任的承担。该法有关标签瑕疵的规定属于新规定，但应当如何理解与适用，该法并未作出进一步规定。2019 年修订的《中华人民共和国食品安全法实施条例》（以下简称《食品安全法实施条例》）亦未作出相应规定。

2016 年的《食品安全法实施条例（修订草案送审稿）》（以下简称《食安条例送审稿》）附则中规定，食品、食品添加剂的标签、说明书存在瑕疵，是指食品、食品添加剂的标签、说明书在字符间距、字体大小、标点符号、简体繁体、修约间隔等非实质内容，存在不符合食品安全标准的情形，不影响食品安全且不会对消费者的食品安全消费造成误导。在审判实践中，标签瑕疵的认定范围大大超过了《食安条例送审稿》有关瑕疵的范围。法院的判决更多从"是否影响食品安全""是否造成误导"等角度进行审查，从而确定该标签瑕疵是否应承担惩罚性赔偿，而不简单地限定在"笔误"范围内。在正式公布的 2016 年版、2019 年版《食品安全法实施条例》中未见"标签瑕疵"的相关内容，在一定程度上默认了法院的相关裁决，或者说"标签瑕疵"的认定争论仍将持续。如在某网络购物合同纠纷案件中，一审法院认为涉案商品为干海参，其标签中未标注盐分的含量范围，违反了食品安全国家标准，但属于不会影响食品安全且不会对消费者造成误导的标签瑕疵，故仅支持了消费者的退款请求。二审法院对该判决予以维持。[①]

2. 审判实践中审查标签瑕疵的三个要件

《食品安全法》第 148 条第 2 款规定："……但是，食品的标签、说明书

[①] 北京市第二中级人民法院（2019）京 02 民终 1427 号民事判决，载中国裁判文书网，http: //wenshu. court. gov. cn/website/wenshu/181107ANFZ0BXSK4/index. html? docId = f1968d1d1af940c187e6aa090010c85f，访问日期：2019 年 4 月 6 日。

存在不影响食品安全且不会对消费者造成误导的瑕疵的除外。"《食安条例送审稿》有关瑕疵的规定虽未被《食品安全法》采纳,但在行政执法实践中可以被借鉴。由此,法院在审查确认标签瑕疵时,可以根据消费者所描述的食品问题标签情形,从三个方面进行考量。

(1) 非实质内容。食品标签中的非实质内容,是指某项内容的标注与否并不会影响食品必然固有的性质,该部分的缺失或错差并不导致食品质量的变化或风险。《食安条例送审稿》有关瑕疵含义的表述,多集中在这些方面,往往可归结为"笔误"类的瑕疵。如《食品安全国家标准 预包装食品标签通则》(GB7718—2011) 就规定,标签应清晰、醒目,便于消费者辨认与识读;真实、准确;使用规范汉字书写正确;中外文应有对应关系等。但罗列的这些关于非实质内容的错误,与纷繁复杂的食品标签现状相比,过于简单,并不能正确应对千变万化的市场情况,需要行政机关、司法机关根据案件的实际情况,严把口径,避免走向另一个极端。如在某买卖合同纠纷案件中,法院认为经营者违反法定义务,即便该义务涉及的违反食品安全的具体情形在食品标签上有体现,违反该法定义务的情形也不应该再归入标签瑕疵的范畴,否则食品标签的瑕疵范畴的外延便会无限扩大,进而导致《食品安全法》第34条等关于禁止经营的法定义务的内涵过于空心化,失去应有的制度意义,不利于维护食品安全。[①]

(2) 不影响食品安全。根据《食品安全法》,食品安全是指食品无毒、无害,符合应当有的营养要求,对人体健康不造成任何急性、亚急性或者慢性危害。法院多以此定义作为评判瑕疵构成与否的内容之一。"不影响食品安全"的要求明显高于"不符合食品安全标准",因为不符合食品安全标准的食品不一定是不安全食品,反之,不安全食品肯定是不符合食品安全标准的食品。如在某买卖合同纠纷案件中,法院认为涉诉产品外包装上明确写有"加贡菊"字样,却未标注贡菊的具体含量,应当认为该产品标签不符合《食品安全国家标准 预包装食品标签通则》(GB7718—2011) 的规定。但

[①] 北京市第一中级人民法院 (2018) 京 01 民终 8551 号民事判决,载中国裁判文书网,http://wenshu.court.gov.cn/website/wenshu/181107ANFZ0BXSK4/index.html? docId = e1dab14d175d4d589efcaa0a00117592,访问日期:2019 年 3 月 23 日。

贡菊作为菊花的一种，根据国家卫生和计划生育委员会公布的《既是食品又是药品的物品名单》，菊花可以作为食品原料，不会对食品安全造成影响。因此，涉诉商品的标签虽然存在瑕疵，但并不影响食品安全亦不会对消费者造成误导。遂对消费者的惩罚性赔偿请求不予支持。①

（3）不会对消费者造成误导。主要的误导表现形式有概念性误导、广告宣传误导、价格误导、视觉误导等。《食品安全国家标准　预包装食品标签通则》（GB7718—2011）规定，标签应通俗易懂、有科学依据；不得以虚假、夸大、使用消费者误解或欺诈性的文字、图形等方式介绍食品；也不得利用字号大小或色差误导消费者；不应标注或者暗示具有预防、治疗疾病作用的内容。如在本案中，法院认为涉案产品在产品配料成分表中并未对红糖和海盐的添加量以及含量进行标注，违反了标签通则相关规定。但消费者并未对其所购买的产品的质量提出异议，涉案产品的标签瑕疵应当属于不影响食品安全且不会对消费者造成误导的瑕疵。法院在裁决中对"未误导"的认定理由与原告的诉求不在同一个轨道上，购买者提出的是"食品标准"，法院认定的是"食品安全"。

3. 标签实质内容应是认定标签瑕疵的关键

根据《食品安全法》第125条和第148条，结合《食安条例送审稿》规定的瑕疵含义，标签的实质内容才是确定标签瑕疵是否符合食品安全标准的关键因素，若标签实质内容差错必定影响食品安全，也必然不符合食品安全标准；而标签非实质内容不符合食品安全标准有误导消费者之嫌的，则有可能构成经营者的欺诈。因此，构成标签实质内容差错的，经营者应承担惩罚性赔偿责任；在标签非实质内容差错的情况下，才有进一步审查是否"影响食品安全""误导消费者"的必要。如食品标签标注的食品日期已过保质期，这显然是影响食品安全的实质问题，因此可直接认定该食品不符合食品安全标准。

---

① 北京第三中级人民法院（2019）京03民终1890号民事判决，载中国裁判文书网，http://wenshu.court.gov.cn/website/wenshu/181107ANFZ0BXSK4/index.html?docId=8bf6063bb2ad442da441aa180010f5d0，访问日期：2019年4月6日。

审判实践中，借助经验法则的判断，部分法院将瑕疵"口袋化"，扩大了对标签瑕疵的认定，并且说理满足"不影响食品安全""不误导消费者"的条件。而在此情况下，这两个评价要件已属"鸡肋"，在无检验结果的情况下，全由法官判定是否"不影响食品安全"以及主观确定"不误导消费者"。如在某买卖合同纠纷案件中，法院认为，涉案商品营养标签中脂肪含量标注超出《食品安全国家标准 预包装食品营养标签通则》（GB28050—2011）规定的误差范围，判定涉案商品系不符合食品安全标准的食品。涉案商品营养值标注错误，属于食品安全的范畴，且脂肪含量标注数值亦影响消费者的购买决策，因此，涉案商品不属于标签瑕疵情形。[1] 但在另一起网络购物合同纠纷案件中，涉案商品营养成分表项目栏内标注有反式脂肪酸，与反式脂肪酸相对应的含量及百分比部分标示为"0"、部分未作标示。法院认为涉案商品标签对反式脂肪酸的标注，存在不符合规定的瑕疵，但并未对食品安全造成影响，不会对消费者造成食品安全方面的误导，因此本案不属于应适用十倍价款赔偿的情形。[2]

此外，"误导"形态多变，包括未合理标注的被误导，也包括消费者忽视而被误导、知识欠缺而被误导，还有就是因为明知标签差错而进行购买索赔的被误导的情形，法官并无法全面进行判定。自由裁量的无限制必将出现对标签瑕疵的认定进行扩张的结果，不利于经营者的自我管理与成长。食品安全标准有明确规定就应不折不扣地执行，对标签瑕疵认定的放松和扩大，亦是对经营者违规行为的放纵与不负责。

综上，在食品安全方面，对经营者既要严格要求，有错必究，也要给经营者宽松的氛围，对标签差错进行分别对待，既要考虑经营者的主观过错程度，也要审查过错成因，分情况确定处罚标准。更为紧迫的是，应当尽快明确标签实质与非实质内容的认定标准、范围，防止裁判领域自由裁量空间过大。

---

[1] 北京市第一中级人民法院（2018）京01民终9574号民事判决，载中国裁判文书网，http://wenshu.court.gov.cn/website/wenshu/181107ANFZ0BXSK4/index.html?docId=ff6cd9315af9499fa09daa040011a90a，访问日期：2019年4月13日。

[2] 北京市第二中级人民法院（2019）京02民终1656号民事判决，载中国裁判文书网，http://wenshu.court.gov.cn/website/wenshu/181107ANFZ0BXSK4/index.html?docId=78c3c82e89d547a6a1d8aa090010c84c，访问日期：2019年4月13日。

▎实务指引▎

1. 市场监督管理部门认定为标签瑕疵的情形

纵观上海市发布的《预包装食品标签相关案件处理指导意见》、北京市发布的《北京市食品药品监督管理局食品类相关案件处理指导意见（一）》及山东省发布的《山东省食品药品监管系统执法办案指导意见（一）》等各省市的相关规定，行政机关就《食品安全法》第125条第2款规定的食品、食品添加剂标签存在的瑕疵认定口径包括但不限于以下情形：（1）标签文字使用中出现错别字，但该错别字不产生错误理解，例如，"营养成分"被标注为"营养成份"。（2）标签文字使用繁体字，但该繁体字不产生错误理解，例如，"蛋白质"被标注为"蛋白質"。（3）标签符号使用不规范，但该不规范符号不产生错误理解，例如，《食品安全国家标准 预包装食品标签通则》"（GB7718—2011）"被标注为"（GB7718/2011）"。（4）标签营养成分表数值符合检验标准，但数值标注时修约间隔不规范，例如，食品标签营养成分表中标注"能量935.2千焦、蛋白质4.12克、饱和脂肪酸14克、钠34.5毫克"，按照《食品安全国家标准 预包装食品营养标签通则》（GB28050—2011）规定，能量、蛋白质、饱和脂肪酸、钠的修约间隔分别为1、0.1、0.1、1，该标注不符合规定（应标注为：能量935千焦、蛋白质4.1克、饱和脂肪酸14.0克、钠35毫克）。（5）标签营养成分表标示单位不规范，但是不规范标注不会产生错误理解，例如，食品标签营养成分表中将"能量"的标示单位标注为"KJ"，不符合标准的"千焦（kJ）"标注规定。（6）标签上生产日期、保质期标注为"见包装某部位"，但未能准确标注在某部位的，例如，预包装食品标签上标注"生产日期见产品包装底部"，但实际标注在产品包装顶部。（7）标签上"净含量"等强制标示内容的文字、符号、数字高度小于规定，外文字号大于相应的中文，但该不规范标注不会产生错误理解。（8）标签上规格、净含量的标注方式和格式不符合标准规定，例如，"1kg"不规范标注为"1000g"。（9）预包装食品标签标注的食品名称不规范，食品名称未选择国家标准、行业标准、地方标准规定的食品名称，但不会产生错误理解的。（10）国产食品的标签上外文翻译不准确，但该不规范翻译不产生错误理解的。（11）预包装食品标签没有使用食品添加剂在国家标准中的通用名称，而不规范使用了食品添加剂的俗称，但该不规范标注不会产生错误理解，例如，预包装食品标签食品添加剂标注的名称为"食用碱"，没有使用规范的通用名称"碳酸氢钠"。

上述第1—9条是上海、北京、山东三地市场监管机关共同认可的行政执法中可认定为瑕疵的情形；第10条是北京、山东两地市场监管机关认可的瑕疵情形；第11条是上海市场监管机关单独认可的瑕疵情形。由此可见，行政机关的认识也有少许不同，但三地对大部分瑕疵情形有着完全一致的认识，由行政执法经验总结而得的上述瑕疵辨别情形，可供法院在审理案件时参照适用。

2. 标签瑕疵食品属于不符合食品安全标准的食品

食品安全标准是食品经营者、检验机构及市场监督管理部门共同遵循的技术性规范，是保护消费者健康权与知情权的依据，更是食品流通销售的最基本条件。《食品安全法》第三章规定食品安全标准是强制执行的标准，并就食品安全标准事宜进行了详细阐述。从其表述内容来看，食品安全标准涉及面较广，涵盖了特定物质的限量规定、添加剂使用规范、特定人群食品营养成分、食品标签、食品质量、食品检验、食品卫生等诸多内容。设置食品安全标准的目标是保障公众身体健康，确保食品安全标准科学合理、安全可靠。食品安全标准不仅意味着食品无毒无害，符合营养要求、不对人体健康造成危害等内在的食品安全要求，还意味着与食品卫生、营养等食品安全要求有关的标签、标志、说明书等符合形式性的要求。换而言之，食品安全标准不仅包括食品本身安全，与食品卫生、营养等食品安全要求有关的标签、标志、说明书等符合具体要求亦是食品安全的标准之一。

依据《食品安全国家标准 预包装食品标签通则》（GB7718—2011）第3条基本要求的相关规定，标签应当真实、准确，不得以虚假、夸大、使消费者误解或欺骗性的文字、图形等方式介绍食品。据此，标签瑕疵并没有符合标签有关"准确"的要求，因此，标签瑕疵食品属于不符合食品安全标准的食品，只是对此类标签瑕疵食品有条件地不适用惩罚性赔偿。

3. 经营者标签误导消费者的处理

2016年12月12日，江苏省高级人民法院发布《江苏省高级人民法院关于审理消费者权益保护纠纷案件若干问题的讨论纪要》，该讨论纪要规定消费者购买的食品标签、说明书存在瑕疵，但不影响食品安全的，消费者请求依据《食品安全法》要求经营者承担十倍惩罚性赔偿，人民法院不予支持。消费者因该瑕疵受到误导，依据《消费者权益保护法》第55条的规定主张三倍惩罚性赔偿，人民法院应予支持。上述讨论纪要采用了"误导"的标准，但是《食品药品司法解释》确定了"知假买假"也可以主张赔偿。所谓的"误导"有时并不存在，对这一情节在审判实践中也应予以充分考虑。

需要指出的是，经营者明知标签存在瑕疵但未予纠正，且在被投诉、举报或诉讼某一时间段后仍销售标签瑕疵食品的，应按欺诈承担惩罚性赔偿责任。因为在标签瑕疵已被确认的基础上，经营者不思悔改，在被投诉、举报或诉讼后仍继续生产、销售存在标签瑕疵的食品，显然存在主观故意。此时，消费者的再次维权，法院不应对经营者给予宽恕，而应以欺诈要求经营者承担惩罚性赔偿责任。这一规定与《食品安全法》第125条"拒不改正的，处二千元以下罚款"的规定是同一逻辑，即有条件给予豁免，拒不改正的，则给予处罚。至于对经营者明知标签存在瑕疵后多久的销售行为消费者可追究欺诈责任，一个月的时间是否合适？这可再行探讨，因为标签瑕疵的行为应当在很短的时间内就可以得到纠正，除非经营者为减少损失而故意长期进行销售，在此情况下要求经营者承担惩罚性赔偿责任也就顺理成章了，毕竟，通过惩罚性赔偿降低经营者的违法收益是惩罚性赔偿制度设立的目的之一。

【司法解释修改建议】

建议在《食品药品司法解释》中增加一条："经营者明知标签存在瑕疵但未予纠正，在被投诉、举报或诉讼30天后仍生产、销售标签瑕疵食品的，按欺诈承担惩罚性赔偿责任。"

21 消费者可同时主张精神损害赔偿与惩罚性赔偿

陈某某与刘某某、赵某某、邓某某、刘某产品责任纠纷案*

【核心观点】

经营者生产、销售不符合食品安全标准的食品,造成消费者或者其他受害人死亡或者健康受到严重损害的,受害人可以要求精神损害赔偿,并有权要求价款十倍惩罚性赔偿。

案情简介

上诉人(原审被告):刘某某、赵某某

被上诉人(原审原告):陈某某

原审被告:邓某某、刘某

陈某某称,因为刘某某在微博中的网红效应,吸引其与40个"90后"同学购买了刘某某、赵某某生产销售的祛痘美白万能膏等伪劣化妆品,并在使用后导致其面部损伤。

陈某某向一审法院起诉,请求:(1)刘某某、赵某某、邓某某、刘某连带退还货款3814.83元(其中祛痘美白万能膏货款合计1210元)并赔偿

---

* 广东省中级人民法院(2019)粤01民终901号民事判决书,载中国裁判文书网,http://wenshu.court.gov.cn/website/wenshu/181107ANFZ0BXSK4/index.html? docId = e095f3f7bcbd4ea99823aa0600996746,访问日期:2019年6月29日。

38 148.3元；（2）刘某某、赵某某、邓某某、刘某连带赔偿陈某某医疗费225.2元，交通费100元；（3）刘某某、赵某某、邓某某、刘某连带赔偿陈某某精神损失抚慰金3000元；（4）刘某某、赵某某、邓某某、刘某承担本案诉讼费。

一审法院判决

一审法院认为，（2017）粤0115刑初437号刑事判决书已确认了刘某某、赵某某销售祛痘美白万能膏的事实，陈某某在使用祛痘美白万能膏后出现激素依赖性皮炎、脂溢性皮炎等人身损害，该疾病症状在脸部，所引发的购买者心理不适感难以消除。

一审法院判决：（1）刘某某、赵某某自判决发生法律效力之日起十日内，连带向陈某某返还货款1200元并赔偿十倍价款12 000元。（2）陈某某应于判决发生法律效力之日起十日内，退还所购买的上述产品给被告刘某某、赵某某；如不能退还，则按相应价格折抵应退货款。（3）刘某某、赵某某自判决发生法律效力之日起十日内，连带向陈某某赔偿医疗费225.2元。（4）刘某某、赵某某自判决发生法律效力之日起十日内，连带向陈某某赔偿交通费20元。（5）刘某某、赵某某自判决发生法律效力之日起十日内，连带向陈某某赔偿精神损害抚慰金1000元。（6）驳回陈某某的其余诉讼请求。

二审法院判决

二审法院认为，本案主要争议焦点是：（1）涉案产品是否构成侵权和责任承担认定；（2）祛痘美白万能膏十倍货款的赔偿请求是否合法有据；（3）精神损害抚慰金和医疗费的赔偿请求是否合法有据。根据双方的诉辩和提交的证据，二审法院作出如下认定和处理。

关于焦点1，根据生效刑事判决认定刘某某、赵某某生产、销售的祛痘美白万能膏，购买者在使用后出现激素依赖性皮炎、脂溢性皮炎等皮肤症状，已构成生产、销售伪劣产品罪，陈某某是已向公安机关备案的受害人之一。而且，陈某某为证明其使用该万能膏后出现皮肤症状需要到医院治疗，提交了病历和医疗费付费单据，足以证实涉案产品对陈某某造成损害的事实。陈

21 消费者可同时主张精神损害赔偿与惩罚性赔偿

某某因使用涉案产品受损,虽然刘某某、赵某某已经受到刑事处罚,但根据《侵权责任法》第4条"侵权人因同一行为应当承担行政责任或者刑事责任的,不影响依法承担侵权责任"的规定,陈某某请求刘某某、赵某某对其承担产品赔偿责任合法有据。刘某某、赵某某拒绝承担赔偿责任的理由不成立,二审法院不予支持。

关于焦点2,基于陈某某因使用刘某某、赵某某生产、销售的伪劣产品祛痘美白万能膏引发皮肤症状的损害事实,原审判决刘某某、赵某某向陈某某支付前述祛痘美白万能膏价款十倍赔偿合法合理,刘某某、赵某某因该生产、销售行为被处以刑事处罚,并不构成其免除向陈某某承担该民事惩罚性赔偿责任的正当理由,二审法院对刘某某、赵某某上诉要求改判其无须支付价款十倍赔偿的请求不予支持。

关于焦点3,根据《侵权责任法》第3条"被侵权人有权请求侵权人承担侵权责任"的规定。基于陈某某因使用刘某某、赵某某生产、销售的伪劣产品祛痘美白万能膏引发皮肤不适症状到医院接受治疗,实际发生医疗费损失的事实,一审法院判决刘某某、赵某某向陈某某赔偿合法有据,并无不当。至于精神损害抚慰金,虽然陈某某所受损害并没有达到致残的程度,但有鉴于脸部皮肤症状涉及个人形象,客观上对陈某某的生活和工作造成不良影响,原审酌定给予适当赔偿合理。刘某某、赵某某拒绝赔偿理由不充分,本院不予支持。

基于上述理由,二审法院判决:驳回上诉,维持原判。

焦点解读

1. 精神损害赔偿以消费者人身受到实际损害或遭受严重精神损害为适用前提

精神损害赔偿是权利主体因其人身权益受到不法侵害,遭受精神痛苦或精神受到损害而要求侵害人给予赔偿的一种民事责任。《最高人民法院关于确定民事侵权精神损害赔偿责任若干问题的解释》第1条规定,自然人因生命权、健康权、姓名权、肖像权、名誉权、荣誉权、人格尊严权、人身自由权等人格权利受到非法侵害的,可以向法院主张精神损害赔偿。精神损害赔偿的权利只适用于自然人。因此,作为自然人的消费者在人身或人格权利受到非法侵害后,可向侵权人主张精神损害赔偿。在食品药品领域,判断经营者是否应当承担精神损害赔偿责任,消费者是否有权主张精神损害赔偿,可从以下几个方面考虑:(1)有损害事实。消费者因经营者的侵权行为导致人身或人格权利受到侵害。但如果精神损害轻微的,则不能主张精神损害赔偿金。(2)行为的违法性。经营者的侵权行为已违反法律规定。(3)因果关系。经营者的侵权行为与消费者所遭受的精神损害具有因果关系。(4)经营者主观上有过错。侵权行为人只有主观上有过错,才承担精神损害的赔偿责任。如经营者主观上无过错,则无须承担赔偿责任。不过,按照"违法即过失"的原理,行为违法本身有时就能证明经营者的主观过错。本案中,刘某某、赵某某生产、销售的祛痘美白万能膏,购买者在使用后出现激素依赖性皮炎、脂溢性皮炎等皮肤症状,已构成生产、销售伪劣产品罪,因此,刘某某、赵某某的主观过错已经不证自明。

2. 消费者可同时主张精神损害赔偿与惩罚性赔偿

《消费者权益保护法》第55条第2款规定:"经营者明知商品或者服务存在缺陷,仍然向消费者提供,造成消费者或者其他受害人死亡或者健康严重损害的,受害人有权要求经营者依照本法第四十九条、第五十一条等法律规定赔偿损失,并有权要求所受损失二倍以下的惩罚性赔偿。"其中,该法第49条规定的是医疗费、护理费、交通费等为治疗和康复支出的合理费用,以及因误工减少的收入。造成残疾的,还应当赔偿残疾生活辅助具费和残疾赔偿金。造成死亡的,还应当赔偿丧葬费和死亡赔偿金。该法第51条规定了经营者造成消费者或他人严重精神损害的,受害人可以要求精神损害赔偿。根据上述法律规定,经营者对自身违规行为造成消费者损害的赔偿范围,涵盖实际支出的治疗费用,消费者人格尊严、人身自由等人身权益受到侵犯所应获得的精神抚慰金,更包括法定的惩罚性赔偿金。

因此,消费者同时主张精神损害赔偿与惩罚性赔偿并无法律上的障碍。当然,消费者主张精神损害赔偿,需视具体情形而定,精神损害赔偿的方式包括停止侵害、恢复名誉、消除影响、赔礼道歉等。只有在存在精神损害严重后果的情形下，法院才会根据受害人一方的请求，判令经营者承担相应的精神损害抚慰金。本案中，原告主张 3000 元的精神损害抚慰金，法院认定被告的行为确实对原告造成精神损害，并根据受害的具体情形，酌定被告赔偿原告精神损害抚慰金 1000 元。

3. 食品消费者当然适用《消费者权益保护法》的规定

《消费者权益保护法》调整的是消费者与经营者的法律关系。《食品安全法》调整的是食品消费者和食品生产加工者、经营者的法律关系。按照"特别规定优于一般规定"的原则，《食品安全法》有特别规定的，以其为准，未作规定但涉及消费者权益保护的，受《消费者权益保护法》的保护。

在本书案例 8 中，已就食品责任惩罚性赔偿案件宜归入《侵权责任法》进行规范作了阐述，因此作为侵权案件受害人的食品消费者向经营者主张精神损害赔偿符合法律规定。如消费者因食品不符合安全标准遭受人身损害的，有权主张精神损害赔偿。当然，食品领域消费者可向经营者同时主张精神损害赔偿与惩罚性赔偿，与其他领域消费者不同的是，《食品安全法》规定"消费者可以向生产者或者经营者要求支付价款十倍或者损失三倍的赔偿金"。至于食品领域消费者在实际案件中同时主张精神损害赔偿与惩罚性赔偿能否得到法院的支持，关键在于消费者能否证明其所购食品不符合食品安全标准，更要举证证明该食品对其人身或人格权利造成损害、两者之间存在因果关系以及精神损害的程度。

4. 作为刑事案件受害人的消费者亦可同时主张精神损害赔偿与惩罚性赔偿

《最高人民法院关于人民法院是否受理刑事案件被害人提起精神损害赔偿民事诉讼问题的批复》规定：对于刑事案件被害人由于被告人的犯罪行为而遭受精神损失提起的附带民事诉讼，或者在该刑事案件审结以后，被害人另行提起精神损害赔偿民事诉讼的，人民法院不予受理。本案中，上诉人主张人民法院不应受理被上诉人精神损害赔偿的诉讼请求，其法律依据是 2013 年 1 月 1 日起施行的《最高人民法院关于适用〈中华人民共和国刑事诉讼法〉的解释》第 138 条第 2 款,"因受到犯罪侵犯,提起附带民事诉讼或者单独提起民事诉讼要求赔偿精神损失的,人民法院不予受理"。实践中,很多法院以最高人民法院的上述批复、司法解释为依据,驳回了受害人提出精神损害赔偿的诉讼请求。但上述规定或已为新的法律规定所替代,或与法律有冲突。根据新法优于旧法、法律优于司法解释的适用原则,刑事案件受害人有权提出精神损害赔偿,法院对受害人的这一主张应予保护。

《侵权责任法》第 4 条规定:"侵权人因同一行为应当承担行政责任或者刑事责任的,不影响依法承担侵权责任。因同一行为应当承担侵权责任和行政责任、刑事责任,侵权人的财产不足以支付的,先承担侵权责任。"该法第 22 条还规定:"侵害他人人身权益,造成他人严重精神损害的,被侵权人可以请求精神损害赔偿。"这是我国首次对精神损害赔偿进行立法表述。《侵权责任法》作为上位法,优于最高人民法院作出的批复与司法解释。由此可见,《侵权责任法》的规定,保障了受害人的民事权益,被告人财产不足不应再作为受害人不享有精神损害赔偿的理由,在实际法律裁判中,适用《侵权责任法》的规定是正确的选择。

作为刑事案件受害人的消费者主张精神损害赔偿的障碍得以消除之时,其依据《消费者权益保护法》同时主张惩罚性赔偿便水到渠成。因此,本案中,作为刑事案件受害者的消费者所主张的精神损害赔偿与惩罚性赔偿的诉讼请求,被法院判决支持。

实务指引

1. 化妆品、保健品购买者可参照食品购买者,同时主张惩罚性赔偿标准与精神损害赔偿

《食品药品司法解释》第 17 条规定:"消费者与化妆品、保健品等产品的生产者、销售者、广告经营者、广告发布者、推荐者、检验机构等主体之间的纠纷,参照适用本规定。"司法解释的上述规定,使得购买化妆品与保健品的消费者可以享受食品领域购买者相同的法律权利。本案中,消费者购买的是化妆品,并因使用所购伪劣化妆品导致面部皮肤受到损害进而引发精

神损害，其除了可以根据《消费者权益保护法》第55条的规定主张精神损害赔偿和惩罚性赔偿外，所适用的惩罚性赔偿标准还可高于《消费者权益保护法》的规定，即按《食品安全法》的惩罚性赔偿标准执行。

除了化妆品、保健品的购买者可参照适用《食品安全法》规定的惩罚性赔偿制度外，其他领域商品的购买者，认为商品不符合安全标准的，不能参照适用《食品安全法》所规定的惩罚性赔偿标准，只能适用《消费者权益保护法》的相关规定。

2. 精神损害赔偿数额的确定

对于精神损害的赔偿数额，各地各级法院历来存在不同的认识和裁判标准。《最高人民法院关于确定民事侵权精神损害赔偿责任若干问题的解释》第10条仅规定了精神损害赔偿数额的一些确定因素，包括侵权人的过错程度，侵害的手段、场合、行为方式等具体情节，侵害后果，侵权人的获利情况，侵权人的经济能力，受诉法院所在地的平均生活水平等因素。各地法院根据最高人民法院的上述司法解释，结合本地实际，制定了关于精神损害赔偿数额的裁判口径。例如，上海市高级人民法院在《关于精神损害赔偿的指导性意见》中指出："就目前上海市实际生活水平而言，精神损害赔偿额以一般最高不超过人民币5万元为宜，不考虑外国人与本国人、法人与自然人、获利与未获利情况。因为精神损害赔偿虽有对精神利益进行补偿的因素，但更多的是一种加罚措施，受害人的其他损失可以通过经济赔偿弥补，加害人的获利也可以通过制裁方式收缴，侵权人和受害人的特殊身份不应成为确定赔偿额的因素。当然如果加害行为特别恶劣，受害人的损害程度特别严重或者社会影响特别大，需要提高赔偿额的话，也可以适当提高，但为谨慎和统一起见，判决前须报高院民庭复核。"《深圳市中级人民法院关于消费者权益纠纷案件的裁判指引》第13条规定，消费者根据《消费者权益保护法》第51条的规定请求精神损害赔偿的，如未造成严重精神损害后果的，不予支持。经营者以暴力或者其他方法公然侮辱或捏造事实诽谤消费者，搜查消费者的身体及其携带物品，侵害消费者的人格尊严或者侵犯消费者人身自由，造成严重精神损害后果的，精神损害赔偿的数额一般应在五万元以上十万元以下。

由此可见，各地法院关于精神损害的赔偿数额高低不一，适用条件也有所区别。还有些法院对自然人与法人侵权、一般精神损害赔偿与严重精神损害赔偿规定了不同的赔偿尺度。例如，《山东省高级人民法院关于审理人身损害赔偿案件若干问题的意见》规定，侵害人是自然人的，一般性精神损害，赔偿标准为1000—3000元；严重精神损害，赔偿标准为3000—5000元。侵害人是法人或其他社会组织的，一般按照公民赔偿标准的五至十倍予以赔偿。

【司法解释修改建议】

针对食品消费者同时主张精神损害赔偿、惩罚性赔偿的情形，建议在《食品药品司法解释》中增加一条："经营者生产、销售不符合食品安全的食品，造成消费者或者其他受害人死亡或者健康严重损害的，受害人有权要求经营者赔偿损失；造成严重精神损害的，受害人可以要求精神损害赔偿，并有权要求价款十倍以下的惩罚性赔偿。"

22 食品消费者因受欺诈且所购商品不符合食品安全标准的，可分别或同时主张"价款三倍"与"价款十倍"的惩罚性赔偿

康某某与某生物科技有限公司网络购物合同纠纷案[*]

【核心观点】

食品经营者存在欺诈行为，且所生产、销售的食品不符合食品安全标准的，消费者可分别或同时主张价款十倍与价款三倍的惩罚性赔偿。

| 案情简介 |

上诉人（原审被告）：某生物科技有限公司（以下简称生物公司）

被上诉人（原审原告）：康某某

2017年2月27日，康某某通过网络向生物公司购买某中药饮片30桶（另有赠品15桶），每桶49元，店铺优惠共计5元，实际支付1465元。网页上标明商品适用对象为全部适用，但涉案商品上标明了"禁忌：大便不实者忌"，两者内容不一致，对消费者产生了误导。

---

[*] 北京市第二中级人民法院（2018）京02民终2992号民事判决，载中国裁判文书网，http://wenshu.court.gov.cn/website/wenshu/181107ANFZ0BXSK4/index.html？docId=3844152330b547c6bedca8da0010bf47，访问日期：2019年7月6日。

康某某向一审法院起诉，请求：（1）生物公司返还康某某购物款1465元；（2）生物公司支付康某某三倍赔偿金4395元；（3）诉讼费由生物公司承担。

一审法院判决

一审法院另查，2017年3月21日，康某某就本案的买卖合同曾诉至一审法院，要求生物公司返还货款、支付十倍赔偿金及其他费用。该案中，康某某在起诉状中主张生物公司以普通食品假冒药品，误导欺诈消费者，在2017年6月26日一审法院开庭过程中另提出网页宣传上标注的适用对象与涉案商品包装上标注的"禁忌：大便不实者忌"不同，但未在该案主张三倍赔偿。（2017）京0106民初8947号判决书未处理三倍赔偿一事，驳回了康某某在该案的诉讼请求。

一审法院认为：康某某向生物公司购买某中药饮片并支付价款，双方之间形成买卖合同关系。涉案商品外包装标注的"大便不实者忌"六个字系根据《云南省中药饮片标准》内容进行的标注，并无不当。生物公司在网页宣传中标注的"适用对象：全部适用"，从其文意进行理解，该句并未排除大便不实者，因此，该网页宣传与产品标注及《云南省中药饮片标准》中的"大便不实者忌"存在矛盾，属于不真实、不准确的信息，易对消费者构成误导。生物公司在明知涉案商品为"大便不实者忌"的情况下，仍旧在网页宣传上写明"适用对象：全部适用"，构成欺诈。因此，康某某要求退款及支付三倍赔偿金的诉讼请求，一审法院予以支持。生物公司关于本案系重复诉讼的辩称，因康某某在（2017）京0106民初8947号案件中并未以本案诉争的理由主张赔偿，故不属于"一事不再理"的情形，故对生物公司的该项辩称，一审法院不予采纳。

一审法院判决：（1）生物公司于判决生效之日起十日内退还康某某货款1465元，康某某于判决生效之日起十日内退还生物公司该产品45桶（如不能退还，康某某按照每桶32.56元标准折价赔偿）；（2）生物公司于判决生效之日起十日内支付康某某赔偿金4395元。

22 食品消费者因受欺诈且所购商品不符合食品安全标准的，
可分别或同时主张"价款三倍"与"价款十倍"的惩罚性赔偿

| 二审法院判决 |

对于本案是否构成重复起诉，二审法院认为，《民事诉讼法解释》第247条规定，同时符合以下条件的，构成重复起诉：（1）后诉与前诉的当事人相同；（2）后诉与前诉的诉讼标的相同；（3）后诉与前诉的诉讼请求相同，或者后诉的诉讼请求实质上否定前诉裁判结果。本案中，康某某依据《消费者权益保护法》提起本案诉讼，以欺诈为由要求生物公司退货并进行三倍赔偿，而前案是依据《食品安全法》提起诉讼，要求进行十倍赔偿，本案与前案的诉讼请求不同，因此，本案并不构成重复起诉。

对于生物公司是否存在欺诈行为，二审法院认为，本案中，生物公司在其销售网页宣传上标明适用对象为全部适用，但涉案商品上标注的为"禁忌：大便不实者忌"，生物公司在网页宣传上向消费者告知的信息与涉案商品实际标注的信息不符，应认定生物公司有欺诈行为。

基于上述理由，二审法院判决：驳回上诉，维持原判。

| 焦点解读 |

1. 食品消费者主张"欺诈价款三倍赔偿""不符合食品安全标准价款十倍赔偿"的法律依据

（1）惩罚性赔偿依"价款三倍"计算的依据。《消费者权益保护法》第55条第1款规定："经营者提供商品或者服务有欺诈行为的，应当按照消费者的要求增加赔偿其受到的损失，增加赔偿的金额为消费者购买商品的价款或者接受服务的费用的三倍；增加赔偿的金额不足五百元的，为五百元。法律另有规定的，依照其规定。"

可见，"价款三倍"赔偿的前提是经营者提供商品或者服务有欺诈行为，且须依据《消费者权益保护法》第55条提出。经营者"价款三倍"的惩罚性赔偿，适用于为生活消费需要购买、使用商品或者接受服务的所有消费者。例如，在某产品责任纠纷案件中，消费者称，鉴于经营者的恶意隐瞒和欺骗的行为，请求法院判令经营者支付购买商品十倍的赔偿。一审法院认为，经营者的行为已经构成对消费者的欺诈行为,支持三倍赔偿。消费者提起上诉,二审法院认为,消费者主张以经营者存在隐瞒和欺骗为由,要求十倍赔偿,不予支持。① 同时,对于食品购买者而言,其在第一次购买食品时可主张经营者的商品有"欺诈"行为,但当其第二次购买时则不能再称"欺诈",因为有理由相信其再次购买并不是因为经营者的"欺诈",而属于"知假买假"。

(2)惩罚性赔偿依"价款十倍"计算的依据。《食品安全法》148条第2款规定:"生产不符合食品安全标准的食品或者经营明知是不符合食品安全标准的食品,消费者除要求赔偿损失外,还可以向生产者或者经营者要求支付价款十倍或者损失三倍的赔偿金;增加赔偿的金额不足一千元的,为一千元。但是,食品的标签、说明书存在不影响食品安全且不会对消费者造成误导的瑕疵的除外。"

根据上述规定,食品消费者不得以欺诈为由,向经营者主张"价款十倍"的惩罚性赔偿,但根据权利可以放弃、义务必须履行的原则,食品消费者在食品"不符合食品安全标准"的情况下,可以放弃部分索赔权利,既可要求减少货款的退还,也可要求降低惩罚性赔偿的倍数,法院对此一般不予干预。例如,某产品责任纠纷案件中,法院认为消费者购买的商品价款共计1588元,但消费者只要求经营者退还货款1050元,系消费者对自身权利的处分,一审法院予以认可。②

2. 食品消费可分别或同时主张"价款三倍"与"价款十倍"的惩罚性赔偿

本案中,二审法院对经营者抗辩消费者重复诉讼的理由进行了阐述,充分明确地表达了法律对重复诉讼的规定,结论毋庸置疑。法院认为,消费者前后两案分别依据《食品安全法》和《消费者权益保护法》,诉讼请求不同,所依据的法律理由亦不相同。无论分别起诉主张,或在一个案件中同时主张

---

① 北京市第三中级人民法院(2019)京03民终3286号民事判决,载中国裁判文书网,http://wenshu.court.gov.cn/website/wenshu/181107ANFZ0BXSK4/index.html? docId=21bb996cf7df489bb3b3aa1d00120fae,访问日期:2019年7月6日。

② 重庆市第一中级人民法院(2018)渝01民终8121号民事判决,载中国裁判文书网,http://wenshu.court.gov.cn/website/wenshu/181107ANFZ0BXSK4/index.html? docId=3fe3c7b4f95d4802940fa9c300b63f4b,访问日期:2019年7月6日。

22 食品消费者因受欺诈且所购商品不符合食品安全标准的，
可分别或同时主张"价款三倍"与"价款十倍"的惩罚性赔偿

"价款三倍"与"价款十倍"的惩罚性赔偿，法律上都无障碍。而消费者的请求是否能够得到法院的支持，完全取决于是否存在"经营者提供食品存在欺诈行为"且"该食品不符合食品安全标准"，非食品购买者则不能进行上述主张。若某项食品同时存在上述两项问题，则购买者提出的"价款三倍"与"价款十倍"惩罚性赔偿的诉讼请求按法律规定将获得支持，而不论是分别起诉主张或在一个案件中同时提出。当然，购买者必须清晰的是，法院出于平衡各方利益的考虑，可能不会明确反对购买者同时或分别主张"价款三倍"与"价款十倍"的惩罚性赔偿，但在判决文书中却仅支持某一项惩罚性赔偿，而将另一项惩罚性赔偿请求予以吸收或以相应的理由加以驳回。

（1）分别主张。本案就是商品购买者分别主张"价款三倍"与"价款十倍"惩罚性赔偿的"孤品"案例。从中国裁判文书网上的案例来看，几无再可供研究的分别主张的案件。消费者分别主张"价款三倍"与"价款十倍"的惩罚性赔偿，可以使案件法律关系较为简单、清晰。有些法院在消费者同时主张"价款三倍"与"价款十倍"惩罚性赔偿时，有可能会要求消费者分开主张。《民事诉讼法解释》第221条规定，"基于同一事实发生的纠纷，当事人分别向同一人民法院起诉的，人民法院可以合并审理"。在此种情况下，消费者可以分开起诉，但要求法院合并审理。本案中，消费者按"欺诈"主张"价款三倍"的惩罚性赔偿，获得法院支持，但在前一案件中按"不符合食品安全标准"主张"价款十倍"的惩罚性赔偿，未获法院支持。这其中，很重要的一个原因是，消费者所购商品并非食品。

消费者分开主张的优点在于，消费者可以通过一个案件的审理，了解自身证据上的薄弱点以及经营者的抗辩重点，即使败诉，也可以为另一案件起到投石问路的作用。且前一生效判决确定的事实，可成为下一案件的证据，从而达到为后一案件的起诉固定证据、重新确立诉讼策略的作用。

（2）同时主张。消费者同时主张"价款三倍"和"价款十倍"的惩罚性赔偿，法院若在立案时不予准许，消费者可以要求法院出具不予立案裁定，也可以根据法院的要求分别主张。从法律上而言，消费者同时主张"价款三倍"和"价款十倍"的惩罚性赔偿并无理论上的障碍，这本身就是法律赋予食品消费者的合法权益。例如，在某买卖合同纠纷案件中，消费者同时主张了"价款三倍"与"价款十倍"的赔偿，即基于欺诈要求退还货款并给予三倍价款的赔偿金，基于违反《食品安全法》要求退还货款并给予十倍价款的赔偿金。法院认为，食品标签违反食品安全标准的规定，并不必然对食品安全产生实质性影响，且原告也未举证证明食用后对其产生了损害，故对十倍赔偿不予支持，但法院同时认为，本案中的经营者具有欺诈故意，故对原告的三倍赔偿诉求予以支持。[①] 在审判实践中，也有些法院会要求当事人分别起诉、分别立案，在此情形下，消费者也不必强求在一个案件中同时主张"价款三倍"和"价款十倍"的惩罚性赔偿。

3. 商品网页宣传的法律效力

经营者向消费者提供有关商品或者服务的质量、性能、用途、有效期限等信息，应当真实、全面，不得作虚假或者引人误解的宣传。在网络购物中，消费者的购物欲望与初步感受主要来源于商品的网页介绍和宣传，商品标签由于体积过小，所标注的字体不醒目，消费者往往无法在网络购物中清晰辨识，有时也出于对经营者的信任而加以忽略。如果经营者在其网店中明确标识了商品的名称、价款、原产国等信息，该网页展示构成要约，经营者必须受要约内容的拘束。要约发出后，非依法律规定或受要约人的同意，不得擅自撤回、撤销或者变更要约的内容。消费者下单付款即构成承诺，双方成立买卖合同关系。在某网络购物合同纠纷案中，法院认为，销售者所售商品的实际成分与其在销售网页的商品详情页介绍成分情况不符，会导致消费者陷入误解，销售者的上述行为已经构成欺诈。[②] 这一认定与本案中的法院裁判一致。

经营者在网页上宣传不实、虚假可构成欺诈，但不能以此推定经营者经营的食品不符合食品安全。例如，在某网络购物合同纠纷案件中，购买者主

---

① 上海法院：《网络购物销售商对食品标签的审核义务认定——周某某诉纽海信息技术（上海）有限公司买卖合同纠纷案》，上海法院网案例研析，http：//shfy.chinacourt.gov.cn/article/detail/2018/06/id/3226686.shtml，访问日期：2019年7月6日。

② 湖南省郴州市中级人民法院（2018）湘10民终2686号民事判决，载中国裁判文书网，http：//wenshu.court.gov.cn/website/wenshu/181107ANFZ0BXSK4/index.html?docId=50af136b1989478d963faa0000c18579，访问日期：2019年7月6日。

22 食品消费者因受欺诈且所购商品不符合食品安全标准的，
可分别或同时主张"价款三倍"与"价款十倍"的惩罚性赔偿

张涉案商品的销售网页宣传涉案商品为无糖食品，故涉案商品不符合《食品安全国家标准 预包装食品营养标签通则》（GB28050—2011）附录C的规定，属于不符合食品安全标准的食品。法院认为，该标签通则第1条第1款规定："本标准适用于预包装食品营养标签上营养信息的描述与说明。"涉案商品销售网页的宣传内容，不是标签内容，不属于该标签通则的调整范围，故不能据此认定涉案商品不符合食品安全标准。[①]

▎实务指引▎

1.《药品管理法》确立了惩罚性赔偿制度

《食品安全法》第148条第2款规定了食品生产销售领域实行惩罚性赔偿。《食品药品司法解释》作为对食品安全法适用的具体解释，在第15条中再次明确和重申了食品生产销售领域实行惩罚性赔偿制度。但从该司法解释第15条的文字表述来看，该条文明确表述的是生产或销售不符合安全标准的"食品"，并未规定惩罚性赔偿制度可向药品领域扩张。令人欣喜的是，2019年修订的《药品管理法》已明确建立惩罚性赔偿制度。该法第144条第3款规定："生产假药、劣药或者明知是假药、劣药仍然销售、使用的，受害人或者其近亲属除请求赔偿损失外，还可以请求支付价款十倍或者损失三倍的赔偿金；增加赔偿的金额不足一千元的，为一千元。"但在欣喜之余，该条款的表述仍未避免《食品安全法》第148条立法缺陷问题，惩罚性赔偿所涉及的法律术语界限仍不清晰，在实际操作过程中将存在诸多问题与争议。

2. 司法解释应与法律规定有效衔接

在《药品管理法》2019年修订之前，《食品药品司法解释》是法院针对食品、药品纠纷的适用依据。虽然该解释在标题中突出使用了"食品药品"的表述，但在实践中"药品"未全面适用该解释的规定。在该解释全部18个条款中，"食品与药品"一同表述的条款有11条，单独表述"食品"的条

[①] 北京市第二中级人民法院（2019）京02民终1656号民事判决，载中国裁判文书网，https://wenshu.court.gov.cn/website/wenshu/181107ANFZ0BXSK4/index.html?docId=78c3c82e89d547a6a1d8aa090010c84c，访问日期：2019年7月6日。

款有 5 条，表述扩大解释适用范围的条款有 1 条，关于解释适用的兜底条款 1 条，有关"药品"单独表述的条款无。总体而言，该解释对"食品"与"药品"的规定是有所区别的，更倾向于对"食品"的规定与适用。该解释第 17 条规定，消费者与化妆品、保健品等产品的生产者、销售者、广告经营者、广告发布者、推荐者、检验机构等主体之间的纠纷，参照适用本规定。因此，依据该解释的规定，可以扩大或参照适用的产品范围包括保健品与化妆品，仍不包括药品。保健品是保健食品的简称，对保健品适用食品药品司法解释争议不大。对于化妆品，则应当认为是法院对消费者保护领域的扩充。

值得注意的是，《食品药品司法解释》中规定惩罚性赔偿责任的第 15 条未见"药品"字样。该条规定："生产不符合安全标准的食品或者销售明知是不符合安全标准的食品，消费者除要求赔偿损失外，向生产者、销售者主张支付价款十倍赔偿金或者依照法律规定的其他赔偿标准要求赔偿的，人民法院应予支持。"2019 年修订的《药品管理法》第 144 条已明确规定惩罚性赔偿，《食品药品司法解释》应进一步修订。

3. 惩罚性赔偿中原告身份的辨别

2019 年修订的《药品管理法》第 144 条关于受害人与近亲属可以提出赔偿请求的规定，扩大与便利了原告身份的确定与诉讼。因为在医药纠纷赔偿案件中，很多情况下，购买者可能不是最后的使用者，如家庭成员为患病的家庭成员购买药品，也有可能帮助患病的亲朋好友购买药品。因此，购买者与受害者会不一致。此外，也存在购买后尚未使用即发现药品存在问题而不使用的情形，此时，存在有购买者而无实际受害者的情况。《食品药品司法解释》第 3 条规定，"购买者"可作为食品责任惩罚性赔偿案件的原告提出民事诉讼。因此，若药品惩罚性赔偿适用于《食品药品司法解释》，则药品购买者亦可按此解释便利享受诉讼权利。药品购买者、使用者、近亲属均可作为原告进行起诉，可大为提高药品领域惩罚性赔偿制度发挥的实际效果。

综上，2019 年修订的《药品管理法》未对药品的标签、说明书存在不影响食品安全且不会对消费者造成误导的瑕疵如何处理进行规定，实际上是将这一类争议排除出了惩罚性赔偿。

22 食品消费者因受欺诈且所购商品不符合食品安全标准的，可分别或同时主张"价款三倍"与"价款十倍"的惩罚性赔偿

【司法解释修改建议】

针对新建立的药品惩罚性赔偿制度，建议在《食品药品司法解释》中增加一条："生产假药、劣药或者明知是假药、劣药仍然销售、使用的，受害人或者其近亲属除请求赔偿损失外，向生产者、销售者主张支付价款十倍赔偿金或者依照法律规定的其他赔偿标准要求赔偿的，人民法院应予支持。"

23 重复购买小额商品索赔案件的裁判原则

夏某与上海某超市有限公司买卖合同纠纷案*

> 【核心观点】
>
> 　　同一消费主体于同一商家或不同商家重复购买同一商品,消费者只能针对构成违反《消费者权益保护法》《食品安全法》的同一商品且购买时间较早的一笔价款主张惩罚性赔偿。
> 　　法院在裁判时应考虑消费主体的行为是否符合"生活消费"。

┃案情简介┃

　　上诉人（原审被告）：上海某超市有限公司（以下简称某公司）
　　被上诉人（原审原告）：夏某
　　原审被告：上海某超市有限公司蒙山北路店（以下简称某公司蒙山北路店）
　　2016年10月16日下午14时57分,夏某在某公司蒙山北路店购买卤鸭翅一盒,金额为10.30元。2016年10月16日下午15时04分,夏某在某公司蒙山北路店购买卤猪头皮一盒,金额为11.31元。卤鸭翅的生产时间为2016年10月16日上午8时45分,卤猪头皮的生产时间为2016年10月16日上午8时41分。上述两盒熟食系在专室常温内进行改刀加工,包装盒的标

---

* 上海第二中级人民法院（2017）沪02民终5720号民事判决,载中国裁判文书网,http://wenshu.court.gov.cn/website/wenshu/181107ANFZ0BXSK4/index.html?docId=af7d2b4966a1402db1dba80700a4a558,访问日期：2018年12月8日。

签上标明食用方法为即食、保存条件为常温。夏某以所购熟食超过保质期为由诉至法院。

夏某向一审法院起诉，请求：（1）判令某公司、某公司蒙山北路店退还购物款人民币21.60元；（2）判令某公司、某公司蒙山北路店赔偿2000元。

一审法院判决

一审法院认为，涉案商品系在专室常温下进行改刀加工，且在涉案商品的标签上标明保存条件为常温，保质期应为四小时。夏某购买时，涉案商品明显超过四小时保质期，故夏某要求退还购物款并支付赔偿金，法院予以支持。

对于夏某购买的两盒熟食系一次购买行为还是两次购买行为，一审法院认为，不能机械地以收银小票数量予以计算，应当结合违规商品购买时间间隔、违规商品种类、违规形式等综合进行考量。夏某两次购买的商品，虽品名存在差别，但均系同一专室改刀的熟食卤味，在同一柜台销售，均为超过四小时保质期商品，且两次购买时间间隔几分钟，即使有两张收银小票，仍然应当视为一次购买行为。

一审法院判决：（1）某公司应于判决生效之日起十日内退还夏某购物款21.61元；（2）某公司应于判决生效之日起十日内支付夏某赔偿金1000元；（3）对夏某的其余诉讼请求不予支持。

二审法院判决

二审法院认为，涉案商品系在专室常温下进行改刀加工，某公司上诉主张涉案商品的保存条件为冷藏，实际也在具有冷藏功能的展示柜内进行销售，但某公司在涉案商品的标签上对于保存条件明确标明为常温，一审法院认定涉案商品的保质期为四小时，涉案商品在夏某购买时已超过保质期，并无不当。

二审法院判决：驳回上诉，维持原判。

焦点解读

1. 法院对此类案件的裁判口径

（1）独立赔偿法。《重庆市高级人民法院关于审理消费者权益保护纠纷案件若干问题的解答》就消费者以不同时间购买同一产品的多张购物小票提起诉讼的，其解决方案是每张购物小票均是独立的合同关系，若消费者分别提起诉讼的，法院可以分别立案、合并审理、分别裁判；若消费者基于若干独立的合同提起一个诉讼的，法院虽应当受理，但审理时不能合并计算诉讼标的额，而应根据独立的合同关系，分别作出相应的判决。重庆市高级人民法院确定的此种赔偿方式，可称之为"独立赔偿法"。但这一审判口径，在实践中因购买者的极端做法而被挑战。例如，在重庆市法院审理的某产品销售者责任纠纷案中，购买者于2017年5月29日、5月30日分多次购买案涉口香糖（每次1个），之后购买者以销售者为被告就其中28个口香糖分别向一审法院提起产品销售者责任纠纷，28个案件已审结并生效，生效判决认定销售者违反食品安全标准的食品，依法应承担相应的赔偿责任，为此判令销售者向购买者退还相应货款，同时还判令销售者分别赔偿购买者1000元的损失。二审法院认为，购买者在明知案涉食品超过保质期而在同一时间内多次购买，并向法院起诉要求获得惩罚性赔偿，有违诚信原则，为此该院酌定将同一营业日的多张购物小票的金额合并计算后作为计算惩罚性赔偿的基数，而购买者在同一营业日的其他单次购买行为已在另案生效判决中获得了惩罚性赔偿，故销售者上诉认为购买者本次购买行为不应再得到赔偿的理由本院予以采信。[①] 仅该商品因为购买者按单张收银条分别起诉，在中国裁判文书网显示一审和二审判决书、裁定共有107件，对诉讼资源的浪费可见一斑。

（2）总价赔偿法。《江苏省高级人民法院关于审理消费者权益保护纠纷案件若干问题的讨论纪要》规定："同一主体在同一商家重复购买单价较小

[①] 重庆市第五中级人民法院（2018）渝05民终2766号民事判决，载中国裁判文书网，http：//wenshu.court.gov.cn/website/wenshu/181107ANFZ0BXSK4/index.html?docId=cb0f8e854e29442c8d91a929010af636，访问日期：2019年7月6日。

的若干件商品,并以每一件商品为标的物分别提起诉讼,利用《消费者权益保护法》《食品安全法》等法律中关于惩罚性赔偿最低额度的规定,试图在每一起案件中都获得法律规定的惩罚性赔偿最低额度的,法院应将消费者分别提起的若干件案件并案审理,并以商品总价为基数计算惩罚性赔偿的数额。"江苏省高级人民法院的这一赔偿方式,可称之为"总价赔偿法"。当然"总价赔偿法"应当是针对同一商品或同一品类商品而言。如本案中,消费者所购商品均为卤制品,属于同一品类。如果是针对不同品类商品,则不适用总价赔偿法。例如,在某买卖合同纠纷案件中,一审法院按"独立赔偿法"进行裁决,购买者一天中分6次购买价值5元的商品,总金额30元,然后要求商家支付惩罚性赔偿金6000元。该院在确认经营者销售的商品属于不符合食品安全标准的食品后,判决经营者赔偿购买者6000元。但经营者上诉后,二审法院认为购买者分8天61次从经营者处购买同一或类似散装冷冻食品61盒(一审法院以一天的购买行为计、分8起案件予以受理),并以每盒食品索赔1000元为标准分别主张惩罚性赔偿金,与《食品安全法》惩罚性赔偿制度之立法初衷不符,亦有悖于民事诉讼诚实信用原则,不应予以支持。遂以所涉货款总额为据一并承担十倍赔偿责任,按"总价赔偿法"进行了改判赔偿300元。①

(3)单次最高消费金额赔偿法。"单次最高消费金额赔偿法"是指对购买者的多次购买同一商品的行为,只赔偿购买者多次消费中单张收银小票或发票所显示金额最高的一次消费。例如,某产品责任纠纷案件中,二审法院认为由于购买者是在相对集中的时间段内,在同一商场连续购买多件相同的产品,并以每次购买产品获取购物通用机打发票进行起诉,其行为具有连续性,且该产品所侵害的都是同一项权利,法院仅支持金额最高的发票10倍的赔偿金。②

除上述三种赔偿法外,更多的法院对购买者的此类行为持反对态度。例

---

① 上海市第一中级人民法院(2016)沪01民终13093号民事判决,载中国裁判文书网,http://wenshu.court.gov.cn/website/wenshu/181107ANFZ0BXSK4/index.html?docId=8d4e0bcb68ec4131ac37a767008e316b,访问日期:2018年12月8日。
② 广西壮族自治区南宁市中级人民法院(2018)桂01民终2407号民事判决,载中国裁判文书网,http://wenshu.court.gov.cn/website/wenshu/181107ANFZ0BXSK4/index.html?docId=258de81d025b4394a87ea9c100dfcc6a,访问日期:2019年7月7日。

如，在某产品销售者责任纠纷案件中，二审法院认为消费者在购买涉案商品前，对涉案商品的情况进行了深入了解和研究，所购商品不会对其产生欺诈和误导，且其购买涉案物品并非用于日常实际消费，购物行为明显具有牟利意图。一审法院认定其不属于《消费者权益保护法》及相关司法解释规定的消费者并对其诉讼请求不予支持并无不当。① 还有些法院认为，消费者将本要一次性完成的购物行为分数次完成，不排除其为增加赔偿金而为之，于法无据，不予支持。②

本案购买者在另一法院的同类案件显示，该院对购买者于 2016 年 10 月 14 日 17：07 至 17：09 先后在经营者闵行店购买了"自制酱鸭" 1 份、"香卤猪拱嘴" 2 份，价款小票分别为 12.13 元、8.52 元、7.64 元却索赔 3000 元的请求，认为打假索赔者要求经营者支付赔偿金 3000 元的请求，没有法律依据，不予支持。该院判决退还的购物款数额调整为 28.29 元，经营者支付赔偿金 1000 元。二审法院维持了一审法院的判决，但一审、二审法院均未就为何如此裁判进行说理。③

综上，由于司法实践中存在众多裁判口径，一定程度上影响各区域打假活跃程度。

2. 对"独立赔偿法"和"总价赔偿法"的评价

（1）"独立赔偿法"是符合现有法律规定的裁判口径。根据《消费者权益保护法》第 55 条第 1 款、《食品安全法》第 148 条第 2 款及《食品药品司法解释》的规定，以及司法机关的裁判实践，在不区分购物主体的情况下，法院对购物小票视为一个单独的买卖合同，只要能确定所购商品或接受的服

---

① 江苏省徐州市中级人民法院（2018）苏 03 民终 659 号民事判决，载中国裁判文书网，http://wenshu.court.gov.cn/website/wenshu/181107ANFZ0BXSK4/index.html?docId=8bf190e8a8534e1aa8a0a8bd00ef476d，2019 年 4 月 96 日。

② 广东省广州市中级人民法院（2017）粤 01 民终 1587 号民事判决，载中国裁判文书网，http://wenshu.court.gov.cn/website/wenshu/181107ANFZ0BXSK4/index.html?docId=53b0d34d943143b182d2a79800bc735b，访问日期：2018 年 2 月 10 日。

③ 上海市第一中级人民法院（2017）沪 01 民终 9212 号民事判决，载中国裁判文书网，http://wenshu.court.gov.cn/website/wenshu/181107ANFZ0BXSK4/index.html?docId=2394ac63a07a456eb6afa83900e9eeea，访问日期：2018 年 12 月 15 日。

务存在欺诈或不符合食品安全标准,购买者的请求都应当获得法律的支持。购买者对同一经营者,持购物小票分别起诉,一并起诉,或者法院分别受理后合并审理,都只是法律程序上的问题,由购买者与法院根据自我理解或审判需要从提高效率减少诉累的角度予以把控。

法院根据现有法律规定,对小额商品重复购买索赔按"总价赔偿法"进行裁判,是不恰当的,有突破现有法律规定之嫌。实际上,购买者在知晓法院"总价赔偿法"后,可以轻而易举地予以破解。如多找几个亲朋好友来购买,然后再以这些人的名义进行索赔,在此情况下,法院的裁判必然又回到了"独立赔偿法"的轨道上来。法院裁判口径的不统一,导致购买者无规律所依,进而导致法院疲于应对。例如,在本案中,一审法院认为,不能机械地以收银小票数量予以计算,应当结合违规商品购买时间间隔、违规商品种类、违规形式等综合进行考量,二审法院维持原判,但未对此进行说理。

此外,针对不同商品,购买者用不同的购物小票一并起诉,分别要求惩罚性赔偿的,亦可采用"独立赔偿法"进行判决。这与不同购买者购买同一类商品应该采用独立赔偿法的原理一样,不应受到质疑。当然,为避免"独立赔偿法"在实践中的弊端,应对极端维权的购买者,法院可以从"生活消费"角度进行考量,对明显与普通消费不一致的消费行为果断否定,避免购买者滥用诉权。

(2)"总价赔偿法"是符合社会效果的裁判口径。"独立赔偿法"虽然符合现有法律法规,但现阶段部分"职业索赔人"以诉讼为手段、以法院为工具的滥诉,不仅严重困扰企业、影响营商环境,还造成司法资源的巨大浪费。"总价赔偿法"虽被各方诟病,但却是司法机关寻求法律效果与社会效果的一个艰难探索,其出发点值得肯定。"总价赔偿法"的目的是限制购买人"牟利"。虽然该裁判法也要求经营者承担一定的惩罚性赔偿,但数额远远小于"独立赔偿法"。是否要限制打假索赔或限制到何种程度,在某一个区域内确定一个裁判原则,的确有利于统一法律适用,各自为战会造成更大混乱。

(3)"单次最高消费金额赔偿法"不具有普遍操作性。"单次最高消费金额赔偿法"在某次案件中的运用,可以有效扭转购买人滥用诉权,过度追求赔偿金额的现象。但由于购买人购买行为千变万化，有可能多次消费而金额一致，那么该如何处理？"单次最高消费金额"过高如何处理？是否还进行"生活消费"的调整？因此，此种方法虽具有一定的合理性，但不具有普遍操作性。

食品责任惩罚性赔偿案件中，购买者大量提供各地法院不同的判决就能一窥其中的无奈。在通过全国人民代表大会修改法律难度较大的情况下，通过最高人民法院总结近几年的裁判经验，尽快出台新的司法解释，将是难度较小且事半功倍的事情。

▎实务指引▎

1. 较大金额商品重复购买的审判情况

通过对小额商品重复购买索赔案例的研究，还应清楚地认识到在小额商品重复购买索赔之外，还存在重复购买较大金额商品的打假索赔案件，存在的情况与小额商品重复购买索赔案件大体一致，但各地裁判风格迥异，理由摇摆不定，具体表现如下。

（1）支持。审判实践中，部分法院对此类情形有的是全部支持购买者的请求，例如，在某买卖合同纠纷案件中，一审支持而二审予以改判。一审法院认为，该购买行为不符合消费常理，且消费者对其三次购买行为未做出合理解释，故对于消费者要求某公司支付其购物价款十倍赔偿金161 820元的诉讼请求，支持其中1盒商品购物价款的十倍赔偿金8990元，超出部分一审法院不予支持。二审法院则认为，一审法院判决仅支持了其中的8990元，对超出部分不予支持，系适用法律有误，予以纠正，进而支持了消费者的诉讼请求。①

（2）部分支持。还有的法院对消费者多次购买行为部分支持。例如，在某买卖合同纠纷案件中，一审法院对消费者的多次购买行为予以支持，但二

---

① 北京市第二中级人民法院（2017）京02民终4450号民事判决，载中国裁判文书网，http：//wenshu.court.gov.cn/website/wenshu/181107ANFZ0BXSK4/index.html？docId＝49324bc0cb564a63bb40a8570014f930，访问时间：2018年7月7日。

审法院进行了调整，认为购买者对产品的外包装标签上标示的内容具有一定的分析能力，对可能违反食品安全标准的产品仍进行购买，有违诚实信用原则，存在一定的过错。因此，二审法院仅支持购买者第一次购买行为退货退款并支付十倍赔偿的要求，第二次、第三次购买行为仅支持退货退款。①

（3）不支持。不支持的案例中，裁判理由基本类似，不外乎是"有违诚信""牟利"。例如，在某网络购物合同纠纷案件中，法院认为购买者在同一网店一再购买涉案产品，并提起诉讼要求十倍赔偿，其消费习惯不符合一般消费者自用的情形，以营利为目的购买标签有瑕疵的商品而获得"十倍价款赔偿"的行为与《食品安全法》的法律价值和立法精神相违背。②

综上，在现有法律规定情况下，法院裁判还宜按"独立赔偿法"进行。对于打假索赔中出现的多次、重复购买行为，可以从是否符合"生活消费"这一法律规定来着手，从而判断购买者的行为是否符合立法本意，而不能设计一些较为牵强的归责理由，以实现法律效果与社会效果的统一。

总之，审查购买者的索赔行为是否符合"生活消费"，是现阶段可以限制购买者的索赔欲望、安抚市场各方的一个有效方法，但仍需避免限制得过严、过死，防止打击损害购买者的索赔积极性，保证打击假冒伪劣商品的终极目标不被损害。

2. 货款退还与商品返还的先后顺序

本案中，法院判决双方当事人同时履行，由于不涉及商品的返还，因此不会产生争议。但在审判实践中，大多存在商品返还和货款退还的情况，在实际履行过程中必有先后。若消费者退还商品数量少于购买数量，而经营者按购买数量全额退还货款，就会出现争议。就现有审判来看，判决主文中对于退还货款与返还商品的表述有以下几种。

---

① 广州市中级人民法院（2017）粤01民终495号，载中国裁判文书网，http://wenshu.court.gov.cn/website/wenshu/181107ANFZ0BXSK4/index.html?docId=4eaf8cbb18284e079ecca79800bc0ad6，访问时间：2018年12月15日。

② 广东省广州市中级人民法院（2017）粤01民终2363号，载中国裁判文书网，http://wenshu.court.gov.cn/website/wenshu/181107ANFZ0BXSK4/index.html?docId=23e62888105f46878593a7740093cf45，访问时间：2018年7月14日。

第一种是诉讼当事人双方同时履行各自义务。表述为：经营者于本判决生效后十日内退还消费者货款；消费者于本判决生效后十日内退还经营者商品，如不能退还，相应扣减经营者应退还的购物款。[1]

第二种表述也就是本案的表述方式。与第一种表述相比，差异是没有货与款相抵扣的表述。

第三种是先款后货。通常表述为：经营者在判决发生法律效力之日起三日内向消费者退还货款；消费者在收到经营者退还的货款的同时将所购买的商品返还给经营者。[2]

第四种也是先款后货。表述为：经营者于判决发生法律效力之日起十日内，退还消费者货款；消费者在收到上述货款后返还在经营者处购买的某某商品。[3]

上述四种判决主文，对于货款与商品的返还表述，各有主次，其中第一种表述较为全面，将购买者未返还商品的后果进行了设定，但也隐含了先退商品后退款的内容，否则就不存在从货款中进行扣除的问题。第二种表述确定的履行时间相同，但具体履行必有差异，均未履行的，则履行方可直接向人民法院申请执行，但若存在购买者退还商品不足或未退还而经营者已退还货款的，则可能存在执行回转或法院要求履行方另行起诉的弊端。例如，在某网络购物合同纠纷案件中发生了这一问题，由于购买者未履行返还商品的义务，已返还货款的经营者只好另行起诉要求返还商品或同等价值的货款，徒增当事人诉累。[4] 同时，还存在某些商品已过保质期，需要进行商品销毁

---

[1] 湖北省武汉市中级人民法院（2018）鄂01民终10491民事判决，详载中国裁判文书网，http：//wenshu.court.gov.cn/website/wenshu/181107ANFZ0BXSK4/index.html？docId=b631c0588c5540b8bd47a9e900d24719，访问时间：2019年5月19日。

[2] 广东省广州市中级人民法院（2016）粤01民终6844号民事判决，载中国裁判文书网，http：//wenshu.court.gov.cn/website/wenshu/181107ANFZ0BXSK4/index.html？docId=18051b2245a0489ebc6ad22d9ebb8df0，2018年2月10日。

[3] 广东省广州市中级人民法院（2017）粤01民终19121号民事判决，载中国裁判文书网，http：//wenshu.court.gov.cn/website/wenshu/181107ANFZ0BXSK4/index.html？docId=a7e705bd51ec417cad7ba87300eaa090，访问时间：2018年2月10日。

[4] 浙江省嘉善市中级人民法院（2016）浙04民终2229号民事判决，载中国裁判文书网，http：//wenshu.court.gov.cn/website/wenshu/181107ANFZ0BXSK4/index.html？docId=b106206a13d84867b62da79a011606a7，访问时间：2018年2月10日。

或处置的情况。例如，在某买卖合同纠纷案件中，因商品已过保质期，法院只判决返还货款和支付惩罚性赔偿，而未就商品返还作出判决。①

第三种和第四种表述基本一致，即在收到货款"后"或"同时"将商品返还经营者。这一表述方法，与重庆市高级人民法院的观点基本一致，即"先款后货"。《重庆市高级人民法院关于审理消费者权益保护纠纷案件若干问题的解答》就消费者依据《消费者权益保护法》第54条之规定向经营者主张退货如何处理的问题进行解答。该院认为《消费者权益保护法》第54条规定中"退货"的含义是消费者对不合格产品享有退款的权利。经营者在提供不合格商品时，退款是其法定义务，不需要以消费者退货为前提，故经营者以消费者未退货作为拒绝退款的抗辩理由的，法院不予支持。对是否退货，经营者、消费者可以自行协商，达不成一致意见时经营者可以通过反诉或另行起诉解决，法院可在判决书查明事实部分予以阐明。在消费者作为原告起诉要求退款的案件中，法院不能依职权判决消费者对经营者履行退货义务。此外，因工商行政部门认定的不合格商品可能存在，也可能灭失，故法院在审理经营者要求退货的诉讼请求时，应当根据商品的属性、现状等进行评判。

从实际情况来看，判决主文中应当确定货款或商品返还的先后履行顺序，这样可以明确各方履行义务的先后，避免产生不必要的争议。在审判实践中，"先退货后退款"的做法效果相对较好。《消费者权益保护法》第25条就规定了消费者退货的商品应当完好，经营者应当自收到退回商品之日起七日内返还消费者支付的商品价款。因此，经营者根据收到的商品数量以及商品的完好状况确定具体的返还货款的金额。当然，惩罚性赔偿的金额不受退货情况的影响，由法院迳行确定支付时间。

综上，在商品有返还经营者必要的情况下，"先退货后退款"的做法，更有利于经营者结算货款，避免出现货不对款的乌龙事件。

---

① 贵州省黔南布依族苗族自治州中级人民法院（2017）黔27民终2543号民事判决，载中国裁判文书网，http://wenshu.court.gov.cn/website/wenshu/181107ANFZ0BXSK4/index.html? docId=024acc1969944b2f9c61a87001784lf2，访问时间：2018年12月8日。

【司法解释修改建议】

建议在《食品药品司法解释》中增加一条："消费者多次购买同一商品，可选择按一次消费行为向销售者、生产者主张赔偿；消费者一并主张的，人民法院仅对裁判时已知时间最先的消费行为予以审查、支持。裁判后消费者又提供更早时间的消费记录，要求销售者、生产者进行赔偿的，人民法院不予支持。

"消费者在不同法院起诉，销售者、生产者以此进行抗辩的，由人民法院向消费者进行释明，后立案法院可将案件移送至先立案法院审理，并按本条第一款规定处理。

"消费者购买商品向同一经营者主张权利30天后，再次购买相同商品并主张赔偿权利的，人民法院应予支持。"

24 食品责任惩罚性赔偿案件的审查方式

蔡某与江苏省某食品有限公司网络购物合同纠纷案[*]

【核心观点】

对食品责任的惩罚性赔偿案件,应当严格遵循食品安全标准,采取形式审查为主、有条件实质审查为辅的审查方式。

案情简介

上诉人(原审原告):蔡某

被上诉人(原审被告):江苏省某食品有限公司(以下简称某食品公司)

蔡某分两次从某食品公司网上旗舰店购买140包涉案商品,共计支付5152元。涉案商品外包装显示:品名为香辣烤味蛋,配料包括鸡蛋、食品添加剂(红曲红素、食品用香精香料、谷氨酸钠、三聚磷酸钠)等。

蔡某以涉案商品不符合食品安全标准为由将某食品公司诉至法院,请求:(1)判令某食品公司退还蔡某涉案货款5152元;(2)判令某食品公司按照涉案货款的十倍赔偿蔡某51 520元;(3)诉讼费由某食品公司承担。

一审法院判决

一审法院认为,蔡某向某食品公司购买涉案商品,双方已形成事实上的

---

[*] 北京第二中级人民法院(2019)京02民终2436号民事判决,载中国裁判文书网,http://wenshu.court.gov.cn/website/wenshu/181107ANFZ0BXSK4/index.html?docId=9ea3aa608bb8496c98b0aa200010b6e8,访问日期:2019年4月6日。

买卖合同关系。本案的争议焦点在于涉案商品是否违法使用食品添加剂。

某食品公司提交的检验报告显示，涉案商品经检验并未添加红曲红素和三聚磷酸钠。蔡某对该报告不予认可。对此一审法院认为，首先，该检测报告系行政监管部门委托鉴定，且送检样品的生产批号与部分涉案商品相同；其次，虽然该检测报告适用的《食品安全国家标准 食品中红曲色素的测定》（GB5009.150—2016）规定的测定范围并不包含卤蛋，但依据《食品安全国家标准 食品添加剂使用标准》（GB2760—2014），可添加红曲红素的食品本就不包括卤蛋，同时上述标准亦规定了红曲色素的测定原理、分析步骤等测定方法。蔡某并无证据证明适用上述测定原理及测定方法无法在涉案商品中检测出是否添加了红曲红素，故一审法院对该检测报告予以采信。

此外，蔡某对某食品公司提交的盐焗辣腿、麻辣腿包装袋图片以及包装公司出具的声明均不予认可。但根据某县市场监督管理局出具的行政处罚决定书，该局已经以涉案商品的标签违反了相关规定对某公司作出了处罚决定。该行政处罚决定书可与上述食品包装袋图片以及声明相互印证。同时，蔡某经一审法院释明后，明确表示不对涉案商品是否添加相关食品添加剂申请司法鉴定。故一审法院认为，虽然涉案商品的外包装标签载明涉案商品添加了红曲红素和三聚磷酸钠，但综合全案证据，可以认定涉案商品实际上并未添加上述食品添加剂，只是涉案商品的外包装标签标识内容存在错误，该错误应属于标签瑕疵。蔡某提交的现有证据并不足以证明涉案商品违反了食品安全标准。蔡某主张食用涉案商品后出现不适症状，但未能提供证据予以佐证，一审法院亦不予采信。故蔡某以涉案商品不符合食品安全标准为由要求某公司退款并予以十倍赔偿，缺乏依据。故一审法院判决驳回蔡某的全部诉讼请求。

二审法院判决

二审法院认为本案争议焦点为：（1）涉案商品是否添加红曲红素和三聚磷酸钠；（2）某食品公司是否应承担十倍价款赔偿责任。

针对争议焦点1，二审法院认为，根据《食品药品司法解释》第6条规定，某食品公司作为涉案商品生产者，主张涉案商品未添加红曲红素和三聚磷酸钠，应当举证证明。某食品公司提交的行政处罚决定书显示涉案商品相近批次产品未检出红曲红素和三聚磷酸钠，结合声明等其他证据，可以确信涉案商品未添加红曲红素和三聚磷酸钠的事实具有高度可能性。对于某食品公司提交的证据，蔡某并未提供充分证据予以反驳，一审判决认定涉案商品未添加红曲红素和三聚磷酸钠，于法有据。针对争议焦点2，二审法院认为，现有证据仅能证明涉案商品标签存在标示的配料内容与实际不符的瑕疵，且该瑕疵并不影响食品安全，也不会对消费者造成食品安全方面的误导。一审法院据此认定某公司不应承担十倍价款赔偿责任，于法有据。

二审法院判决：驳回上诉，维持原判。

焦点解读

1. 什么是食品安全标准

安全标准是为了在一定的范围内获得最佳秩序，经协商一致制定并由公认机构批准、共同使用和重复使用的一种规范。它以科学、技术和实践经验的综合成果为基础，经有关方面协商一致，由主管机关批准，以特定形式发布，被作为共同遵守的准则和依据。在食品安全领域，《食品安全法》第3章就食品安全标准进行了专门规定。其中第26条规定，食品安全标准应当包括：食品、食品添加剂、食品相关产品中的致病性微生物，农药残留、兽药残留、生物毒素、重金属等污染物质以及其他危害人体健康物质的限量规定；食品添加剂的品种、使用范围、用量；专供婴幼儿和其他特定人群的主辅食品的营养成分要求；对与卫生、营养等食品安全要求有关的标签、标志、说明书的要求；食品生产经营过程的卫生要求；与食品安全有关的质量要求；与食品安全有关的食品检验方法与规程。该条对食品安全标准进行了详尽列举，还包括一个兜底条款：其他需要制定为食品安全标准的内容。同时，该章还对国家标准、地方标准的制定、公布进行了规定。《食品安全法实施条例》第2条规定，食品生产经营者应当依照法律、法规和食品安全标准从事生产经营活动，建立健全食品安全管理制度，采取有效措施预防和控制食品安全风险，保证食品安全。

2002年2月28日，卫生部发布《关于进一步规范保健食品原料管理的通知》，公布了既是食品又是药品的物品、可用于保健食品的物品以及保健食品禁用的物品三类名单，对普通食品或保健食品添加物品的情况予以规定。此外，2014年国家卫生和计划生育委员会发布《关于新食品原料、普通食品和保健食品有关问题的说明》又就特定物品能否作为食品原料进行了明确。截至目前，我国已制定公布1200余部食品安全国家标准，覆盖6000余项食品安全指标。最常用的有《食品安全国家标准 预包装食品标签通则》（GB7718—2011）、《食品安全国家标准 预包装食品营养标签通则》（GB28050—2011）、《食品安全国家标准 预包装饮料酒标签通则》（GB10344—2005）、《食品安全国家标准 预包装特殊膳食用食品标签通则》（GB13432—2004）等。

审判实践中，各类标签通则已成为食品标签案件中诉讼双方和法院裁决的重要依据。由于各类标准的专业性，作为非专业的法官在审理案件时，对相关术语的理解与把握，或内在逻辑关系的掌握，往往会出现一些偏差。这也是某些法院偏爱使用专业检验机构的检验结论，并以此作为案件裁判依据的原因，导致食品责任惩罚性赔偿案件形式审查与实质审查裁判方式并存的局面。

2. 食品责任惩罚性赔偿的裁判口径

在审判实践中，食品责任惩罚性赔偿案件可分三大类型：第一类是消费者主张食品本身存在质量问题的案件，如经营者生产、销售过期、变质、失效的食品和国家明令禁止生产、销售的食品；第二类是经营者的食品存在非法添加的食品添加剂、药品、保健食品、非食品原料的案件；第三类是消费者主张食品标签标示的标注不规范，错标、漏标以及夸大实际情况的虚假标注。

上述三类争议案件中，第一类案件争议不大，对于食品过期、出现可以感知的变质、失效问题，经营者大多认可并接受。第二类案件虽存在争议，但对于添加食品添加剂、药品或新食品原料国家有较为明确的规定，法院在审查时易于分辨。值得注意的是，对于既不属于允许添加范围，也不在禁止添加名单范围内的物品，法院应在征询食品药品监管部门意见后再作进一步决定。

24 食品责任惩罚性赔偿案件的审查方式

对上述两种争议,大多数情况下法院进行形式审查即可达到定分止争的目标。第三类食品标签标示争议目前是食品责任惩罚性赔偿案件中数量最多的类型,具有争议大、案情复杂、难判断、理解差异大的特点。对第三类争议案件,法院在实践中存在不同的审查方式,分述如下。

(1) 实质审查方式。《食品安全法》第150条规定,食品安全,指食品无毒、无害,符合应当有的营养要求,对人体健康不造成任何急性、亚急性或者慢性危害。因此,部分法院在审理时认为,对《食品药品司法解释》第15条规定的"不符合安全标准"宜作实质性审查,即生产、销售的食品一般应存在有毒、有害、不符合应当有的营养要求,对人体健康造成任何急性、亚急性或者慢性危害等问题。消费者请求经营者支付价款十倍赔偿金的,应举证证明其所购买的食品存在上述不符合安全标准的事实。如消费者无法证明的,法院对消费者要求价款十倍赔偿的请求不予支持。如在本案中,法院综合全案证据,认定涉案商品实际上并未添加所争议的食品添加剂,只是涉案商品的外包装标签标识内容存在错误。这就是典型的实质审查。又如在某网络购物合同纠纷案件中,二审法院认为消费者未提供证据证明其购买或使用的涉案化妆品不符合安全标准,且涉案化妆品也并不必然对人体有毒、有害或者对人体健康造成影响。工商部门对经营者未取得特殊用途化妆品批文的行为已进行处罚,遂对消费者主张十倍价款赔偿的请求不予支持。[①]

(2) 形式审查方式。形式审查是仅对食品外观进行审查的方法,包括食品本身以及食品的包装、标签标示等方面。食品本身的审查除通过检验、检测外,最主要的形式审查方式就是从外观、气味、形状、颜色等方面进行判别。法院大多根据食品安全国家标准对涉案食品争议问题进行比对,在排除标签瑕疵的情况后,多认定食品不符合食品安全标准,判决经营者承担惩罚性赔偿责任。例如,在某买卖合同纠纷案件中,一审法院认为,现有证据仅能认定经营者所售产品外包装不符合相应规定,不能认定该产品本身存在产

[①] 上海市第一中级人民法院(2017)沪01民终7745号民事判决,载中国裁判文书网,http://wenshu.court.gov.cn/website/wenshu/181107ANFZ0BXSK4/index.html?docId=a0909001bcd74f8190fea80700a4d179,访问日期:2019年2月9日。

品质量或者食品安全问题,且经营者销售该产品并未造成消费者人身、财产或者其他损害,故消费者在要求退还货款的同时要求十倍赔偿的请不予支持。但二审法院认为,涉案食品不具备国家标准和相关法律规定要求预包装食品标签应当标注的内容,为不符合食品安全标准的食品。① 一审与二审法院因使用不同的审查方式而观点不一,导致结果迥异。相对而言,二审法院裁判方式更可取。按一审法院实质审查的方式,符合条件的食品责任惩罚性赔偿案件屈指可数,且与立法追求的目标不相符。

从形式上即可直接推定不符合食品安全标准的食品有:①禁止生产经营的食品;②超过保质期的食品;③"三无食品",即无生产厂家、无生产日期、无保质期的食品;④非法添加食品添加剂、药物的食品;⑤禁止进口国家、地区的食品;⑥未经登记许可生产的食品。其他一些情况需要裁判者结合具体的各类标准进行核对确认,以确定某一食品是否符合食品安全标准。

(3) 形式审查为主,有条件地进行实质审查。"有条件"是指被动审查。只有在消费者、经营者主动提供检验报告的情况下,法院才可以进行实质审查。在无检验报告的情况下,法院只可进行形式审查,而不能进行"抽象"的实质审查,更不能要求某一方当事人提供检验报告。通过两种方式的有机结合,可在一定程度上起到两种审查方式相互补充、弥补的作用,避免某一种审查方式的误区与偏颇。本案即采用了这一裁决方式,法院确认了经营者所销售食品存在标签瑕疵,但认为不影响食品安全,因此经营者无须承担惩罚性赔偿责任。

就上述三种案件的裁判方法而言,第三种审查方式,即形式审查为主,有条件进行实质审查的方式,较为可取。食品安全形式上达到标准,才能助推食品实质安全,这与审判程序正义与实体正义相统一的司法理念属于同一逻辑。

---

① 北京市中级人民法院(2018)京01民终438号民事判决,载中国裁判文书网,http://wenshu.court.gov.cn/website/wenshu/181107ANFZ0BXSK4/index.html?docId=0f9257857e7345e5ac46a87a0010ab2e,访问日期:2018年6月23日。

3. 形式审查为主、有条件实质审查为辅的优点

(1) 形式审查是《食品安全法》的本质要求。《食品安全法》对食品安全标准进行了详尽规定，而且经营者承担惩罚性赔偿的前提是生产、销售不符合食品安全标准的食品，第148条的规定已体现该法的本质要求，即是否符合食品安全标准是确定承担惩罚性赔偿的前提。在食品标签国家标准已有的前提下，法院在审理时应当利用好食品安全国家标准，使众多食品安全国家标准与社会生活相结合，成为衡量食品安全的标尺。

(2) 形式审查具有可操作性。食品安全标准是强制执行的标准，其制定与实施均由权威机关进行规范。每一项食品安全标准都事先对外公布，具有明确、标准的内容可供比对。因此，法院在审理案件时，对于争议事项，首先要寻找依据，将国家安全标准与消费者所主张的食品问题进行对照，发现其中存在的问题，排除瑕疵，进而确定消费者的主张是否成立。这一过程类似于对照标准答案的过程，虽然实践中争议问题千奇百怪，但万变不离其宗。

(3) 形式审查有助于减少当事人诉累。通过形式审查，诉讼当事人双方均可以依据已公示的食品安全国家标准维护自身利益，各方不会对标准的效力产生异议，只会对问题食品适用标准与理解进行争辩。而以实质审查为裁判原则，要么笼统地以"未对人体健康造成任何急性、亚急性或者慢性危害"进行判断，或者依据检验机构的检验结论进行裁决。实质审查的前一理由，较为牵强，不符合《食品安全法》惩罚性赔偿的立法本意，不利于调动消费者依法索赔的积极性；进行检验势必延长案件审理期间，而检验结论又会出现检材与检验机构权威性的争议，徒增各方讼累。对于食品安全纠纷案件中当事人提交的检验结论，法院可根据证据规则交双方进行质证，根据质证及实际情况予以取舍。对于无检验结论的争议事项，法院不应主动要求进行检验。

(4) 形式审查有助于减轻法官的工作压力。食品安全各类标准量大繁杂，远不是法官通过审理若干案件在短期内可以融会贯通的。如果让法官对食品安全标准争议进行实质审查，不仅在能力与精力上无法顺利完成，更会因理解差异造成裁判结果各异，稍有不慎出现常识性错误则可能引发各方围

观。而形式审查可以大为减轻法官审判压力，按图索骥围绕争议焦点把握食品安全标准这根主线，可有效防止自由裁量脱离实际。

（5）有条件地实质审查是食品责任惩罚性赔偿案件的有效补充。在确定形式审查为主的基础上，为应对纷繁复杂的实际情况，不能单一执行形式审查标准，在一定条件下，特别是消费者、经营者已主动提供检验报告或共同要求检验的情况下，对食品标签案件进行实质审查也是需要的。在形式审查的基础上，有条件结合实质审查，有助于体现保障食品安全的终极目标。但需注意的是，在有条件实质审查的情况下，对于已过保质期的食品作为检材获得的检验报告，消费者向经营者进行索赔的，法院不应支持。因为检材质量上的变化，导致检验结果不合规的可能性增大，如依此判决经营者承担惩罚性赔偿责任，有违公平。例如，在某网络购物合同纠纷案件中，鉴定机构以新的标准不再为茶叶等食品设置稀土限量标准，且送检的铁观音茶叶保质期已过为由终止鉴定。① 该鉴定机构的做法值得提倡，对于某些鉴定机构在食品已过保质期限的情况下，仍进行鉴定且鉴定食品不符合食品安全标准的，法院对此类检验报告不应采纳。同理，在法院审理过程中，当事人申请检验的，若食品虽未过保质期，但因时间间隔过长，无法确定是否能通过检验客观反映食品当时情况的，法院也应拒绝检验申请。

综上，实质审查只有在消费者或经营者已提供相关检验报告或对检验无争议的情况下才可进行，法院不能主动要求消费者、经营者提供检验报告，或以消费者、经营者未提供而认定其举证不能，进而承担败诉责任。例如，在某案件中，法院认为消费者主张涉案产品不符合食品安全标准，既没有提交法定检验机构就涉案产品出具的检验报告，也没有提交食品安全监管部门关于涉案产品不符合食品安全标准的结论性认定意见，更没有任何证据证明涉案产品存在有毒、有害、不符合应当有的营养要求，或已经对食用人的身体健康造成任何急性、亚急性或者慢性危害的情形。据此对消费者主张惩罚

---

① 江苏省高级人民法院（2018）苏民终 54 号民事判决，载中国裁判文书网，http://wenshu.court.gov.cn/website/wenshu/181107ANFZ0BXSK4/index.html? docId = 1b88cd7177734a428cf7a90e00efc141，访问日期：2019 年 5 月 25 日。

性赔偿金的请求不予支持。① 法院的这一判决值得商榷，不应以当事人未提供检验报告而支持或驳回某一方的请求，在无检验报告的情况下，应回归形式审查。

实践中，在经营者提供权威检验部门报告证明食品符合食品安全的，法院可根据案件的具体情况，对经营者违规程度进行评估，确定涉案食品是否不符合食品安全标准，进而确定经营者是否需承担惩罚性赔偿责任。如在本案中，消费者认为食品外包装显示食品中添加了红曲红素和三聚磷酸钠，属于非法添加食品添加剂，经营者在诉讼中提供了包装公司的声明，内容为食品外包装错误系包装公司工作失误造成，还提供了监管部门委托鉴定未在涉案产品中检出上述添加剂的检验报告。法院据此驳回了消费者的上诉。这一案件的裁判逻辑与《食品药品司法解释》关于食品、药品虽在销售前取得检验合格证明，且食用或者使用时尚在保质期内，但经检验确认产品不合格，生产者或者销售者以该食品、药品具有检验合格证明为由进行抗辩的，法院不予支持的规定是相吻合的，即以形式审查为主，但不排除实质审查。

┃实务指引┃

1. 对食品责任惩罚性赔偿案件的形式审查

在确定形式审查为主、有条件地进行实质审查的原则后，我们还需要确定如何进行形式审查。目前，形式审查可采用的方法主要有以下几种。

（1）营业执照审查。依《公司法》规定设立的公司，由公司登记机关发给公司营业执照。《个体工商户名称登记管理办法》规定，有经营能力的公民经工商行政管理部门登记，领取个体工商户营业执照，依法开展经营活动。因此，持有营业执照是食品生产经营者开展经营所必需的条件，对相关营业执照的审查是形式审查的内容之一。

（2）食品安全许可的审查。《食品安全法》第35条规定："国家对食品

---

① 广东省广州市中级人民法院（2018）粤01民终5913号民事判决，载中国裁判文书网，http://wenshu.court.gov.cn/website/wenshu/181107ANFZ0BXSK4/index.html?docId=59b7e5997a0a4dd3a0b3a8d50097a81c，访问日期：2019年6月22日。

生产经营实行许可制度。从事食品生产、食品销售、餐饮服务，应当依法取得许可……"因此，从事食品生产经营的企业需要取得政府许可。政府的食品安全许可，提高了经营者的准入门槛，未取得者从事食品经营即应当被视为不符合食品安全标准，并可按《食品安全法》的规定追究经营者的惩罚性赔偿责任。实践中，对于《食品安全法》第36条规定制定的有关食品生产加工小作坊、食品摊贩的管理，各省、自治区、直辖市亦有相关管理办法，要求小作坊、食品摊贩经营实行许可证制度或实行登记制度。

（3）对照食品安全各类标准进行审查。《食品安全法》第34条对禁止生产经营食品、食品添加剂、食品相关产品进行了规定；第67条对食品标签标识进行了规定。因此，对于食品添加剂、药品，标签标识是否符合规定，可以根据上述规定并结合食品、食品添加剂相关技术法规、各类国家、地方、企业标准进行确定。中文标签、生产日期、保质期、生产许可证、产品标准、生产者名称及联系方式、食品禁忌、保存方式等基本内容需经营者进行把关，进行初步形式审查，未达标准的应避免销售。至于食品配料标注、营养成分、食品添加剂含量、等级、规格等则不应要求销售者熟悉，但生产者与销售者为同一主体的除外。

（4）结合日常生活经验加以判定。对于食品已过保质期，食品出现霉变、异味、异物、生虫等普通消费者都可以辨识的情形，可直接认定食品不符合食品安全标准。

2. 进口食品标签不符合我国食品安全标准的处理

国家质量监督检疫总局发布的《关于进一步规范进口食品、化妆品检验检疫证单签发工作的公告》规定，自2015年7月28日起，对进口食品、化妆品经检验检疫合格的，或检验检疫不合格但已进行有效处理合格的签发"入境货物检验检疫证明"，不再签发"卫生证书"。"入境货物检验检疫证明"的效力为：证明该批次食品从正常途径进口，依照我国法律法规规定经检验检疫。2019年4月22日，海关总署又规定自2019年10月1日起，取消首次进口预包装食品标签备案要求。进口预包装食品标签作为食品检验项目之一，由海关依照食品安全和进出口商品检验相关法律、行政法规的规定检验。进口商应当负责审核其进口预包装食品的中文标签是否符合我国相关法律、行政法规规定和食品安全国家标准要求。审核不合格的，不得进口。进口预包装食品被抽中现场查验或实验室检验的，进口商应当向海关人员提交其合格证明材料、进口预包装食品的标签原件和翻译件、中文标签样张及其他证明材料。

因此，进口食品虽经检验检疫，食品标签仍应当严格遵守国家食品安全标准，进行食品标签的标注。进口食品经营者若再以合法合规进口，检疫合格来进行抗辩，但无法证明进口食品的标签瑕疵不影响食品安全、不会对消费者造成误导的，将承担惩罚性赔偿责任。

3. 食品中的调料包可不进行标签标识

国家卫生和计划生育委员会食品司发布的《关于预包装食品内调料包标签标示有关问题的复函》中规定："方便面等预包装食品内的调料包是预包装食品的组成部分，不单独作为预包装食品销售，不适用于《食品安全国家标准 预包装食品标签通则》（GB7718—2011）。"因此，方便面等食品内的调料包可以不按照以上国家标准进行标识。由此可见，作为食品组成部分的调料包装，不属于最小销售单位，只要在所售食品外包装上按国家规定进行了标识，则无须再在调料包上就其配料表进行单独标识。若食品经营者在食品外包装上未标注调料包的营养成分表，仅在调料包上进行标注，若字体过小，不便于辨识的，还是有可能被认定为误导消费者。虽有相关规定可以免责，但在条件许可的情况下，建议食品经营者除在食品外包装上进行标注外，仍应就有关安全警示语、食用方法进行标识，以彻底避免风险。

此外，需特别注意的是，对于最小包装食品无条件标注外包装标签内容的，应标注安全警示用语、食品方法。例如，《食品安全国家标准 果冻》（GB19299—2015）规定，凝胶果冻应在外包装和最小食用包装的醒目位置处，用白底（或黄底）红字标示警示语和食用方法，且文字高度应不小于3mm。警示语和食用方法应采用下列方式标示"勿一口吞食；三岁以下儿童不宜食用；老人儿童须监护下食用"。在某买卖合同纠纷案件中，购买者认为销售者未在布丁最小包装醒目位置标示安全警示语和食用方法，诉讼要求价款三倍赔偿,法院认定销售者违反国家食品安全规定,支持了购买者退一赔三的请求。① 当然,在最小食品包装条件不具备的情况下,如购买者苛求销售者在最小食品包装上标注外包装全部标签内容,亦是不合理的。例如,在某产品销售者责任纠纷案中,二审法院认为果冻是以包为单位进行销售的预包装食品,其外包装上已有符合法律规定的标签,购买者关于每包中装有17个小果冻故均需标示外包装标签内容的主张,没有法律依据,故驳回了购买者的惩罚性赔偿请求。②

4. 在跨境电商平台购买的商品无须按进口商品进行标注

本书案例16中就海外现货销售与海外直邮销售进行了阐述,凡是通过跨境电商平台完成交易的,该食品系面向全球消费者,而并非仅针对中国市场销售,食品经营者不会按照某一国家法规对商品进行标注。因此,通过海外直邮形式进行消费的,与进口销售食品不同,跨境电商为消费者提供的是国际消费媒介服务。若消费者以其从跨境电商平台购买的国外食品无中文标签或不符合我国法律法规关于标签标识规定为由主张惩罚性赔偿的,一般不会得到法院支持。但电商平台从国家禁止进口地区帮助消费者购入食品的,则可能承担惩罚性赔偿责任。

原国家质量监督检验检疫总局于2015年10月14日在官网发布了《网购保税模式跨境电子商务进口食品安全监督管理细则(征求意见稿)》,该征求意见稿第12条产品标签说明项规定:"网购保税进口婴幼儿配方乳粉必须随附中文标签,且中文标签须在入境前直接印制在最小销售包装上,不得在境内加贴。网购保税进口其他食品应当随附中文标签、中文说明书,除食用、保存有特殊要求或含有过敏源的食品需随附纸质中文标签和中文说明书外,经营企业可采取产品随附纸质中文标签、中文说明书或通过跨境电子商务交易平台提供产

---

① 上海市宝山区人民法院(2017)沪0113民初5639号民事判决,载中国裁判文书网,http://wenshu.court.gov.cn/website/wenshu/181107ANFZ0BXSK4/index.html?docId=79b9b5838ed94dfb95cfa81b00e2e8a7,访问日期:2019年6月28日。
② 福建省福州市中级人民法院(2018)闽01民终9572号民事判决,载中国裁判文书网,http://wenshu.court.gov.cn/website/wenshu/181107ANFZ0BXSK4/index.html?docId=3f399488a6ec412cadf3a9e7009e624d,访问日期:2019年6月29日。

品中文标签、中文说明书的电子信息，两种方式应当供消费者在填写订单时选择。电子信息应当包括我国法律法规和食品安全国家标准要求标注的具体内容，并应当注明平台企业和经营企业的名称和联系方式。平台企业应在其网站长期公布上述基本信息，以便消费者随时了解查询。"虽该征求意见稿最终未正式出台，但管理部门的监管思路可见一斑。在审判实践中，法院与监管部门保持了一致，除海外直购外，网购保税商品的中文标签在现阶段仍是必须的。

此外，为避免消费者事后对海外直购商品的争议，作为商品的货权所有人，自境外向境内消费者销售跨境电商零售进口商品的境外注册企业，即跨境电商企业需履行对消费者的提醒告知义务，会同跨境电商平台在商品订购网页或其他醒目位置向消费者提供风险告知书。告知书的内容，按2018年11月商务部、市场监管总局等六部委发布的《关于完善跨境电子商务零售进口监管有关工作的通知》规定，至少应包含相关商品符合原产地有关质量、安全、卫生、环保、标识等标准或技术规范要求，但可能与我国标准存在差异。消费者自行承担相关风险。相关商品直接购自境外，可能无中文标签，消费者可通过网站查看商品中文电子标签。

【司法解释修改建议】

建议在《食品药品司法解释》中增加一条："食品标签惩罚性赔偿案件的审理，以形式审查为主，并有条件进行实质审查。"

附　录　食品安全领域相关规定名称

　　为便于读者在解决争议时找到依据，现列出本书涉及的食品安全领域相关规定的名称，读者可自行查找。

1. 《中华人民共和国消费者权益保护法》
2. 《中华人民共和国食品安全法》
3. 《最高人民法院关于审理食品药品纠纷案件适用法律若干问题的规定》
4. 《食品安全国家标准　预包装食品标签通则》（GB7718—2011）
5. 《〈预包装食品标签通则〉（GB7718—2011）问答（修订版）》
6. 《食品安全国家标准　预包装食品营养标签通则》（GB28050—2011）
7. 《〈预包装食品营养标签通则〉（GB28050—2011）问答（修订版）》
8. 《食品安全国家标准　预包装特殊膳食用食品标签》（GB13432—2013）
9. 《〈预包装特殊膳食用食品标签〉（GB13432—2013）问答（修订版）》
10. 《食品安全国家标准　食品添加剂标识通则》（GB29924—2013）
11. 《卫生部关于进一步规范保健食品原料管理的通知》

后 记

感谢绿地全球商品贸易港集团这个平台，使我有了近距离参与、处理食品安全领域相关案件的机会。感谢集团的工作、学习氛围，随处可见的"学比赶超，奋勇争先"，激励我在数次迟疑后仍坚持完成了书稿的撰写。回顾这一历程，真是百感交集。在实践中学习，在学习中总结，在总结中提高，才能有效做好企业风险防范工作。

食品责任的惩罚性赔偿案件，案情基本类似，当事人角色固定，大多数案件的裁判具有可比性，法院对事实的认定与说理不同决定着案件的胜负。在中国裁判文书网检索案例时，我发现，众多案件当事人都拿着受诉法院或外省市法院的生效文书来佐证自己的观点，希望借此引导法官判案思路。但在作为被告处理食品买卖合同纠纷案件中，我深感诉讼当事各方对法律认识、理解各异，并且不同法院裁决理由的差异与反转已导致诉讼当事人对法律产生信任危机。

食品责任惩罚性赔偿案件，争议大多聚焦于法律法规的理解、适用方面。在该类案件中加大类案、关联检索，统一裁判标准，可以有效地避免机械适用法律导致的前后裁判不周延，甚至自相矛盾的问题，使法官在有限的时间内掌握同类已决案件的法理分析，进一步统一释法说理，稳定裁决结论；帮助诉讼当事人对诉讼结果进行事先分析与预判，从而有效减少各方讼累，提高审判效率与审判效果。

因此，我决定写这样一本书。目的在于向公众展示食品责任惩罚性赔偿案件的裁判观点，解释、说明相关法律术语的含义，对一些争议内容提出建议，以期立法机关、最高审判机关总结经验，出台新的裁判规范，厘清法律法规执行过程中的模糊地带，最大限度避免"同案不同判"情况的发生。只有统一了裁判口径，对实践中出现的"职业索赔人"现象给予合理容忍与规范，才可有效避免商家经营受到不必要的干扰，保证食品安全立法目的的实现。

撰写书稿期间，我得到了集团领导与同事的大量帮助，在此向各位深表感谢！同时，对于书稿中所引用案例的承办法官们，也一并表示感谢！

感谢上海市杨浦区人民法院曹书瑜法官，撰写中遇到困难时，他的帮助给了我诸多启发。

感谢本书编辑春丽老师，她的提醒使本书体例更为适当。

还有众多在喝茶、吃饭时聊天交谈的朋友和同事，他们所提出的消费者关心的各种问题开拓了我的思路，这里难以尽数，不再一一感谢！

正如您在这本书中看到的一样，我从那些真实的消费案例中学到了很多。如果您拥有值得回味的消费经历、维权经验，或者法律困惑、提升食品安全的建议请发邮件到 952808843@qq.com。我会阅读每一封电子邮件，亲自回复每一封信。请注意，当您把故事发送给我，意味着您已经允许我使用它们。但我保证不使用您的姓名，除非您明确允许我这样做。希望能从您那里得到启迪！

由于笔者经验和水平有限，本书难免有疏漏和不足之处，敬请各位读者批评指正，并在此顺致谢意。

倪凌华

2019 年 10 月 26 日于上海浦东